मुल्ला नसीरुद्दीन की अनोखी दुनिया

मुल्ला नसीरुद्दीन एक आला इनसान था जो इस दुनिया को बुद्धिमत्ता, वाक्चातुर्य, मनोरंजन और हास्य-विनोद की तरकीबें सिखाने के लिए आया था।

मुल्ला नसीरुद्दीन की इन कहानियों के प्रशंसक जिस तरह हमारे देश में हैं, उसी तरह विश्व के अनेक देशों में भी हैं।

यूनानी मुल्ला नसीरुद्दीन को अपना बताने में फख्र महसूसते हैं तो चीनी उसे अपना बताते हैं।

रूस के लोग मानते हैं कि मुल्ला नसीरुद्दीन उनके यहाँ पैदा हुआ था तो तुर्किस्तान के लोग बताते हैं कि मुल्ला नसीरुद्दीन उनके देश का निवासी था।

मुल्ला नसीरुद्दीन में वह सब कुछ है जो आज के जीवन में होता है। जिन्दगी जीने की जद्दोजहद, तिकड़म, जालसाजी, उलट-फेर, वर्चस्व का संघर्ष, मूर्खता, चतुराई और ऐसा बहुत-कुछ समेटे इन कहानियों की तासीर सकारात्मक सोच को बढ़ावा देती है तथा उदासी के गहन पलों में भी मनुष्य में जिजीविषा उत्पन्न करती है। यही इन कहानियों की विशेषता है कि सदियों से ये कहानियाँ जीवन्त हैं।

मुल्ला नसीरुद्दीन की अनोखी दुनिया

व्यंग्य-विनोद, बुद्धिचातुर्य, न्याय-कौशल की अनूठी कहानियाँ

अशोक महेश्वरी

राधाकृष्ण पेपरबैक्स

पहला पुस्तकालय संस्करण
अंकुर प्रकाशन द्वारा
2012 में प्रकाशित

राधाकृष्ण पेपरबैक्स में
पहला संस्करण : 2013
सातवाँ संस्करण : 2025

राधाकृष्ण पेपरबैक्स : उत्कृष्ट साहित्य के जनसुलभ संस्करण

राधाकृष्ण प्रकाशन प्राइवेट लिमिटेड
जी-17, जगतपुरी, दिल्ली-110 051
द्वारा प्रकाशित

शाखाएँ : अशोक राजपथ, साइंस कॉलेज के सामने, पटना-800 006
पहली मंजिल, दरबारी बिल्डिंग, महात्मा गांधी मार्ग, प्रयागराज-211 001
1, अनमोल सोराबजी संतुक लेन, धोबी तलाव, मरीन लाइंस, मुम्बई-400 002

वेबसाइट : www.radhakrishnaprakashan.com
ई-मेल : info@radhakrishnaprakashan.com

बी.के. ऑफसेट
नवीन शाहदरा, दिल्ली-110 032
द्वारा मुद्रित

मूल्य : ₹ 250

MULLA NASEERUDDIN KI ANOKHI DUNIYA
Stories by Ashok Maheshwari

ISBN : 978-81-8361-578-5

भूमिका

मुल्ला नसीरुद्दीन की कहानियों का मतलब है—ऐसी कहानियाँ जिनमें उलझनों के बीच भी जीवन के आनन्द, आह्लाद और मनोरंजन की त्रिवेणी प्रवाहित हो।

मुल्ला नसीरुद्दीन में वह सब कुछ है जो आज के जीवन में होता है। जिन्दगी जीने की जद्दोजहद, तिकड़म, जालसाजी, उलट-फेर, वर्चस्व का संघर्ष, मूर्खता, चतुराई और ऐसा बहुत-कुछ समेटे इन कहानियों की तासीर सकारात्मक सोच को बढ़ावा देती है तथा उदासी के गहन पलों में भी मनुष्य में जिजीविषा उत्पन्न करती है। यही इन कहानियों की विशेषता है कि सदियों से ये कहानियाँ जीवन्त हैं।

मुल्ला नसीरुद्दीन की इन कहानियों के प्रशंसक जिस तरह हमारे देश में हैं, उसी तरह विश्व के अनेक देशों में भी हैं।

यूनानी मुल्ला नसीरुद्दीन को अपना बताने में फख्र महसूसते हैं तो चीनी उसे अपना बताते हैं।

रूस के लोग मानते हैं कि मुल्ला नसीरुद्दीन उनके यहाँ पैदा हुआ था तो तुर्किस्तान के लोग बताते हैं कि मुल्ला नसीरुद्दीन उनके देश का निवासी था।

इस तरह मुल्ला नसीरुद्दीन को लेकर किए जानेवाले इन दावों से ऐसा अहसास होता है कि वह एक आला इनसान था जो इस दुनिया को बुद्धिमत्ता, वाक्चातुर्य, मनोरंजन और हास्य-विनोद की तरकीबें सिखाने के लिए आया था।

अपने इस उद्देश्य की पूर्ति के लिए वह गाँव-दर-गाँव, शहर-दर-शहर होता हुआ एक देश से दूसरे देश घूमता रहा और

अपने उद्देश्य की सार्थकता के लिए अपने पीछे ढेरों किस्से छोड़ गया।

उन किस्सों में से कुछ चुनिन्दा किस्से इस संग्रह में कहानी की शक्ल में प्रस्तुत हैं। विश्वास है, पाठकों को ये कहानियाँ पसन्द आएँगी।

—अशोक महेश्वरी

अनुक्रम

...अब क्या होगा?

करीम सेठ बुखारा का मशहूर साहूकार था। उसका कारोबार दूर-दूर तक फैला हुआ था। अपना काम-काज सँभालने के लिए उसने तरह-तरह के विशेषज्ञों को अपने यहाँ नौकरी दे रखी थी। खुद उसके जीने का तरीका किसी बादशाह से कम नहीं था। होता भी क्यों नहीं! आखिर सेठ करीम के पास बेशुमार दौलत जो थी।

एक बार मुल्ला नसीरुद्दीन जब बुखारा आया हुआ था तब सेठ करीम ने अपने घर पर एक शानदार दावत दी थी। उसने एक तरह से बुखारा के तमाम नामी लोगों को न्योता भेजा था। मुल्ला नसीरुद्दीन अपनी बेमिसाल दाढ़ी और नोकदार टोपी के साथ ही हरफनमौला व्यक्तित्व के कारण बुखारा में अपनी अलग पहचान रखता था। सेठ करीम का आमंत्रण उसे भी मिला।

दावत से ठीक एक दिन पहले सेठ करीम ने उसकी तैयारियों के लिए विचार-विमर्श की जरूरत महसूस की और कुछ चुनिन्दा लोगों को इस विचार-विमर्श के लिए बुलाया। इन चुनिन्दा लोगों में मुल्ला नसीरुद्दीन का नाम भी शामिल था।

मुल्ला को जब सेठ करीम का यह बुलावा मिला तो वह चकरा सा गया—आखिर सेठ करीम ने उसे विचार-विमर्श के लिए क्यों बुलाया है? यह तो उसका बिलकुल निजी मामला है। जिसे चाहे बुलाए और जो चाहे खिलाए।...आखिर दावत वह दे रहा है। उसमें भला मेरी सलाह की जरूरत कहाँ से आन पड़ी?...मुल्ला ने मन-ही-मन फैसला किया—'मैं तो हरगिज नहीं जाऊँगा।' ऐसा विचार कर मुल्ला नसीरुद्दीन ने अपना चोगा पहना, घेरेदार सलवार पहनी और नोकदार टोपी पहनकर अपनी दाढ़ी सहलाते हुए बाजार की तरफ निकल गया।

बाजार पहुँचकर मुल्ला को वहाँ कुछ अजीब सा लगा। उसने देखा कि

बाजार में छोटी दुकानें तो खुली हुई हैं मगर बड़ी दुकानें बन्द हैं। बाजार में चहल-पहल की कमी थी। दाएँ-बाएँ देखता हुआ मुल्ला, अपनी आदत के अनुसार, दाढ़ी सहलाता हुआ चला जा रहा था।

रास्ते में उसने दो दोस्तों को बातें करते जाते देखा। दोनों मुल्ला नसीरुद्दीन से महज दो कदमों की दूरी पर चल रहे थे। उनमें से एक कह रहा था–''मेरी मान, जब तुझे सेठ करीम ने विचार के लिए बुलाया है तो चला ही जा। कमबख्त बहुत संगदिल है। सनकी भी है। यदि तुम उसके यहाँ नहीं गए तब हो सकता है कि वह इस बात का बुरा मान जाए...और यह तो तुम जानते ही हो कि आधा बुखारा उसकी जागीर है। जिसे वह पसन्द नहीं करता है, उसका तो बुखारा में रहना ही मुश्किल है।''

मुल्ला नसीरुद्दीन ने जब 'सेठ करीम' के बारे में उस व्यक्ति की ये बातें सुनीं तो वह अचरज में पड़ गया और अपनी चाल तेज करते हुए उन दोनों के करीब पहुँच गया और उनके साथ चलते हुए पूछा–''एक बात बताइए भाईजान! यह सेठ करीम क्या बहुत खतरनाक आदमी है?''

दोनों ने चौंकते हुए मुल्ला नसीरुद्दीन की तरफ देखा और उनमें से एक ने मुल्ला नसीरुद्दीन से मुखातिब होते हुए कहा–"लगता है, आपको बुखारा के बारे में कम जानकारी है। सच कहें तो बुखारा की चाँदनी का बादशाह है सेठ करीम। बुखारा के बाजार में जितने भी व्यापार चल रहे हैं, उनमें आधे से भी अधिक में सेठ करीम का पैसा लगा हुआ है। पैसे की सनक सेठ करीम पर ऐसे सवार है कि किसी भी आदमी के पास वह अपना एक पैसा नहीं छोड़ता। हिसाब-किताब में वह इतना खरा है कि छोटी-सी चूक के लिए वह अपने कारिंदों को बड़ी से बड़ी सजा देने से भी नहीं हिचकता। इन दिनों उसे मशहूर होने की सनक लग गई है। इसीलिए वह समय-समय पर दावत देता रहता है। इन दावतों से वह बस इतना चाहता है कि लोग उसे शाहखर्च मान लें और उस पर जो कंजूस होने का ठप्पा लगा हुआ है, वह हट जाए!"

सेठ करीम के बारे में मिली इन जानकारियों से मुल्ला नसीरुद्दीन ने उसके पास नहीं जाने का विचार त्याग दिया और तय कर लिया कि वह सेठ करीम के बुलावे पर अवश्य जाएगा और देखेगा कि इस शख्स में ऐसी क्या खास बात है कि लोग उससे इतना खौफ खाते हैं!

तभी दूसरे दोस्त ने मुल्ला नसीरुद्दीन से कहा–"देखते नहीं हैं जनाब!

बाजार की सारी बड़ी दुकानें इस वक्त बन्द हैं...सभी दुकानदार इस समय सेठ करीम के पास दरबार लगा रहे होंगे।"

इतना सुनने के तत्काल बाद मुल्ला नसीरुद्दीन ने भी अपना रुख सेठ करीम के महल की ओर कर लिया और तेज कदमों से चलता हुआ सेठ करीम के पास पहुँच गया।

जिस वक्त मुल्ला नसीरुद्दीन सेठ करीम के घर पहुँचा उस समय सचमुच वहाँ दरबार जैसा माहौल था। सेठ करीम का रुतबा ऐसा था कि बिना उसकी इजाजत के कोई बोल नहीं रहा था। बुखारा के लगभग सभी बड़े लोग वहाँ बैठे थे।

मुल्ला नसीरुद्दीन को भी एक आसन पर बैठा दिया गया। खबास उसके लिए शर्बत ले आया। पहले ही घूँट में शर्बत से जो तरावट और स्वाद मुल्ला नसीरुद्दीन को मिला, उससे वह समझ गया कि यह शर्बत कुछ खास है। मुल्ला नसीरुद्दीन धीरे-धीरे शर्बत के घूँट भरने लगा और वहाँ जो कुछ भी हो रहा था उसे संजीदगी से देखने लगा।

मुल्ला जब बाजार से सेठ करीम के घर की ओर चला था तब उसने मन-ही-मन फैसला कर लिया था कि वह सेठ करीम को उसके दोहरे चरित्र से निजात दिलाकर रहेगा। इसलिए वह वहाँ अपने लिए उचित अवसर की तलाश में था।

सेठ करीम उस समय दावत की तैयारियों में होने वाले खर्चों का हिसाब करने में लगा था। उसका लेखाकार उसे हिसाब दिखा रहा था। कागज के एक लम्बे टुकड़े पर फेहरिस्त बनी थी जिस पर व्यय का ब्यौरा लिखा था। सेठ करीम को उस ब्यौरे में कोई त्रुटि दिखी और वह बिगड़कर लेखाकार को फजीहत करने लगा :

"अरे तुम पर इतने बड़े कारोबार का दारोमदार है और तुम ऐसी गलतियाँ करते हो! दावत पर तो कुछ लाख का खर्च है और तुम्हारी इस चूक से कुछ हजार का ही नुकसान हो सकता है मगर तुमने ऐसी गलती कारोबारी खाते में कर डाली तो नुकसान करोड़ों का भी हो सकता है।"

लेखाकार थर-थर काँप रहा था। उसके मुँह से शब्द नहीं फूट रहे थे। सेठ करीम का गुस्सा सातवें आसमान पर था। वह चीखा—"तुम जैसे कामचोरों को सजा मिलनी ही चाहिए।" इसके बाद उसने उपस्थित लोगों से

कहा–“भाइयो, आप लोग भी आकर इस लेखाकार की करतूत इस फेहरिस्त में देख लें। मेरे बारे में सभी जानते हैं कि मैं शाहखर्च आदमी हूँ मगर हिसाब-किताब में बहुत पक्का हूँ...थोड़ी भी गफलत मुझे बर्दाश्त नहीं है।”

उसकी यह बात सुनकर भी सभी अतिथि अपनी जगह पर बैठे रहे। कोई अपनी जगह से हिला नहीं मगर मुल्ला नसीरुद्दीन के मुँह से अनायास ही निकला–“देखना क्या है, तीन का पाँच हो गया होगा!”

नसीरुद्दीन की यह बात सेठ करीम ने सुन ली। संयोग था कि उसके पास लेखाकार ने जो फेहरिस्त प्रस्तुत की थी उसमें एक स्थान पर तीन के स्थान पर पाँच लिखा गया था और इसके कारण एक बड़ी रकम गफलत में पड़ गई थी।

सेठ करीम ने आवाज की दिशा में अपना सिर घुमाया और पूछा–“यह किसकी आवाज थी...?”

मुल्ला नसीरुद्दीन ने अपनी दाढ़ी सहलाते हुए कहा–“मेरी।”

सेठ करीम ने मुल्ला नसीरुद्दीन से कहा–‘‘आपने तो चकित कर दिया जनाब! आपने बजा फरमाया। इस नामुराद ने तीन की जगह पाँच लिखकर घपला किया है और खुदा का शुक्र है कि यह पकड़ा गया। आप उतनी दूर क्यों हैं जनाब, आइए, मेरे पास बैठिए!’’

मुल्ला नसीरुद्दीन दूर से ही उस दरबार का जायजा लेना चाहता था इसलिए उसने अपनी जगह पर बैठे-बैठे ही कहा–“चकित होने की जरूरत नहीं है–मैंने तो एक मुहावरा कहा था।’’

“नहीं, जनाब! हम भी पारखी हैं। आप आकर हमारे करीब बैठिए। आपकी जगह तो यहाँ है–मेरे पास!” सेठ करीम ने अनुनय करते हुए कहा।

मुल्ला नसीरुद्दीन के पास अब कोई चारा नहीं रह गया इसलिए वह अपने स्थान से उठा और सेठ करीम के पास जाकर बैठ गया।

सेठ करीम ने मुस्कुराते हुए पूछा–“जनाब का नाम जान सकता हूँ?”

मुल्ला नसीरुद्दीन ने कहा–“नसीरुद्दीन!”

सेठ ने नाम दुहराया–“नसीरुद्दीन!” फिर कहा–“कहीं मुल्ला नसीरुद्दीन तो नहीं?”

“हाँ; वही!” संक्षिप्त सा उत्तर दिया मुल्ला नसीरुद्दीन ने।

“वाह जनाब, खूब मिले! आपके बारे में जैसा सुना था वैसा ही पाया।”

सेठ करीम ने खुश होते हुए कहा।

"...अभी तो पास बुलाया है...पाया कहाँ?" मुल्ला नसीरुद्दीन ने दाढ़ी सहलाते हुए कहा।

"पाया नहीं, तो पा भी लेंगे!" सेठ करीम ने हँसते हुए कहा–'मैंने जो चाहा है उसे पाया भी है!''

"खुशी हुई जानकर।" मुल्ला नसीरुद्दीन ने कहा–"मगर मैं अभी किसी की चाहत के रूप में शुमार नहीं किया गया।" इतना कहने के बाद मुल्ला नसीरुद्दीन हँसने लगा।

सेठ करीम भी मुल्ला नसीरुद्दीन के साथ हँसने लगा था। उसकी हँसी रहस्यमय थी जिससे यह जाहिर नहीं हो रहा था कि यह हँसी प्रसन्नता की हँसी है या कटाक्ष की। मुल्ला नसीरुद्दीन को अपने पास बैठाकर फिर से लेखाकार की तरफ मुखातिब हुआ :

''हाँ, तो तुम क्या समझ रहे थे कि तुम्हारी यह जालसाजी पकड़ी नहीं जाएगी? मूर्ख! इस तरह की गड़बड़ी मैं सबसे पहले पकड़ता हूँ। अब तुम सजा पाने के लिए तैयार हो जाओ।'' सेठ करीम ने बेहद ठंडे स्वर में लेखाकार से कहा।

सजा का नाम सुनते ही लेखाकार की पेशानी पर पसीने की बूँदें छलक पड़ीं। वह थर-थर काँपते हुए घुटनों के बल खड़ा हो गया और सेठ करीम के सामने गिड़गिड़ाने लगा–''हुजूर! लेखा में कलम की चूक के लिए मैं शर्मिंदा हूँ। मगर सरकार, यह गलती किसी गोलमाल के इरादे से नहीं की गई है। मुझे माफ कर दें।

गिड़गिड़ाते लेखाकार को देखकर सेठ के चेहरे पर क्रूरता का एक अजीब-सा भाव उभर आया और उसने साँप की तरह फुफकारते हुए कहा–"सेठ करीम ऐसी गलतियों के लिए माफी नहीं दिया करता। सजा तो तुम्हें मिलेगी ही। यह लो अपनी फेहरिस्त!" सेठ करीम ने कागज का वह लम्बा टुकड़ा, जिस पर हिसाब लिखा हुआ था, लेखाकार की तरफ बढ़ाया।

लेखाकार ने कागज का वह टुकड़ा सेठ से ले लिया।

सेठ करीम ने कागज लेखाकार को थमा देने के बाद अपनी सुरक्षा के लिए तैनात लठैत को इशारा करके बुला लिया और लेखाकार को देखकर मुस्कुराया। बड़ी जहरीली थी उसकी मुस्कान।

मुस्कुराते हुए सेठ करीम की तरफ वहाँ बैठे तमाम लोग देख रहे थे। सबको साँप सूँघ गया था। कोई समझ नहीं पा रहा था कि अब क्या होगा! सेठ करीम की धन-लोलुपता और क्रूरता के तरह-तरह के किस्से उन लोगों ने सुन रखे थे।

थोड़ी देर के सन्नाटे के बाद सेठ करीम ने गूँजती आवाज में कहा–"लेखांकार! तुमने अक्षम्य भूल की है। तुम्हारी आसान सजा यह है कि तुम अपने हाथ के कागज को इन तमाम लोगों के सामने चबाकर खा जाओ और कठिन सजा यह है कि इस लठैत से पचास लाठियों की 'बख्शीश' अपने बदन पर लो। दोनों सजा में से एक सजा तुम्हें चुननी है। यह तुम्हारे ऊपर है कि तुम अपने लिए कौन-सी सजा चुनते हैं। सेठ करीम इतना रहमदिल है कि किसी से अपनी बात जबरन नहीं मनवाता। यहाँ तक कि सजा भी मुँह-माँगी देता है।"

लेखाकार के पास कोई चारा नहीं था। उसने अपने लिए कागज खाने की सजा चुन ली। सबके सामने वह कागज के टुकड़े मुँह में रखता और उन्हें धीरे-धीरे चबाकर निगल जाता। यह एक श्रमसाध्य और कष्टप्रद प्रक्रिया थी जिससे लेखाकार गुजर रहा था। अन्ततः सारा कागज निगलकर लेखाकार ने सेठ करीम की तरफ देखा मानो पूछ रहा हो–'अब क्या आज्ञा है हुजूर!'

सेठ करीम ने उसकी तरफ देखते हुए कहा–"अब तुम दफा हो जाओ! यहाँ कभी नजर आए तो लठैतों के हवाले कर दिए जाओगे।"

लेखाकार बहुत गिड़गिड़ाया, मिन्नतें कीं मगर सेठ करीम ने उसकी तरफ ध्यान ही नहीं दिया और वह मुल्ला नसीरुद्दीन की तरफ मुखातिब हो गया–"मुल्ला साहब! हमारा कारोबार पूरी दुनिया में फैला हुआ है। सूई से लेकर जहाज तक हम खरीदते और बेचते हैं। बुखारा में जितने भी कारोबारी हैं, उनका कारोबार हमारे ही बूते चलता है। आज से आप हमारे लेखा विभाग का जिम्मा सभालें। मुझे आप जैसे तेज दिमाग इनसान की शिद्दत से तलाश थी। खुदा का शुक्र है कि आप मुझे मिले हैं।"

"मगर, सेठ साहब! आप मुझे गलत समझ रहे हैं। मैं हिसाबी नहीं हूँ। मैंने तो मुहावरा कहा था, आपने उसे हिसाब समझ लिया।" मुल्ला नसीरुद्दीन ने सेठ करीम से अपना पिंड छुड़ाते हुए कहा।

"नहीं, मुल्ला नसीरुद्दीन! हम भी आँख वाले हैं। ऐसे ही हम इतने बड़े

कारोबारी नहीं हो गए हैं। इनसान को पहचानने की कूवत तो मुझमें है ही। ना-नुकुर से काम नहीं चलेगा। अभी से आप लेखा विभाग का काम सँभाल लें। अब सारे खर्चों का ब्यौरा आपके पास पहुँचा करेगा और सारी लेनदारियाँ व देनदारियाँ आपको बता दी जाएँगी। आपके जैसे व्यक्ति को यह हिसाब-किताब समझने में देर नहीं लगेगी। मुँह-माँगा वेतन आपको दिया जाएगा। यदि आप चाहें तो वेतन की रकम पेशगी ले सकते हैं।''

बेचारा मुल्ला नसीरुद्दीन! पड़ गया सेठ करीम के चक्कर में। उसकी हालत यह थी कि न तो हाँ कहते बन रहा था और न ही ना कहते।

अन्ततः सौ अशर्फियाँ प्रतिमाह, रहने-खाने की सुविधा और तीमारदारी के लिए दो आदमियों की देनदारी पर मुल्ला नसीरुद्दीन को सेठ करीम ने लेखा विभाग की जिम्मेदारी सौंप दी।

मुल्ला नसीरुद्दीन उसी दिन से सेठ करीम के कारोबार का नया लेखाकार मुकर्रर हो गया। संयोग की बात थी कि मुल्ला के काम सँभालते ही दस लाख अशर्फियों की एक लेनदारी का पता चला। उसके कनिष्ठ कर्मचारी मुल्ला से पूछने आ गए कि यह डूबी रकम अब कैसे निकलेगी? दस साल पहले पानी के एक जहाज की बिक्री में यह रकम लटक गई थी।

मुल्ला ने कहा–"सूद समेत इस रकम की वसूली की जाएगी।"

मुल्ला का यह आदेश कर्मचारियों पर भारी पड़ा। वे आपस में विचार करने लगे कि एक तो डूबी रकम का पता चला, ऊपर से खुश होने की जगह यह मुल्ला दाढ़ी सहलाते हुए बोल रहा है कि सूद समेत बकाए की वापसी होनी चाहिए।

प्यादे दौड़ाए गए मगर कोई फायदा नहीं हुआ। जहाज का मालिक बुखारा में ही रहता था मगर दस महीनों से जहाज के साथ निकला हुआ था। कब लौटेगा किसी को पता नहीं। यही सूचना ला सके प्यादे।

मुल्ला नसीरुद्दीन ने अनुमान लगाया, पानी के जहाज से कहीं भी जाने में पाँच-छः महीने लगते हैं और आने में भी पाँच-छः महीने।...तो यह कारोबारी, जो दस महीने से बाहर है, अब लौटने वाला है।

एक दिन सेठ करीम के सामने मुल्ला नसीरुद्दीन ने उस डूबी रकम की चर्चा छेड़ दी।

सेठ करीम ने समझा कि मुल्ला नसीरुद्दीन के कमाल से ही इस डूबी

रकम का पता चल पाया है। इसलिए उसने मुल्ला नसीरुद्दीन से कहा–"मुल्ला साहब! यह रकम भी आप ही वसूलें! किसी और के बूते की बात नहीं कि डूबा पैसा निकाल लाए। सबके सब काहिल हैं, इन्हें बस पगार समय पर चाहिए!"

सेठ करीम के पास बैठा मुल्ला नसीरुद्दीन अपनी दाढ़ी सहलाता रहा। सेठ करीम वहाँ से उठकर चला गया। तब भी मुल्ला नसीरुद्दीन वहीं बैठा अपनी दाढ़ी सहलाता रहा। दरअसल उस वक्त मुल्ला नसीरुद्दीन यह सोच रहा था कि जहाजी लोग बहुत दिलदार होते हैं। राजा-महाराजाओं के साथ व्यापार करने के कारण उनमें राजा-महाराजाओं वाले गुण भी आ जाते हैं। जहाजी जब घर लौटता है तब इफरात पैसा कमा चुका होता है। यदि समय पर उससे मिल लिया जाए तो सेठ करीम के पैसे भी वापस आ जाएँगे और ब्याज के रूप में कुछ रकम और मिल जाएगी।

मुल्ला नसीरुद्दीन ने दूसरे दिन ही अपने सभी सहयोगियों को बुलाकर कहा–"जहाज वाले से पैसे वसूलने मैं जाऊँगा। ब्याज भी वसूलना मेरा काम होगा। तुम लोग सिर्फ इतना करो कि जहाजी के लौटने की खबर मुझको मिल जाए, इसकी व्यवस्था करो।"

अभी दस-बारह दिन ही बीते थे कि एक दिन मुल्ला नसीरुद्दीन को उस जहाजी के आने की सूचना मिल गई और मुल्ला नसीरुद्दीन दाढ़ी सहलाते हुए, बिना वक्त गँवाए जहाजी के मकान की तरफ पैदल ही चल पड़ा। रास्ते में उसने एक गदहा किराए पर लिया और दो खाली बोरियाँ भी खरीद लीं।

जब मुल्ला नसीरुद्दीन जहाजी के मकान पर पहुँचा तब वहाँ बेशकीमती सामानों की बोरियाँ करीने से सजाई जा रही थीं। मुल्ला नसीरुद्दीन ने जहाजी को अपना परिचय सेठ करीम के खजांची के रूप में दिया और कहा–"हमारी दस लाख अशर्फियों से एक करोड़ अशर्फियाँ बनाई हैं आपने। और फिर एक करोड़ से तीन करोड़ और तीन करोड़ से नौ करोड़ बनाकर नौ महीने में चले दस महीने बारह दिन में पहुँचे हो। अब कर दो हमारा हिसाब, नहीं तो बादशाह जान जाएगा तुम्हारा हिसाब!"

मुल्ला नसीरुद्दीन की बात सुनकर जहाजी चकरा गया। यह सच था कि जब वह यहाँ से चला था तो जहाज पर दस लाख अशर्फियों का माल ही लादा गया था और एक करोड़ में उसकी बिक्री हुई थी, फिर उसने एक

करोड़ का माल जहाज पर लादा जिसकी बिक्री नौ करोड़ में हुई। यदि बादशाह को उसकी कमाई का पता चल जाए तो आधी कमाई नजराने में चली जाएगी। ऐसा सोचकर जहाजी ने मुल्ला नसीरुद्दीन को आदर से बिठाया और उसने दस लाख अशर्फियाँ दीं और सूद माँगने पर तीन हजार अशर्फियाँ और दीं। इसके बाद मुल्ला के आगे हाथ जोड़ लिये।

मुल्ला नसीरुद्दीन ने अशर्फियों को बोरों में बन्द किया और गदहे पर बोरों को लादकर सीधे सेठ करीम के पास पहुँचा।

सेठ करीम उस समय अपनी बेगम के साथ था। किसी को उसके कमरे की ओर जाने की इजाजत नहीं थी। कमरे के बाहर जनखों का पहरा था। जब मुल्ला के बार-बार कहने पर भी कोई सेठ करीम को खबर करने के लिए तैयार नहीं हुआ तब मुल्ला करीम ने चीख-चीखकर कहना शुरू किया–"सेठ करीम, सुनो, एक गदहा अशर्फियों के साथ खड़ा तुम्हारे दरवाजे पर तुम्हारा इन्तजार कर रहा है।"

सेठ करीम के कानों तक मुल्ला नसीरुद्दीन की आवाज पहुँची। वह अपने कमरे से यह सोचकर बाहर आया कि मुल्ला नसीरुद्दीन बिना कारण तो आया नहीं होगा...जरूर कोई बहुत जरूरी बात होगी। सेठ करीम ने अपने घर के दरवाजे पर पहुँचकर कहा–"आओ मुल्ला नसीरुद्दीन!"

"नहीं, सेठ करीम! आज मुझे नहीं, इस गदहे को बोरे सहित कमरे में बुलाओ! दस लाख तीन हजार अशर्फियाँ यह गदहा जहाजी के घर से ले आया है।" मुल्ला नसीरुद्दीन ने कहा।

सेठ करीम को समझ में आ गया कि मुल्ला नसीरुद्दीन जहाजी के पास से उसकी डूबी रकम सूद समेत निकाल लाया है।

नसीरुद्दीन के इशारे पर वह गदहे को कमरे में ले गया और अशर्फियों से भरी बोरियाँ उतारकर गदहे को वापस लेकर मुल्ला नसीरुद्दीन के पास आया।

मुल्ला नसीरुद्दीन ने गदहे की लगाम थामते हुए सेठ करीम से कहा–"सेठ! मुझे अभी दो अशर्फियाँ दे दो–एक अशर्फी गदहे का किराया और एक अशर्फी की दोनों बोरियाँ।"

"अरे, गदहे का भाड़ा अशर्फियों में? एक अशर्फी में दो बोरियाँ तो महँगी हैं?" सेठ करीम ने चौंककर पूछा।

मुल्ला नसीरुद्दीन ने अपनी दाढ़ी सहलाते हुए कहा–"भाड़ा गदहे का

नहीं सोचता मैं! मैं तो देखता हूँ कि गदहे को भाड़े पर किसने लिया है। मुल्ला नसीरुद्दीन नाम है मेरा...हर काम का मेरा अपना तरीका है!"

सेठ करीम ने विनम्रतापूर्वक कहना शुरू किया—"अरे! मुल्ला साहब, आप तो नाराज हो गए! ये लीजिए दो अशर्फियाँ! मैं भला आपको नाराज कर सकता हूँ? यह डूबी रकम निकाल लाने और तीन हजार अशर्फियाँ अधिक लाने का इनाम भी तो आपको मिलना ही चाहिए। कल आप अपना हिसाब-किताब देख लें। आपकी जो लेनदारी होगी, वह और अपनी तरफ से जो देना होगा, वह भी मैं कल दे दूँगा।"

मुल्ला नसीरुद्दीन दो अशर्फियाँ लेकर वहाँ से चल दिया। गदहे वाले को उसने एक अशर्फी दी तथा एक अशर्फी अपनी जेब के हवाले कर गदहे वाले की दुआएँ लेता हुआ अपने घर लौट गया।

दूसरे दिन मुल्ला नसीरुद्दीन एक बड़ी-सी रोटी लपेटकर काँख में दबाए सेठ करीम के पास पहुँचा।

सेठ करीम ने मुल्ला नसीरुद्दीन का यह अन्दाज देखा तो उससे पूछा—"क्या बात है मुल्ला साहब, आपने काँख में क्या दबा रखा है?''

"सेठ साहब! यह है मेरा हिसाब—लेनदारियों का! आप हिसाब-किताब में कोई गलती बर्दाश्त नहीं करते और आदमी है गलतियों का मजमूआ। आखिर मैं भी आदमी ही हूँ। मैंने सोचा कि गलती मुझसे भी हो सकती है इसलिए अपना हिसाब मैंने रोटी पर तैयार किया है। क्या पता कि गलती निकल ही आए..." मुल्ला नसीरुद्दीन ने कहा।

"क्या मतलब?" सेठ करीम ने पूछा।

''मतलब यह कि लेखाकार को आपने एक गलती पर कागज का पुलिंदा निगलने की सजा सुनाई थी...मैं कागज नहीं खा सकता इसलिए मैं रोटी पर हिसाब लिख लाया हूँ।'' मुल्ला नसीरुद्दीन ने कहा।

सेठ करीम को मुल्ला के इस कथन से बड़ी ग्लानि हुई। उसने उस दिन ही लेखाकार को नौकरी पर बुला लिया और मुल्ला नसीरुद्दीन को तीन हजार अशर्फियाँ देकर विदा किया।

जब मुल्ला नसीरुद्दीन वहाँ से जाने लगा तब अचानक सेठ करीम को एक झटका-सा लगा कि तेज दिमाग नसीरुद्दीन अब उसका मुलाजिम नहीं है तो उसके मुँह से निकला—"अब क्या होगा?"

आजादी

मुल्ला नसीरुद्दीन एक दिन बुखारा की गलियों की खाक छान रहा था। सुबह पौ फटते ही जब मुल्ला की नींद खुली थी तो बिस्तर छोड़ते समय ही खिड़की से बाहर का नजारा देखा। आसमान में बादल गदराए थे। सूरज की रोशनी एक-एक बादल के टुकड़े को पीछे से रौशन कर रही थी। नीले आसमान का नजारा इससे इतना आकर्षक हो गया था मानो नीले रंग के कपड़े पर जगह-जगह सोने के तारों से कढ़ाई की गई हो! रूई के फाहे की तरह सफेद-शफ्फाफ बादलों के झुंड आसमान में मन्थर गति से तैरते नजर आ रहे थे। गाँव की पगडंडियों की ओर जब मुल्ला नसीरुद्दीन की दृष्टि गई तो उसके मुँह से हठात् निकल पड़ा—'या अल्लाह! कितना खूबसूरत नजारा है...और मैं हूँ कि बिस्तर में पड़ा हुआ हूँ! आज तो जी भर के सैर करूँगा। न जाने कितने दिन हो गए मैं गाँव की तरफ गया ही नहीं।' मन-ही-मन मुल्ला नसीरुद्दीन ने तय कर लिया कि आज वह गाँव की सैर के लिए निकलेगा और अपने परिचितों से दुआ-सलाम करके दिन को यादगार बना लेगा। ऐसा सोचकर मुल्ला नसीरुद्दीन तैयार हुआ और टोपी सिर पर डालता हुआ घर से बाहर निकल गया।

अजीब बात थी। उसके घर से बाहर तक सब कुछ वैसा ही था जैसा मुल्ला ने कल देखा था मगर आज उसे सब कुछ नया-नया सा, प्यारा-प्यारा सा दिख रहा था। मौसम में भी गजब का परिवर्तन हुआ था। कल तक तो सुबह-सुबह ही सूरज की किरणें इतनी तीखी हो जाती थीं कि लगता था कि बदन को बेध रही हैं मगर आज बादलों से छनकर आ रही इन किरणों में वह बेधक तपिश नहीं थी। मुल्ला नसीरुद्दीन को अपने आस-पास का नजारा मुग्ध कर रहा था। वह दाढ़ी हिलाता, टोपी सँभालता, दाएँ-बाएँ देखता हुआ आगे बढ़ रहा था। खेतों की हरियाली उसे लुभा रही थी। बागों

में खिले फूल उसकी आँखों को दुलरा रहे थे। उसके मन में एक अजीब-सी तरंग मचलने लगी थी और अब वह गुनगुनाने लगा था...

'अल्लाह ने दुनिया बनाई
हमारे लिए
परिन्दे बनाए, और उनके लिए
पेड़ खड़े किए—डालियों वाले छतनार
कि उन पर बना सकें वे घोंसले...
धरती पर अन्न के दाने बिखेरे
कि पौधे उगें...और दें अनाज कि
परिन्दे चुगें...
जानवर बनाए खुदा ने और
आदमी भी बनाया
फिर कहा—आदम!
यह सब तेरे लिए है...
सच तेरे लिए है सारा संसार
सच तेरे लिए है
सारे संसार का व्यापार!

मुल्ला नसीरुद्दीन गुनगुनाता-गुनगुनाता चला जा रहा था। इस तरह की मटरगश्ती उसने पहले भी की थी मगर आज की मटरगश्ती में उसे गजब का मजा आ रहा था। मस्ती का आलम था। मुल्ला नसीरुद्दीन कभी इस गली में घुसता तो कभी उस गली में। कभी खेत की मेंड़ों पर चलता तो कभी खेत में बनी पगडंडियों पर मचलता। तबीयत शोख हो उठी थी उसकी। मन मचल रहा था।

गलियों-पगडंडियों से गुजरता हुआ मुल्ला नसीरुद्दीन गाँव से गुजरने वाली नदी के किनारे पहुँच गया। नदी के किनारे अनेक फलदार वृक्ष लगे हुए थे। नदी के पास ही एक अमराई भी थी। पके रसीले आमों की खुशबू से फिजा तर-बतर हो रही थी। सुबह से मुल्ला ने कुछ खाया नहीं था। आम की गन्ध ने उसकी भूख जगा दी थी। मुल्ला ने अपने कुर्ते की जेब में हाथ डाला तो दो पैसे और कुछ कौड़ियाँ जेब में पड़ी थीं। मुल्ला ने सोचा कि अभी तो पूरा दिन पड़ा है, न जाने कब इन पैसों की जरूरत आन पड़े! क्यों

न इस अमराई के रसीले आमों से ही पेट पूजा कर ली जाए! रही दिन की बात, तो जेब में अभी दो पैसे हैं। इन दो पैसों से बहुत-कुछ हो सकता है...ऐसा सोचते हुए मुल्ला नसीरुद्दीन फिर गाने लगा–

'आदम!
यह सब तेरे लिए है।
सच! तेरे लिए है–सारा संसार
सच! तेरे लिए है
सारे संसार का व्यापार
सच! तेरे लिए है...!'

अमराई में जाकर मुल्ला नसीरुद्दीन ने जी भर के आम खाए और ऊपर वाले को उन रसीले-मीठे आमों के लिए धन्यवाद देता हुआ अमराई से बाहर निकलकर गाँव की ओर बढ़ने लगा। इस गली से उस गली, उस गली से इस गली। कभी दाएँ तो कभी बाएँ। इस चहलकदमी में मुल्ला को एक अनकहा आनन्द मिल रहा था।

सूरज की रोशनी अब तेज हो चली थी मगर इस तेजी के साथ ही मन्थर वेग से हवा भी चल रही थी जिसके कारण न गर्मी थी और न ही उमस। अचानक मुल्ला को घोड़े के टापों की आवाज सुनाई पड़ी। आवाज उसके पीछे की तरफ से आ रही थी। मुल्ला की समझ में नहीं आया कि गाँव की इस सँकरी-सी गली में कौन घोड़ा दौड़ा रहा है। मगर लगातार तेज होती टापों की आवाज के कारण मुल्ला नसीरुद्दीन ने गली छोड़कर खेत की तरफ जाने वाली पगडंडी पकड़ ली। मुल्ला के गली छोड़ते ही घोड़े की टापों की आवाज बहुत पास से आती जान पड़ी। खेत में खड़े होकर मुल्ला ने देखा, एक शानदार सफेद अरबी घोड़े पर सवार एक शानदार आदमी गली से गुजर रहा था। वह प्रवचनकर्ताओं जैसा लम्बा रेशमी चोगा पहने हुए था तथा उसके सिर पर शानदार रेशमी पगड़ी थी। उसने चमकदार साटन की सलवार पहन रखी थी। शानदार लिबासधारी इस व्यक्ति की दाढ़ी में गजब की सफेदी थी। उसके चेहरे से भद्रता टपक रही थी।

नसीरुद्दीन ठगा-सा उस घुड़सवार को देखता रहा। इतना सजीला वृद्ध उसने पहले कभी नहीं देखा था। सामने से घुड़सवार के गुजर जाने के बाद मुल्ला नसीरुद्दीन खेत से बाहर आया और फिर से गली में उसी दिशा में

चलने लगा जिस दिशा में घुड़सवार गया था। अब भी वह गुनगुनाए जा रहा था—

'आदम!
यह सब तेरे लिए है।
सच! तेरे लिए है—सारा संसार
सच! तेरे लिए है
सारे संसार का व्यापार
सच! तेरे लिए है।'

अभी वह दो-तीन फर्लांग ही चला था कि उसने देखा, गाँव के एक घर के सामने वही अरबी घोड़ा एक पेड़ से बँधा खड़ा है। वह सजीला वृद्ध उसे घोड़े के आसपास नहीं दिखा। घर और पेड़ के बीच अच्छा फासला था। शानदार सफेद घोड़े की चमक से मुल्ला मंत्रमुग्ध-सा हो गया था। उसकी इच्छा हो रही थी कि वह उस घोड़े को सहलाए, प्यार करे। कुछ देर तक मुल्ला दूर से ही टकटकी लगाए घोड़े की सुन्दरता निहारता रहा। वल्लाह! कितना शानदार है यह घोड़ा...रेशम जैसे चमकदार बाल...जरूर इसकी रोज मालिश होती होगी। कितना गठा हुआ शरीर है इसका...जरूर इसे घंटों दौड़ाया जाता होगा। बहुत ध्यान देकर पाला गया है इसे, ऐसा जान पड़ता है। कैसी कजरारी और चमकदार हैं इसकी बड़ी-बड़ी आँखें! घोड़े का सौन्दर्य निहारते-निहारते मुल्ला के कदम अनायास ही घोड़े की तरफ बढ़ने लगे। घोड़े के करीब पहुँचकर मुल्ला नसीरुद्दीन ने घोड़े के चेहरे को छुआ। घोड़े ने गर्दन हिलाकर मानो मुल्ला की छुअन का स्वागत किया। अपने स्पर्श का इस तरह स्वागत होता देख मुल्ला नसीरुद्दीन का हौसला कुछ और बढ़ा। वह घोड़े के पास खड़ा हो गया और घोड़े की पीठ थपथपाने लगा। थोड़ी ही देर में घोड़े से उसने अपनापन पैदा कर लिया।

घोड़े को सहलाते-पुचकारते मुल्ला नसीरुद्दीन को ज्यादा वक्त नहीं हुआ था कि उधर से अमीर का काफिला गुजरा। बुखारा के अमीर के साथ हमेशा उसके खवास भी रहा करते थे। अपने काफिले के साथ गुजरते हुए अमीर की नजर अचानक घोड़े पर पड़ी। उस समय मुल्ला नसीरुद्दीन घोड़े के गले में बाँह डाले अमीर के काफिले की तरफ ही देख रहा था। शानदार घोड़े के साथ खड़े मुल्ला नसीरुद्दीन को देखकर अमीर ने सोचा—जरूर यह

इस घोड़े का मालिक है। घोड़े की चमकदार सफेदी के आकर्षण में बँधा हुआ अमीर अपने काफिले से निकलकर सीधे मुल्ला नसीरुद्दीन के पास पहुँचा। उसने मुल्ला नसीरुद्दीन से कहा–"बहुत शानदार घोड़ा है आपका जनाब! मुझे पसन्द आ गया है। पहली नजर में ही मैं इस घोड़े का दीवाना हो गया हूँ।"

"जी हाँ, जनाब! है ही यह शानदार घोड़ा। पूरे बुखारा में ऐसा घोड़ा और कहीं देखने को नहीं मिलेगा।" मुल्ला नसीरुद्दीन ने घोड़े को प्यार से सहलाते हुए कहा। उसका अन्दाज ऐसा था मानो वह उस घोड़े का मालिक हो!

"मुझे यह घोड़ा चाहिए। बोलो, क्या कीमत लोगे?" अमीर ने मुल्ला नसीरुद्दीन से पूछा।

"शानदार और जानदार चीजों का मोल क्या? यह तो अनमोल है।" मुल्ला नसीरुद्दीन ने उस अमीर से पल्ला झाड़ने की नीयत से कहा।

मन-ही-मन मुल्ला घबरा रहा था कि अमीर के सामने उसका भाँडा न फूट जाए कि वह इस घोड़े का मालिक नहीं, बस घोड़े की सुन्दरता को देखने के लिए उसके पास वैसे ही चला आया है जैसे कि वह अमीर आया है। अमीर से अपना ध्यान हटाने के लिए वह फिर से गुनगुनाने लगा–

'आदम!
यह सब तेरे लिए है।
सच! तेरे लिए है–सारा संसार
सच! तेरे लिए है
सारे संसार का व्यापार
सच! तेरे लिए है!'

गुनगुनाते-गुनगुनाते मुल्ला को लगा कि सारे संसार में तो यह घोड़ा भी आता है। उसने मन-ही-मन सोचा–जब आदम को सारी कायनात मिली... तो वह तो आदम की सन्तान ही है...तो यह सारा संसार आदम की तरह उसका भी है...और इस संसार में यह घोड़ा भी है...

तभी मुल्ला नसीरुद्दीन की सोच में खलल पड़ी। अमीर पूछ रहा था– "बताओ, इस घोड़े की क्या कीमत लोगे? मैं तुम्हें मुँह-माँगी कीमत अदा करूँगा...मैं बुखारा का अमीर हूँ और मुझे यह घोड़ा चाहिए।"

मुल्ला नसीरुद्दीन ने अमीर की तरफ देखते हुए कहा—"दो सौ सोने की मुहरों में इसे खरीदा था...उतना ही दे दो।"

अमीर ने तुरन्त सोने की दो सौ मुहरें गिनकर एक थैली में मुहरें बन्द कर मुल्ला नसीरुद्दीन को थमा दीं और घोड़ा खोलकर उस पर सवार हुआ और वहाँ से रवाना हो गया अपने काफिले की ओर।

दो सौ सोने की मुहरों की थैली अपनी जेब के हवाले करते हुए मुल्ला नसीरुद्दीन ने आसमान की तरफ देखा मानो ऊपर वाले को धन्यवाद कह रहा हो! आज सुबह उसकी जेब में केवल दो पैसे और कुछ कौड़ियाँ ही थीं मगर अब उसके पास सोने की दो सौ मुहरें हैं।

मुहरें आ जाने के बाद अचानक मुल्ला नसीरुद्दीन का ध्यान अपनी स्थिति की ओर गया। वह जहाँ खड़ा था उसके आस-पास ही कहीं घोड़े का मालिक भी होगा, इसका खयाल आते ही मुल्ला नसीरुद्दीन के जिस्म से ठंडा पसीना निकलने लगा। पहले तो उसके मन में आया कि वह वहाँ से भाग जाए मगर तत्काल उसने वहाँ से भागने का खयाल मन से निकाल दिया, फिर कुछ सोचकर मुल्ला नसीरुद्दीन ने उस रस्सी को अपने गले में बाँध लिया जिसमें घोड़ा बँधा हुआ था और पेड़ के नीचे खड़ा होकर घोड़े के मालिक के आने की प्रतीक्षा करने लगा।

कुछ देर के बाद घोड़े का मालिक वहाँ आया और अपने घोड़े के स्थान पर रस्सी के फंदे में आदमी को बँधा देख अचरज में डूबे स्वर में बोला—"मैं तो यहाँ अपना घोड़ा बाँधकर गया था...कहाँ गया मेरा घोड़ा?"

मुल्ला नसीरुद्दीन जो घोड़े की रस्सी में बँधा था, अदब से बोला—''मैं यहाँ हूँ मेरे मालिक! मेरे आका! मैं ही हूँ आपका घोड़ा!"

"अरे, तुम घोड़ा कैसे हो सकते हो?" शानदार वृद्ध ने प्रश्न किया।

"मेरे आका! मैंने आज से पाँच साल पहले एक धर्मात्मा को बहुत तंग किया था। मेरे द्वारा परेशान किए जाने पर उस धर्मात्मा ने मुझे शाप दिया था—'जा, घोड़ा बन जा!...और पाँच साल तक दूसरों को अपनी पीठ पर ढोता रहा!'...और मेरे आका! अभी-अभी पाँच वर्ष पूरे हुए हैं मेरे शापित जीवन के! मैं फिर से आदमी बन गया हूँ।"

वह शानदार बूढ़ा भी धार्मिक प्रवृत्ति का इनसान था। उसने मुल्ला नसीरुद्दीन की ओर देखा—"ओह! इतना बाँका जवान, पाँच वर्षों तक शाप

झेलता रहा!" अचरज में डूबे वृद्ध ने मुल्ला नसीरुद्दीन के गले से रस्सी खोल दी और कहा—"मुझे अफसोस है नौजवान कि मैं पाँच वर्षों तक तुम पर सवारी करता रहा, पाँच वर्ष पहले मैंने तुम्हें मवेशी मेले से खरीदा था... खैर! अब तुम आजाद हो! जाओ और अपनी दुनिया आबाद करो।"

और मुल्ला नसीरुद्दीन वहाँ से चल पड़ा—गुनगुनाता हुआ :

'आदम!
यह सब तेरे लिए है।
सच! तेरे लिए है—सारा संसार
सच! तेरे लिए है
सारे संसार का व्यापार
सच! तेरे लिए है... ।'

आसमानी सौगात

मुल्ला नसीरुद्दीन के जवानी के दिन थे। नई-नई शादी हुई थी। एक बार उसकी पत्नी ने अपने माता-पिता से मिलने की जिद ठान ली। मुल्ला ने भी सोचा—इतने दिन बीत गए माँ-बाप से दूर हुए, अगर बेगम अब अपने माता-पिता से मिलना चाहती ही है तो इसमें बुराई भी क्या है? चलो, दो-चार दिन के लिए उसको उसके माता-पिता के पास छोड़ आते हैं। जी भर जाएगा तो आ जाएगी! ऐसा सोचकर मुल्ला नसीरुद्दीन अपनी बेगम को ससुराल पहुँचाने चला गया।

जब वह अपनी बेगम को ससुराल पहुँचाकर वापस लौटने लगा तब साले व ससुर दोनों ने ही उसे रात को ससुराल में ही रुक जाने को कहा। ससुराल के लोग मुल्ला नसीरुद्दीन को समझाने लगे—"देखो बेटा! यहाँ से तुम्हारे घर जाने के रास्ते में खतरे ही खतरे हैं। दो कोस का जंगल है और एक फर्लांग का कब्रिस्तान। ये दोनों तुम्हारे घर की राह में हैं। जंगल में चोर-डाकू छिपे रहते हैं और राहगीरों से लूटपाट करते हैं। कब्रिस्तान और उसके आस-पास का इलाका नशेड़ियों का अड्डा है। नशेड़ियों के उत्पात से वहाँ बराबर कोई न कोई हादसा होता ही रहता है।"

मगर इस तरह के हादसों के खौफ से मुल्ला नसीरुद्दीन अपना इरादा बदल ले, ऐसा कभी हो नहीं सकता था। मुल्ला नसीरुद्दीन ने अपने ससुराल वालों को समझाया—"चोर-डाकू या नशेड़ियों से डरने की जरूरत नहीं, ये लोग तो खुद डरे होते हैं और शरीफ लोगों से डरकर जंगल का रुख करते हैं। गुनाह करने वाले कभी शरीफों का सामना नहीं कर सकते। वे ऐसे ही लोगों को अपना शिकार बनाते हैं जिन पर उनका खौफ हावी हो जाता है। यदि चोर-डाकुओं के भय से हम चलना-फिरना छोड़ दें तो दुनिया का व्यापार ही रुक जाएगा। आप लोग घबराएँ नहीं, मुझे जाने दें! मेरा विश्वास

करें–चोर-डाकू मेरा कुछ नहीं बिगाड़ सकेंगे।''

बहुत कहने के बाद भी जब मुल्ला नसीरुद्दीन ससुराल में रुकने को तैयार नहीं हुआ तब भारी मन से ससुराल वालों ने उसे जाने की इजाजत दे दी।

मुल्ला नसीरुद्दीन उनसे विदा लेकर अपने घर के रास्ते पर चल पड़ा। चलते-चलते रात हो आई। जब वह जंगल के पास पहुँचा तब मध्य रात्रि का समय था। उसने देखा, चार-पाँच लोगों का एक झुंड हाथ में कुछ गठरियाँ लेकर उसके आगे-आगे चला जा रहा है। वह चुपचाप चलता रहा। उसने उस झुंड के बारे में अनुमान लगाया–शायद ये सभी राहजन हों! चोर या लुटेरे भी हो सकते हैं! ऐसा सोचता हुआ वह चलता रहा–उनके पीछे। रात गहरा रही थी और जंगल से झींगुरों का शोर उभर रहा था–झन-झन-झन-झन। इस झनझनाहट में उसके कदमों की आहट दब जाती थी। इस तरह चलता हुआ मुल्ला नसीरुद्दीन कब्रिस्तान के करीब पहुँचा। तब जाकर कहीं उस झुंड में शामिल लोगों को उसके कदमों की आहट मिली। चौंककर उन लोगों ने पीछे पलटकर देखा। एक की नजर मुल्ला पर पड़ी और उसने अपने साथियों को सतर्क किया–"देख रे 'शिकार'!" झुंड में शामिल लोग सीधे पलट गए और मुल्ला नसीरुद्दीन की ओर दौड़ पड़े। मुल्ला नसीरुद्दीन को स्थिति भाँपते देर नहीं लगी। वे संख्या में पाँच थे। अकेले मुल्ला उनका सामना नहीं कर सकता था। मुल्ला ने अपना रुख कब्रिस्तान की ओर कर लिया और झाड़ियों की ओट लेता हुआ वह एक ताजा खुदी कब्र के पास चला आया। चोरों के आने की आहट नजदीक होती जा रही थी। मुल्ला ने कब्र में छिपने का निर्णय ले लिया और बिना कुछ सोचे वह कब्र में उतरकर मुर्दे की तरह लेट गया।

चोर कब्र के पास पहुँच चुके थे। मुल्ला उनके बतियाने की आवाज सुन रहा था।

"अरे! अभी तो यहीं दिखा था मुझे!" एक चोर की आवाज सुनाई पड़ी।

"यहाँ तो कोई नहीं है! तुम्हें भ्रम हुआ होगा।" दूसरी आवाज सुनाई पड़ी।

''नहीं, मुझे भ्रम नहीं हुआ। मेरी आँखें धोखा नहीं खातीं। तुम लोग मेरा यकीन करो। मुझे तो उसके लिबास से ऐसा लग रहा है कि वह बहुत

मालदार शिकार था...खोजो उसे...जाने न पाए।'' पहले वाले चोर की आवाज मुल्ला ने सुनी।

तभी एक तीसरी आवाज भी मुल्ला के कानों में पड़ी–''अरे, यह तो ताजा खोदी गई कब्र है! इसमें तो कहीं वह नहीं छिप गया?"

मुल्ला ने सोचा कि लो, अब तो पकड़े गए! मगर उसने हौसला बनाये रखा–'देखें, अब क्या होता है।'

छिटकती चाँदनी में उसने देखा, पाँच लोग कब्र के भीतर झाँक रहे हैं...

मुल्ला ने मन-ही-मन कुछ फैसला किया और भर्राई आवाज में बोला–"अरे, मेरी नींद में खलल डालने की जुर्रत किसने की?"

उसकी आवाज सुनकर चोरों की रूह काँप गई। उनमें से एक ने हिम्मत की और पूछा–"तुम कौन हो और कब्र में क्या कर रहे हो?"

मुल्ला ने गुर्राती आवाज में कहा–''कब्र में मुर्दे क्या करते हैं? मैं एक नौजवान था जो अकाल मौत मरा...मेरी रूह को सुकून नहीं मिला जिसके कारण मैं कब्र से निकलकर चैन की तलाश करता हूँ और थककर फिर इस कब्र में आकर सो जाता हूँ। तुम लोगों ने मेरी नींद खराब की है...इसकी सजा तुम लोगों को मिलनी चाहिए।''

मुल्ला की इतनी बातें सुनते ही चोर घबरा गए और अपने हाथ की गठरियाँ कब्र में फेंकते हुए चिल्लाए–"भागो...भूत!"

मुल्ला ने कब्र में इत्मीनान से बैठकर गठरियाँ बटोरीं और उन्हें टटोलकर अनुमान लगाया कि एक में जेवरात हैं और दूसरे में पैसे-रुपए आदि। वह चोरों के भागने की आहट सुनता रहा। जब चोरों के भागने की आहट आनी बन्द हो गई तब वह अपने स्थान से उठा और गठरियों के साथ कब्र से निकला और मस्त चाल में अपने घर की राह पर चल पड़ा।

घर पहुँचकर उसने गठरियों को खोलकर देखा। गठरियों में कीमती जेवरात, स्वर्णमुद्राएँ और कीमती शेरवानी, सलवार, साड़ियाँ, लहँगे आदि थे। मुल्ला नसीरुद्दीन ने कपड़ों को सलीके से सहेजा। साड़ियाँ और लहँगे अलग किए।

दूसरे दिन शेरवानी और सलवार आदि को अपने ससुर व साले के लिए अलग-अलग थैले में रखा तथा साड़ी व लहँगे को सास, साली और अपनी बेगम के लिए अलग-अलग थैले में रखकर एक घोड़ा किराए पर लिया और अपनी पत्नी से मिलने ससुराल चल पड़ा।

इतनी जल्दी दामाद की वापसी की उम्मीद उसके ससुराल वालों को नहीं थी। ससुर ने मुल्ला को प्यार से अपने साथ घर में ले जाते समय कहा भी–"बेटे, इतनी जल्दी क्या थी? अभी तो मैं अपनी बेटी को जी भर के देख भी नहीं पाया हूँ।"

मुल्ला नसीरुद्दीन ने सहज हँसी हँसते हुए कहा–"अरे ससुर जी! आप घबराएँ नहीं! मैं बेगम को वापस ले जाने नहीं आया हूँ बल्कि आप लोगों के लिए कुछ सौगात लाया हूँ...जो मुझे कल ही देना चाहिए था–मगर कल न सही, आज सही।" इसके बाद मुल्ला ने ससुर और साले को उनके लिए लाई थैलियाँ पकड़ा दीं।

अपने लिए दामाद द्वारा लाए गए बहुमूल्य कपड़े देखकर मुल्ला के ससुर-साले खुश हो गए। सास और साली भी अपने लिए मुल्ला के लाए सौगात से प्रसन्न हुईं। बेगम तो खुशी के मारे उछलने लगी–'आज मेरे शौहर ने मेरे मायके में मेरी नाक ऊँची कर दी।' ऐसा सोचते हुए वह मुल्ला से मिलने पहुँची तो मुल्ला ने उसे जेवरों और लहँगे की थैली देते हुए कहा–"लो बेगम! यह सौगात तुम्हारे लिए है।"

बेगम को अपनी आँखों पर यकीन नहीं हो रहा था। मुल्ला नसीरुद्दीन से इतने कीमती उपहार की उसने कभी आशा नहीं की थी। उसने संशय में पड़कर मुल्ला से पूछा–"इतने कीमती उपहार तुम लाए कहाँ से? मुझे तो आशा नहीं थी...।"

"हाँ, बेगम, आशा तो मुझे भी नहीं थी मगर आसमानी उपहार तो कब्र में भी पहुँच जाता है सो पहुँच गया...ज्यादा कुछ मत सोचो, बस यह बताओ, तुम्हें उपहार पसन्द आए?"

"हाँ, बहुत! बहुत अच्छे गहने हैं! लहँगा भी बहुत सजीला है! चटख रंग का!" बेगम ने कहा।

"और तुम जब पहनोगी तब इनका रंग और खिल उठेगा।" मुल्ला ने कहा।

उसकी यह बात सुनकर बेगम मुल्ला के सीने से लग गई।

शाम को जब मुल्ला अपनी ससुराल से अपने घर के लिए किराए के घोड़े पर सवार हुआ तब ससुराल वालों ने उसे न तो चोर का खौफ जताया और न लुटेरों का। वे तो बस मुल्ला नसीरुद्दीन के घोड़े की टाप सुनते रहे।

इस तरह हुआ हिसाब बराबर

तकदीर ने मुल्ला के साथ ऐसा खेल खेला कि मुल्ला अपने टूटे-फूटे पुश्तैनी मकान से निकलकर आलीशान महल में रहने आ गया। तीन-मंजिली इमारत की छत पर रोज सुबह मुल्ला नसीरुद्दीन टहलने लगा। घर से वह तब ही निकलता जब कोई काम हो वरना घर में ही अपना खूबसूरत रेशमी चोगा और शलवार पहने टहलता रहता। घर में भी उसके सिर पर नोकदार टोपी अवश्य रहती।

उसकी बेगम दिन भर महल के सभी कमरों की देखभाल में लगी रहती। फर्नीचर चमकाती, पर्दे ठीक करती और खुद भी सलीके से कपड़े पहनती। वर्षों बाद उन्हें ढंग से जीवन जीने का अवसर मिला था और वे इस अवसर का भरपूर इस्तेमाल कर रहे थे।

एक दिन मुल्ला नसीरुद्दीन महल के सबसे ऊपर वाली छत पर खड़ा होकर नीचे सड़क की तरफ देख रहा था। सड़क निहारते हुए वह अपने पुराने दिनों को याद कर रहा था।

तभी एक वृद्ध व्यक्ति ने उसे हाथ के इशारे से नीचे आने को कहा।

मुल्ला नसीरुद्दीन ने उस दीन-हीन से लग रहे वृद्ध को पहचानने की कोशिश की मगर उसे कुछ भी याद नहीं आया। वह समझ नहीं पा रहा था कि वह वृद्ध कौन है और उसे नीचे क्यों बुला रहा है! 'खैर, चलकर देख लेने में क्या हर्ज है!' ऐसा सोचकर मुल्ला नसीरुद्दीन तीन तल्ले की सीढ़ियाँ उतरकर जमीन पर आया और उस वृद्ध से पूछा—"क्या बात है बाबा?'

"खाने को दो रोटी दे दो बेटा!" वृद्ध ने दीनता से कहा।

मुल्ला नसीरुद्दीन को बहुत गुस्सा आया किन्तु उसने अपना क्रोध प्रकट नहीं होने दिया और मुस्कुराते हुए वृद्ध को अपने साथ ऊपर चलने का इशारा किया।

वृद्ध ने सोचा–कितना भला आदमी है! शायद अपने साथ ले जाकर, घर में मुझे खिलाएगा। वृद्ध धीरे-धीरे सीढ़ियाँ चढ़ता हुआ तीसरी मंजिल पर पहुँचा।

तीसरी मंजिल पर पहुँचकर मुल्ला नसीरुद्दीन ने अपनी खीसें निपोड़ दीं और वृद्ध से कहा–"अब जाओ बाबा! तुम्हें रोटियाँ नहीं दी जा सकेंगी, समझे?"

"जब रोटियाँ नहीं देनी थी तब मुझसे इतनी सीढ़ियाँ क्यों चढ़वाईं? तुम नीचे भी तो यह बात कह सकते थे।" वृद्ध ने पूछा।

"नीचे कह देता तो हिसाब बराबर कैसे होता? मुझे तुमने इशारे से नीचे बुलाया। मुझे इतनी सीढ़ियों से उतरना पड़ा कि नहीं? अब जब तुम नीचे जाओगे तब हिसाब बराबर हो जाएगा। जितना मैं थका, उतना तुम भी थकोगे।" मुल्ला नसीरुद्दीन ने कहा।

बूढ़ा कुछ बुदबुदाता हुआ मुल्ला नसीरुद्दीन के घर की सीढ़ियों की तरफ जाने लगा तब मुल्ला नसीरुद्दीन ने उससे कहा–"सुनो, बाबा, जब किसी से रोटी माँगनी हो तो भूलकर कभी किसी को इस काम के लिए तीसरी मंजिल से नीचे मत बुलाना।"

बूढ़ा तेज गति से सीढ़ियाँ उतर रहा था।

एक खरीदारी ऐसी भी

मुल्ला न .ोरुद्दीन को कहीं से कुछ पैसे मिले। उसने सोचा–सामने ईद है, क्यों न इन पैसों से ईद के लिए नए कपड़े ले लिये जाएँ! यह विचार मन में आते ही मुल्ला नसीरुद्दीन कपड़े की एक दुकान में चला गया और दुकानदार से कहा–''मुझे कुर्ते का कपड़ा चाहिए!''

दुकानदार मुल्ला की पतली लम्बी दाढ़ी और नोकदार टोपी देखकर मन-ही-मन यह अनुमान लगा रहा था कि हो न हो यह शख्स मुल्ला नसीरुद्दीन ही है। उसने मुल्ला नसीरुद्दीन के बारे में तरह-तरह के किस्से सुन रखे थे। दुकानदार मुल्ला को देखकर मन-ही-मन खुश हो रहा था कि चलो, आज मुल्ला नसीरुद्दीन को वह इतने करीब से देख तो पा रहा है।

दुकानदार ने मुल्ला के सामने कुर्ते के कपड़े के नायाब टुकड़ों का ढेर लगा दिया। उसमें से एक रेशमी कपड़ा मुल्ला को पसन्द आया। उसने दुकानदार से कहा–"मुझे कपड़े का यही टुकड़ा दे दो।"

अचानक मुल्ला को याद आया कि उसके पास अभी भी कई नए कुर्ते रखे हैं जिन्हें उसने एक दिन भी नहीं पहना है जबकि बेगम के पास तमाम कपड़े पुराने ही हैं इसलिए बेगम के लिए ही नए कपड़े लेने चाहिए। यह खयाल आते ही मुल्ला नसीरुद्दीन ने दुकानदार से कहा–''इस कुर्ते के कपड़े के बदले में मेरी बेगम के लिए कुर्ती और सलवार का जोड़ा दे सकते हो?"

"हाँ-हाँ, क्यों नहीं!'' दुकानदार ने कहा और मुल्ला नसीरुद्दीन के सामने कुर्ती और सलवार के जोड़ों की झड़ी लगा दी।

मुल्ला नसीरुद्दीन ने एक जोड़ा पसन्द किया। दुकानदार वह जोड़ा जब नसीरुद्दीन को देने लगा तब नसीरुद्दीन ने दुकानदार से कहा–"माफ करना भाई! मुझे लगता है कि मेरी बेगम को कुर्ती-सलवार से ज्यादा बुरकों

की जरूरत है। ऐसा करो, यह कुर्ती-सलवार रख लो और इसके बदले में इसी दाम का बुरका लपेट दो।"

दुकानदान ने बिना किसी प्रतिक्रिया के ऐसा ही किया और बुरका लपेटकर मुल्ला नसीरुद्दीन को दे दिया।

मुल्ला नसीरुद्दीन बुरका लेकर जब दुकान से जाने लगा तो दुकानदार ने पूछा–"हुजूर, पैसे?"

"पैसे? किस बात के पैसे?" मुल्ला नसीरुद्दीन ने संजीदगी से पूछा।

दुकानदार ने मुल्ला नसीरुद्दीन से कहा–"हुजूर! बुरके के पैसे!"

नसीरुद्दीन ने दुकानदार की तरफ अचरज से देखा और पूछा–"बुरका के पैसे क्यों भाई, वह तो मैंने कुर्ती-सलवार के बदले में लिया!"

मुल्ला का जवाब सुनकर दुकानदार अचकचा गया और बोला–"तो ठीक है हजूर! कुर्ती-सलवार के पैसे!"

मुल्ला नसीरुद्दीन ने खा जानेवाली नजरों से दुकानदार को देखा और गरजते हुए कहा–"कुर्ती-सलवार के पैसे? अरे, वह तो मैंने कुर्ते के कपड़े के बदले में लिया था।"

दुकानदार के तो पसीने छूटने लगे, फिर भी साहस करके बोला–"तो हुजूर, कुर्ते के कपड़े के पैसे ही दे दें।"

"अरे, कुर्ते के कपड़े के पैसे मुझसे कैसे लेगा? कुर्ते का कपड़ा मैंने लिया ही नहीं है।" मुल्ला नसीरुद्दीन इतना कहकर बुरका लेकर दुकान से चला गया और दुकानदार उसे जाता हुआ देखता रह गया।

...और उस दिन मंत्रणा नहीं हुई

मुल्ला नसीरुद्दीन की नोकदार टोपी, लम्बा चोगा, पतली लम्बी दाढ़ी, चमकदार छोटी आँखें, तीखी नाक, मुस्कुराते होंठ और उसकी सादगी—मिल-जुलकर उसके व्यक्तित्व को मुग्धकारी बना देते थे। एक बार मुल्ला एक गाँव से गुजर रहा था। जब वह उस गाँव के मध्य में पहुँचा तो देखा, ग्रामीणों ने सूरजमुखी के फूलों की खेती कर रखी है। गाँव के मध्य से होकर गुजरने वाली नदी के दोनों किनारों पर दूर तक खेतों का सिलसिला था जिसमें सूरजमुखी के पीले दमकते फूलों की फसल लहलहा रही थी। फूलों के इस मनोरम दृश्य ने मुल्ला नसीरुद्दीन को अपने आकर्षण की डोर में बाँध सा लिया। मुल्ला नसीरुद्दीन ने फैसला किया कि वह इस गाँव में कुछ दिन रहेगा और सूरजमुखी के फूलों के सौन्दर्य को निहारा करेगा।

मुल्ला नसीरुद्दीन ने उस गाँव की मस्जिद में जाकर अपना डेरा जमा लिया। नमाज पढ़ने के लिए गाँव के लोग मस्जिद में आए और मस्जिद में मुल्ला को देखा तब उन्होंने मान लिया कि मुल्ला कोई पहुँचा हुआ इनसान है। गाँव में चर्चा होते देर नहीं लगी कि मस्जिद में खुदा का एक ऐसा बन्दा रह रहा है जिसके चेहरे पर ऐसा जलाल है जिस पर निगाहें नहीं ठहरतीं। बस, यह समझ लो कि खुदा का नूर टपकता है उस शख्स के चेहरे से। हँसता है तो बिजलियाँ सी चमकने लगती हैं। बोलता है तो सरगम के स्वर निकलते हैं।

मुल्ला नसीरुद्दीन इन बातों के बारे में कुछ जानता ही नहीं था। रोज सुबह वह मस्जिद से निकल जाता और गाँव के ऐसे हिस्से की ओर चला जाता जिधर भीड़-भाड़ न हो। वहीं से घंटों सूरजमुखी के खेतों को निहारता रहता।

एक दिन वह प्राकृतिक नजारों में खोया हुआ था कि पास से ही एक

महिला की चीख सुनाई पड़ी। मुल्ला ने आवाज की दिशा में अपनी गर्दन मोड़ी। उसने देखा, पास की पगडंडी पर एक महिला खड़ी है। महिला की गोद में एक बच्चा है। महिला थर-थर काँप रही है। न आगे जा रही है, न पीछे। मुल्ला ने उसके डर का कारण जानने के लिए आस-पास नजर दौड़ाई तो देखा, महिला से कुछ दूरी पर ही एक बड़ा सा साँप फन काढ़े खड़ा है। क्षण भर में मुल्ला नसीरुद्दीन को सारा माजरा समझ में आ गया। उसने अपनी जगह से ही महिला को आवाज दी–"डरो मत, बस, अपनी जगह से हिलना नहीं। मैं अभी आया।" बाज जैसी फुर्ती से मुल्ला नसीरुद्दीन उस पगडंडी तक पहुँचा और पलक झपकते ही साँप को दुम से पकड़कर एक झटके में दूर फेंक दिया।

महिला सकते में थी। उसे मुल्ला नसीरुद्दीन देवदूत-सा लगा। वह उसका धन्यवाद करती हुई वहाँ से चली गई।

दूसरे दिन मुल्ला नसीरुद्दीन गाँव के सीमान्त की पहाड़ियों की ओर निकल गया। उस दिन एक चरवाहा पहाड़ी से लुढ़क गया और वह सीधे खाई में गिरने ही जा रहा था कि अचानक एक करिश्माई हाथ ने उसे थाम लिया। जब चरवाहा मौत के खौफ से आजाद हुआ तो उसने पाया कि मुल्ला नसीरुद्दीन उसके शरीर पर लगे खरोंचो को सहला रहा है। मुल्ला नसीरुद्दीन ने उसको सचेत होते देखकर कहा–"ऊँचाई पर चलने वाले को निचाई की अवहेलना नहीं करनी चाहिए!" इतना कहकर मुल्ला नसीरुद्दीन गाँव की तरफ लौट गया।

तीसरे दिन मुल्ला नसीरुद्दीन मछलियों की जल-क्रीड़ा देखने के इरादे से पहाड़ी नदी की ओर चला गया। नदी के पास पहुँचकर उसने अपने लिए बैठने की अच्छी- सी जगह तलाशी जहाँ से वह पहाड़ी नदी की छिछली तेज धारा में कल्लोल करती नन्ही मछलियों के झुंड को देख सकता था। वह ऐसी जगह पर बैठा था जहाँ से दस कदम की दूरी पर ही एक खड्ड जैसी संरचना थी जहाँ से यह छिछली पहाड़ी नदी झड़ने की तरह गिरती थी। मुल्ला नसीरुद्दीन झरने का मंजर तो नहीं देख सकता था मगर पानी गिरने का शोर उसे सुनाई पड़ रहा था। नदी की पथरीली सतह के ऊपर बहता पारदर्शी पानी और उसमें धारा के उलटी दिशा की ओर तैरने की जद्दो-जहद करता मछलियों का झुंड उसके आकर्षण का केन्द्र था। उसे लग रहा

था कि मनुष्य का समाज भी वक्त के तेज सैलाब में इसी तरह अपनी मंजिल की चाह में धारा के विरुद्ध चलने की जद्दोजहद करता रहता है। किसी-किसी को मंजिल मिल पाती है और बाकी वक्त के बहाव के आगे पस्त होकर नियति का शिकार बन जाते हैं...जैसे इस नदी की नियति है—झरना बनकर गिर जाना...मछलियाँ भी जब धारा के विरुद्ध तैरने के प्रयास से थक जाएँगी तो इनकी भी नियति वही होगी जो नदी की है।

नदी की धारा और मछलियों की जलक्रीड़ा में जीवन का फलसफा देखने में वह इतना मग्न था कि वह यह नहीं देख पाया कि उससे थोड़ी ही दूरी पर एक महिला नदी पार करते समय गिर पड़ी और नदी की तेज धारा में अपने को सँभाल नहीं पाई, बहने लगी। महिला बहुत तेज स्वर में चीखी—"बचाओ!"

महिला की चीख सुनकर मुल्ला नसीरुद्दीन की तन्द्रा टूटी। उसने देखा कि एक महिला नदी के पानी में बही जा रही है। नदी का पानी इतना छिछला था कि उसमें किसी के डूबने की आशंका नहीं थी। मुल्ला नसीरुद्दीन सतर्कता से पानी में उतरा और तीन-चार कदम चलकर महिला की सीध में खड़ा हो गया। महिला दूसरी बार चीखी—"बचाओ!" और मुल्ला नसीरुद्दीन ने झुककर महिला का हाथ पकड़ लिया। महिला पानी के तेज बहाव में बहते-बहते अचानक ठहर गई। उसने देखा, मुल्ला नसीरुद्दीन उसे थामे खड़ा है। मुल्ला के सहारे महिला खड़ी हुई और मुल्ला नसीरुद्दीन को धन्यवाद कहते हुए अपने गन्तव्य की तरफ बढ़ गई।

इस पहाड़ी गाँव के भोले-भाले बाशिन्दों के बीच चर्चा होने लगी—इस गाँव के किसी भी आदमी पर जब कोई आफत आती है तब एक नोकदार टोपी वाला जवान अचानक प्रकट हो जाता है और आफत टल जाती है।

तीन दिन, तीन घटनाएँ! तीनों घटनाओं में किसी की जान बचाने के लिए एक नोकदार टोपी वाला शख्स लोगों के सामने प्रकट होता है और संकट की घड़ी टल जाती है। गाँव में जिधर देखिए उधर नोकदार टोपी वाले की चर्चा।

तीसरे दिन मुल्ला नसीरुद्दीन ने पानी में बहती हुई जिस स्त्री को बचाया था, वह उस गाँव के मुखिया की पत्नी थी। उसने तो मुखिया से यह जाकर कहा कि वह पानी में बहते हुए झरने में गिरने ही वाली थी कि

नोकदार टोपी वाले ने अपना हाथ इतना लम्बा कर लिया कि मुझको पकड़ सके और ऐन वक्त पर उसने मुझे पकड़ लिया, नहीं तो मेरी हड्डी-पसली एक हो चुकी होती।

दूसरे दिन मुल्ला नसीरुद्दीन ने पहाड़ी पर फिसले जिस चरवाहे को बचाया, उसने चर्चा फैला दी कि पहाड़ी की चोटी पर खड़े एक नोकदार टोपी वाले ने वहीं खड़े-खड़े हाथ बढ़ाकर बीच पहाड़ी से फिसलने पर मुझे लपक लिया।

पहले दिन मुल्ला ने जिस महिला के आगे से एक साँप को हाथ से पकड़कर दूर फेंक दिया था, उस साँप के बारे में उस गाँव में ऐसी मान्यता थी कि वह साँप इतना विषैला है कि यदि किसी को छू भी ले तो उसका विष चढ़ जाता है, डँसने की बात तो दूर! उस महिला ने जगह-जगह यह चर्चा फैला दी कि नोकदार टोपी वाले पर जहर का भी असर नहीं होता।

और इस तरह अनचाहे, अनजाने मुल्ला नसीरुद्दीन उर्फ 'नोकदार टोपी वाला' उस गाँव में एक सिद्धपुरुष मान लिया गया।

मुखिया को जब पता चला कि उसकी पत्नी के प्राणों की रक्षा करने वाला शख्स उसी के गाँव की मस्जिद में रहता है तब उसने गाँव वालों से पूछा—"क्यों भाइयो! आप लोगों को पता है कि अपने गाँव में एक सिद्ध महात्मा पधारे हुए है? उन्होंने गाँव के कई लोगों की—जिनमें महिलाएँ और बच्चे भी शामिल हैं—जान बचाई है? उन्हें काल के मुँह से बाहर निकाल लिया है?"

"हाँ-हाँ, शायद आप 'नोकदार टोपी वाले जनाब' की बात कर रहे हैं!"

"हाँ-हाँ; वही!...जब ऐसा सिद्ध और उपकारी पुरुष हमारे गाँव में मौजूद है तब उसके प्रति हम लोगों का भी तो कुछ कर्तव्य बनता है। चलिए, हम सब मिलकर उन्हें कुछ चढ़ावा चढ़ाएँ।"

गाँव वालों ने हामी भरी। गाँव भर में चन्दा एकत्र कर मुखिया गाँव के कुछ चुनिन्दा लोगों के साथ शाम ढलने के बाद मस्जिद पहुँचा। मुल्ला नसीरुद्दीन उस वक्त सोने की तैयारी में था। गाँव वालों को आया देख मुल्ला नसीरुद्दीन उठकर बैठ गया। उसकी समझ में नहीं आया कि आखिर माजरा क्या है? ये लोग जमात बनाकर मस्जिद में मेरे पास क्यों आए हैं? क्या ये लोग मुझे मस्जिद से निकाल बाहर करना चाहते हैं?

मगर मुल्ला के सामने जब मुखिया ने चढ़ावे की थैली रखी और कहा– 'हे सिद्धपुरुष! हम ग्रामीणों की तरफ से यह छोटी-सी भेंट स्वीकार कीजिए!' तब मुल्ला के मन का भय दूर हुआ।

उसने समझ लिया कि गाँव के भोले-भाले लोग उसे सिद्धपुरुष समझ रहे हैं। मन से निश्छल मुल्ला नसीरुद्दीन ने तय किया कि वह इन लोगों के सामने अपनी हकीकत बयान करेगा ताकि उसे लोग आम इनसान ही समझें, सिद्धपुरुष नहीं! इस निश्चय के बाद मुल्ला ने कहा–"भाइयो, मुझे आप लोगों का मिलने आना बहुत अच्छा लगा! मेरा नाम मुल्ला नसीरुद्दीन है। मैं बुखारा से आया हूँ। आपका गाँव मुझे बहुत अच्छा लगा। यहाँ सूरजमुखी की खेती होती है और मुझे सूरजमुखी के फूल बहुत अच्छे लगते हैं। यही कारण है कि मैं आपके गाँव में ठहर गया हूँ। आप सभी से गुजारिश है कि आप लोग मुझे सिद्ध महात्मा की श्रेणी में नहीं रखें। मैं आप लोगों जैसा ही इनसान हूँ जिसे भूख लगती है, प्यास लगती है और जो अपनी भूख मिटाने के लिए आपकी तरह की काम करता है।...इसलिए मुझे चढ़ावा या भेंट देने की भी आवश्यकता नहीं है।"

मगर मुखिया एवं अन्य ग्रामीणों ने मुल्ला नसीरुद्दीन की एक नहीं सुनी और भेंट स्वीकार करवाकर ही माने। जब मुल्ला ने ग्रामीणों की भेंट स्वीकार कर ली तब मुखिया ने मुल्ला नसीरुद्दीन से कहा–"कल चौपाल मैदान में शाम को गाँव के सारे लोग जमा रहेंगे। यहाँ आकर हम लोग आपको वहाँ ले जाएँगे। हमारी गुजारिश है कि आप वहाँ आकर हम ग्रामीणों को जीवन जीने के लिए मार्गदर्शन करें।"

मुल्ला नसीरुद्दीन के बहुत आनाकानी करने पर भी ग्रामीण अपनी जिद पर अड़े रहे। अन्ततः मुल्ला नसीरुद्दीन ने चौपाल में आने की अपनी स्वीकृति दे दी। ग्रामीण खुश होकर मस्जिद से लौटे।

दूसरे दिन नियत समय पर मुखिया सहित कुछ वरिष्ठ ग्रामीण आए और अपने साथ मुल्ला नसीरुद्दीन को ले गए।

चौपाल मैदान में मुल्ला नसीरुद्दीन के लिए एक मंच बनाया गया था जिस पर बैठकर मुल्ला उपदेश दे सके।...ग्रामीणों में मुल्ला को सुनने का उत्साह था। उस उत्साह को देखकर मुल्ला नसीरुद्दीन ने सोचा–ऐसे भले और भोले ग्रामीणों के सामने सिद्धपुरुष की तरह बोलना कतई उचित नहीं होगा।

मुखिया की घोषणा के कारण उसे मंच पर जाना पड़ा और जब उसे बोलने के लिए आमंत्रित किया गया तब वह मंच पर खड़ा हो गया तथा ग्रामीणों से मुखातिब होते हुए उसने पूछा–"भाइयो! आप लोग धर्म के बारे में कुछ जानते हैं?"

ग्रामीणों ने तत्काल उत्तर दिया–"नहीं!"

मुल्ला नसीरुद्दीन ने निराशा से सिर हिलाते हुए कहा–"फिर मैं क्या बोलूँ जब आप लोग धर्म के बारे में कुछ जानते ही नहीं!" और इतना कहकर मुल्ला नसीरुद्दीन मंच से उतर गया तथा लम्बे डग भरता हुआ मस्जिद की ओर चल पड़ा।

भोले-भाले ग्रामीण उसे रोकने का साहस नहीं कर पाए।

मुल्ला नसीरुद्दीन के जाने के बाद मुखिया ने गाँव के बुजुर्गों के साथ मंत्रणा की कि किसी भी तरह कल फिर मुल्ला नसीरुद्दीन को उपदेश देने के लिए बुलाया जाए। इसके साथ ही यह भी तय हुआ कि जब मुल्ला नसीरुद्दीन पूछे कि आप लोग धर्म के बारे में कुछ जानते हैं तो सब स्वीकार करें कि हाँ, हम धर्म के बारे में कुछ जानते हैं। और यह सच भी है कि हर आदमी अपने-अपने धर्म के बारे में कुछ जानता अवश्य है।

इस मंत्रणा के बाद लोग मुल्ला के पास गए। उसे चौपाल में आने के लिए राजी कर चौपाल मैदान वापस ले आए।

दूसरे दिन पुनः उसी मंच पर मुल्ला नसीरुद्दीन उपस्थित हुआ और लोगों से पुनः वही सवाल किया–"आप लोग धर्म के बारे में कुछ जानते हैं?"

लोगों का तयशुदा जुमला हवा में उछला–"हाँ, हम धर्म के बारे में जानते हैं।"

मुल्ला नसीरुद्दीन ने ग्रामीणों पर एक गम्भीर दृष्टि डाली और कहा–"जब आप लोग धर्म के बारे में जानते ही हैं तब मैं क्या बोलूँ? मेरे कुछ बोलने का फायदा भी क्या?" इतना कहकर मुल्ला नसीरुद्दीन मंच से उतर गया और लम्बे डग भरता हुआ मस्जिद की ओर लौट गया।

ग्रामीणों में फिर मंत्रणा हुई। इस बार तय हुआ कि सब लोग चलकर मुल्ला को कल प्रवचन देने के लिए तैयार करें। कल जब मुल्ला अपना सवाल पूछें कि आप लोग धर्म के बारे में कुछ जानते हैं तो आधे लोग बोलें–

जानते हैं और आधे लोग बोलें—नहीं जानते हैं।

लोग मस्जिद गए। कल मंच पर उपस्थित होने के लिए मुल्ला को मनाया और अपने घरों को लौट गए।

तीसरे दिन मुल्ला नसीरुद्दीन जब मंच पर उपस्थित हुआ तब फिर उसने अपना पुराना सवाल पूछा—"आप लोग धर्म के बारे में कुछ जानते हैं?"

जवाब में आधे ग्रामीणों ने कहा—'हाँ, जानते हैं,' और आधे ग्रामीणों ने कहा—'नहीं जानते हैं।'

मुल्ला नसीरुद्दीन ने एक मोहक हँसी के साथ लोगों से कहा—"भाइयो, आपमें जो लोग धर्म के बारे में जानते हैं वे उन लोगों को धार्मिक बातें सिखा दें जो धर्म के बारे में नहीं जानते हैं। मेरे कुछ भी बोलने की कोई जरूरत नहीं।"...और मुल्ला नसीरुद्दीन मंच से उतर गया।

उस दिन ग्रामीणों ने कोई मंत्रणा नहीं की और उस दिन मुल्ला नसीरुद्दीन भी मस्जिद की तरफ नहीं लौटा।

उस गाँव के लोग अब भी मानते हैं कि मुल्ला नसीरुद्दीन कोई अलौकिक पुरुष था जो अपना काम करके अलोप हो गया।

कपड़ों की प्रतिष्ठा

सेठ रोशन अली के घर एक उत्सव का आयोजन था। उस उत्सव के बाद सामूहिक भोज था। रोशन अली ने भोज के लिए शहर के सभी नामी-गिरामी लोगों को न्योता भेजा था। न्योता मुल्ला नसीरुद्दीन को भी भेजा गया था।

मुल्ला नसीरुद्दीन को इस तरह के किसी भी आमंत्रण से कोई प्रसन्नता नहीं होती। वह यह समझता था कि लोग अपना रुतबा दिखाने के लिए उसे अपने यहाँ दावत पर बुलाते हैं कि वे समाज को दिखला सकें कि देखो—'मुल्ला नसीरुद्दीन जैसा बुलन्द दिमाग इनसान भी मेरे घर आता है।' वैसे मुल्ला नसीरुद्दीन खुद को बुलन्द दिमाग इनसान मानता हो, ऐसी बात भी नहीं थी। उसके जितने भी हैरतअंगेज कारनामे थे वे अनायास ही घटित हो गए थे।

मुल्ला नसीरुद्दीन जब कभी भी अपने में झाँककर खुद को पहचानने की कोशिश करता तो पाता कि वह एक विवश इनसान है जिसे प्रतिदिन अपना और अपनी पत्नी के भोजन के लिए मजदूरी करनी होती है और हर रात वह यह सोचते हुए सोता था कि कल यदि मजदूरी के लिए कोई काम नहीं मिला तब?

मुल्ला की पत्नी को जब मालूम हुआ कि सेठ रोशन अली के घर से मुल्ला नसीरुद्दीन को न्योता मिला है तब वह बहुत खुश हुई और मुल्ला के लिए रेशमी जरीदार शेरवानी, साटनी चूड़ीदार पाजामा, रेशमी टोपी और नक्काशीदार जूती निकाल दी।

मगर भोज के दिन मुल्ला नसीरुद्दीन सुबह से ही अपने दरवाजे के पास की खाली जमीन में सब्जियों के पौधे लगाने में व्यस्त हो गया। भोज का उसे खयाल ही नहीं रहा।

अचानक उसकी बेगम को ही याद आया कि आज तो मुल्ला को सेठ

रोशन अली के घर भोजन करने जाना था। वह रसोई से निकली और दरवाजे पर आकर उसने मुल्ला को याद दिलाया–"कैसे हो तुम! किसी काम में लग जाओ तो तुम्हें दीन-दुनिया का भी अता-पता नहीं रहता।...आज तुम्हें सेठ रोशन अली के घर भोज खाने जाना है।"

"हाँ-हाँ, याद है मुझे। बस, दो पौधे बच गए हैं, उन्हें लगाकर निकल जाऊँगा। तुम चिन्ता मत करो।" मुल्ला नसीरुद्दीन ने अपनी बेगम से कहा।

बेगम फिर रसोई में चली गई।

मुल्ला नसीरुद्दीन ने पूरी तन्मयता से दो पौधे और रोपे फिर हाथ की मिट्टी झाड़ता हुआ उठा और अपने गदहे को खोला। जिस हाल में मुल्ला था, उसी हाल में निकल गया सेठ रोशन अली के घर जाने के लिए।

जब गदहा आधा रास्ता तय कर चुका तब मुल्ला को याद आया कि उसने आज स्नान नहीं किया। बेगम ने उसके लिए शानदार लिबास निकालकर रखा था कि जब मुल्ला सेठ रोशन अली के घर जाएगा तो इन्हें पहन लेगा मगर मुल्ला ने वे कपड़े भी नहीं पहने थे।

गदहा दौड़ाता हुआ मुल्ला अजीब लग रहा था। उसके हाथों में मिट्टी लगी थी। कपड़े मिट्टी सने थे। दाढ़ी और बाल में धूल अँटा पड़ा था। मुल्ला नसीरुद्दीन की नजर अपने पाजामे पर गई। पाजामा गन्दा तो था ही, उस पर कई जगह पैबन्द भी लगे थे।

मुल्ला अब थोड़ा संकुचित हुआ। उसे लगा कि किसी भोज में शामिल होने जाने का उसका तरीका लोकस्तरीय नहीं है लेकिन इस निष्कर्ष पर पहुँचने के साथ ही उसका गदहा सेठ रोशन अली के दरवाजे पर पहुँच चुका था।

मुल्ला नसीरुद्दीन ने गदहे को एक पेड़ से बाँध दिया और यह सोचता हुआ वह सेठ रोशन अली के घर की ओर जाने लगा कि बेखयाली में वह जिस हाल में था, उसी हाल में रोशन अली के घर चला आया। खैर, अब भविष्य में वह इस बात का खयाल रखेगा कि जब कभी भी वह किसी के घर जाए तो अपने को साफ-सुथरा करके, ढंग के कपड़े अवश्य पहने हो।

ऐसा सोचते हुए मुल्ला नसीरुद्दीन जब सेठ रोशन अली के घर में प्रवेश करने लगा तो दरवाजे पर खड़े दरबान ने उसे रोक लिया–

"अ रे-रे-रे-रे-रे! कहाँ घुसे जा रहे हो! दूर हटो! बाहर इन्तजार करो! भोज खत्म होने पर तुम्हें भी कुछ खाने को मिलेगा...अभी दूर हटो!" दरबान ने डंडा उठाकर उसे दूर रहने का इशारा करते हुए कहा।

मुल्ला नसीरुद्दीन ने दरबान को बताया–"मैं सेठ रोशन अली का मेहमान हूँ। मुझे सेठ ने आमंत्रण पत्र भेजकर खासतौर से बुलाया है..."

मगर दरबान उसे देखकर हँस पड़ा–"तू और सेठ रोशन अली का मेहमान! जा भाई, जा, अपना काम कर! तुझ जैसों को रोशन अली का आमंत्रण पत्र मिलने लगे तो फिर कहना ही क्या!" दरबान ने मुल्ला नसीरुद्दीन को धक्का देकर सेठ के दरवाजे से दूर धकेल दिया।

मुल्ला नसीरुद्दीन अपने स्थान से उठा और अपने गदहे के पास आ गया। उसने गदहे को खोला और उस पर बैठ गया तथा गदहे को अपने घर की तरफ सरपट दौड़ाने लगा।

घर पहुँचकर उसने स्नान किया। चूड़ीदार पाजामा और शेरवानी पहनी नक्काशीदार जूती पहनी, रेशमी टोपी सिर पर डाली और फिर गदहे पर बैठ कर सेठ रोशन अली के घर पहुँचा।

दरबान ने उसे देखकर झुककर सलाम किया और दरवाजे से हटकर उसके लिए जगह बनाई।

रोशन अली सेठ ने दूर से ही मुल्ला नसीरुद्दीन को देखकर पहचान लिया और दौड़ता हुआ उसकी अगवानी के लिए आया। मुल्ला को झुककर सलाम किया और फिर उसका दामन थामकर उस जगह ले गया जहाँ पर अतिविशिष्ट लोगों के बैठने की जगह बनी हुई थी। सेठ रोशन अली ने मुल्ला नसीरुद्दीन को अपने पास बैठाया और अपनी निगरानी में उसके लिए भोजन परोसवाया।

मुल्ला नसीरुद्दीन भोजन परोसे जाने के बाद खामोशी से भोजन की तरफ देखता रहा फिर अपनी टोपी उतारकर भोजन की थाली के सामने रख दी, फिर कहा–"ले टोपी! तू खा ले!" फिर उसने अपनी शेरवानी उतारी और थाल के पास शेरवानी रखते हुए कहा–"ले शेरवानी...तू खा ले!"

सेठ रोशन अली आश्चर्य से मुल्ला नसीरुद्दीन को देख रहा था। उसे इतनी बात अवश्य समझ में आ गई थी कि कहीं कोई चूक हुई है जिसके कारण मुल्ला नसीरुद्दीन ऐसी हरकत कर रहे हैं जबकि वहाँ पर बैठे अन्य

अतिथि यह समझ रहे थे कि मुल्ला नसीरुद्दीन का दिमाग खराब हो गया है। कहीं, टोपी और शेरवानी भी भोजन करते हैं!

मुल्ला नसीरुद्दीन ने जब पाजामा खोलने के लिए इजारबन्द को पकड़ा तब सेठ रोशन अली ने मुल्ला नसीरुद्दीन का हाथ पकड़ लिया—"क्या बात है मुल्ला नसीरुद्दीन! आप किस बात से खफा हैं? कुछ मुझे भी तो बताएँ! मैं तो कुछ भी नहीं जानता!"

"बात क्या रहेगी सेठ रोशन अली! मैं कोई बड़ा आदमी तो हूँ नहीं। इस तरह के भोज में आने-जाने का शऊर तो मुझमें है ही नहीं। आज सुबह मैं अपनी सब्जी की बगिया में घुस गया और पौधे लगाने के काम में लग गया। मेरी बेगम ने मुझे याद दिलाया कि सेठ रोशन अली साहब के घर से न्योता है। मैं हाथ का काम निपटाकर, यह सोचकर तुरन्त चल पड़ा कि बड़े लोगों के घर से यदि बुलावा हो तो समय का खयाल जरूर रखना चाहिए। इसलिए न तो मैंने चेहरा धोया, न हाथ धोए और न ही कपड़े बदले। जब मैं आपके दरवाजे पर आया तब आपके दरबान ने मुझे रोक दिया। मैंने उसे बहुत समझाया कि मैं यहाँ आमंत्रित अतिथि हूँ। सेठ रोशन अली ने मुझे खास ताकीद की है कि मैं अवश्य आऊँ और भोज में शिरकत करूँ मगर दरबान ने मेरी बात पर यकीन नहीं किया और फकीरों की पाँत में खड़ा हो जाने के लिए कहा। मैं लौटकर अपने घर गया। नहा-धोकर ये कपड़े पहने और आपके दरवाजे पर आया तो मेरा गर्मजोशी से स्वागत हुआ। आपने बढ़कर मेरी अगवानी की। इससे ही मुझे समझ में आया कि इस दावत में मेरी नहीं, मेरे कपड़ों की प्रतिष्ठा है। इसीलिए मैं बारी-बारी से अपने कपड़े उतारकर उन्हें दावत का लुत्फ उठाने के लिए प्रेरित कर रहा हूँ।" मुल्ला नसीरुद्दीन ने सेठ रोशन अली से कहा।

सेठ रोशन अली ने दरबान के व्यवहार पर मुल्ला नसीरुद्दीन से खेद जताया और उसे आश्वस्त किया कि दावत उसे ही दी गई है, उसके कपड़ों को नहीं।

सेठ रोशन अली ने मुल्ला नसीरुद्दीन से कहा—"मुल्ला साहब! हम जानते हैं कि आप हमारे शहर के सबसे बुद्धिमान व्यक्ति हैं। आप दुनियावी बातों से बहुत ऊपर उठ चुके हैं। आप जिस लिबास में भी रहें, हमारे लिए आदरणीय हैं। मैं अपने दरबान के व्यवहार से लज्जित हूँ। हमें माफ कर दें।"

सेठ रोशन अली की मुलायमियत से कही गई बातें सुनकर मुल्ला नसीरुद्दीन का गुस्सा जाता रहा और वह दावत का मजा लेने के लिए बैठ गया।

सेठ रोशन अली ने खुद परोस-परोसकर मुल्ला नसीरुद्दीन को भोजन कराया।

मुल्ला नसीरुद्दीन खूब तृप्त होकर सेठ रोशन अली के घर से अपने घर वापस आया।

'कुछ नहीं' की अदायगी

मुल्ला नसीरुद्दीन के घर के सामने दो लोग आपस में झगड़ रहे थे। उनमें से एक चीख-चीखकर कह रहा था—"यहाँ से तुम तब ही जा सकोगे जब मुझे मेरे मेहनताने के रूप में 'कुछ नहीं' दे दोगे।"

दूसरा आदमी, जिसके सिर पर लकड़ियों का गट्ठर था, बार-बार उसकी मिन्नत कर रहा था—"बाबू साहब 'कुछ नहीं', तो कुछ नहीं ही होता है। यह कोई चीज तो है नहीं जिसका आदान-प्रदान हो सके।"

मगर वह आदमी अड़ा था—"मुझे 'कुछ नहीं' चाहिए तो चाहिए!"

मुल्ला नसीरुद्दीन काफी देर से उन दोनों की यह दिलचस्प लड़ाई देख रहा था। वह टहलता हुआ उन दोनों के पास आ गया और उनसे पूछा—"क्यों झगड़ रहे हो भाई?"

जिसके सिर पर लकड़ियों का गट्ठर था, उसने रुआँसे स्वर में कहा—"हुजूर! इनसे मैंने सिर पर लकड़ियों का गट्ठर उठाकर रखने में मदद ली है। जब ये गट्ठर उठा रहे थे तब मुझसे पूछा था—तुम इस सहायता के एवज में मुझे क्या दोगे? मैंने इनसे साफ कहा—'कुछ नहीं' क्योंकि इन्हें देने के लिए इस वक्त मेरे पास कुछ नहीं है।"

मुल्ला नसीरुद्दीन ने दूसरे व्यक्ति की ओर देखा, मानो पूछ रहा हो कि बोलो, तुम्हें कुछ कहना है!

दूसरे व्यक्ति ने मुल्ला नसीरुद्दीन से कहा—"हुजूर! मैंने 'कुछ नहीं' पाने के लोभ में इस व्यक्ति का गट्ठर उठाया और यह व्यक्ति बिना 'कुछ नहीं' दिए ही यहाँ से जाना चाहता है। मैं तो बिना 'कुछ नहीं' लिये इसे यहाँ से जाने ही नहीं दूँगा।"

मुल्ला नसीरुद्दीन की समझ में सारी बात आ गई। उसने कहा—"अच्छा, अब झगड़ना बन्द करो। मैं इसके बदले में तुम्हें 'कुछ नहीं' देता हूँ।"

फिर उसने अपने घर के दरवाजे के पास पड़ा एक खाली घड़ा उस 'कुछ नहीं' माँगने वाले व्यक्ति को दिखाया और बोला–''जाओ, उस घड़े को वहाँ से उठाकर लाओ!''

वह व्यक्ति घड़ा उठाकर ले आया।

मुल्ला नसीरुद्दीन ने उस व्यक्ति से कहा–"देखो, उस घड़े में क्या है?"

उस व्यक्ति ने घड़े में झाँककर कहा–"घड़े में कुछ नहीं है।"

"ठीक है।" मुल्ला नसीरुद्दीन ने कहा–"अब तुम उस घड़े से 'कुछ नहीं' निकाल लो और घड़ा वहीं रख आओ, जहाँ से उसे उठाकर लाए हो।"

वह व्यक्ति असमंजस की स्थिति में थोड़ी देर तक वहीं खड़ा रहा और फिर घड़ा उठाकर जहाँ से उठाया था वहीं रख आया और अपनी राह चला गया।

मुल्ला नसीरुद्दीन ने गट्ठर लिये खड़े व्यक्ति से कहा–"ठीक है भाई! अब तुम भी जाओ।" और अपनी दाढ़ी सहलाता हुआ मुल्ला नसीरुद्दीन अपने घर की ओर मुड़ गया।

खिलाने वाला 'वो'

मुल्ला नसीरुद्दीन शाह-तबीयत इनसान था। उसकी शाहखर्ची और अलमस्ती देखकर लोग अपनी हैरत कुछ इस कदर बयाँ करते—"गजब है यह मुल्ला नसीरुद्दीन भी! जेब में भले ही चिल्लर भी न हो मगर खर्च करने से बाज नहीं आता। इसे तो बादशाहत नसीब होनी चाहिए थी।"

मुल्ला नसीरुद्दीन अपनी जीवनशैली के कारण हरदिल अजीज बन गया था। उसकी फितरत थी लोगों के काम आना। अपनी जिन्दगी में उसने यह देखा था कि दौलत कहीं भी ठहरती नहीं है और जिनके पास ठहरती है उसके बारे में आम तौर पर कंजूस, मक्खीचूस, दगाबाज, दौलत का यार, मतलबी, कपटी जैसे विशेषण उछलते हैं। इसलिए मुल्ला नसीरुद्दीन एक हाथ से दौलत कमाता तो दूसरे हाथ से खर्च भी कर देता।

उसकी इस आदत से उसकी पत्नी दुखी रहती। मगर मुल्ला नसीरुद्दीन उसे यह समझाता रहता कि दौलत सहेजने में जीवन का आनन्द नहीं है, जीवन का आनन्द तो इस बात में छुपा है कि आपको चाहने वाले कितने हैं! आपकी पुकार सुनकर कितने लोग आपके पास आते हैं और आपके दुख-सुख में हाथ बँटाते हैं किन्तु फाकाकशी का दौर देख चुकी मुल्ला नसीरुद्दीन की पत्नी उसकी इस समझ पर एतराज जताती और कहती— इनसान को अपनी गृहस्थी के बारे में भी सोचना चाहिए। आज ही नहीं, आने वाले कल के लिए भी उसे सतर्क रहना चाहिए। ऐसा न हो कि आज की मस्ती में आने वाले कल की चिन्ता ही न की जाए और खुदा न करे कि जब कल बुरा वक्त आए तो हाथ में एक धेला भी नहीं हो।

अर्थात् दौलत के मुद्दे पर मुल्ला और मुल्ला की पत्नी के बीच मतभेद था। उनके बीच जीवन जीने के तरीके के बारे में बहस का दौर चल ही रहा था कि अचानक मुल्ला नसीरुद्दीन की आय का साधन जाता रहा और

मुल्ला नसीरुद्दीन के सामने गम्भीर आर्थिक संकट उपस्थित हो गया। हालात ऐसे बिगड़े कि मुल्ला नसीरुद्दीन को मेहनत-मजदूरी करके अपनी और अपनी पत्नी की उदर-पूर्ति का साधन जुटाना पड़ा। मुल्ला नसीरुद्दीन इस फाकाकशी के दौर में भी अपनी शाहखर्ची पर काबू नहीं रख पाया। जो भी कमाता, उसे खर्च करने में उसे कोई संकोच नहीं होता। उसकी पत्नी कल की चिन्ता में दुबली होने लगी।

एक दिन मुल्ला नसीरुद्दीन को जंगल में पेड़ काटने का काम मिला। एक पेड़ काटने के एवज में उसे एक सेर चावल व दो पैसे नकद मेहनताना मिलना तय हुआ बशर्ते कि वह पेड़ की डालियों को काटकर तने से अलग कर दे—भले ही इस काम में उसे एक दिन लगे या दस दिन!

मुल्ला नसीरुद्दीन ने उत्साह के साथ कुल्हाड़ी उठाई और चल दिया जंगल की ओर, जैसे वह कोई जंग जीतने जा रहा हो! जंगल पहुँचकर मुल्ला ने ऐसा पेड़ तलाशा जिसका तना सीधा हो और डालियाँ भी सीधी हों। संयोग ही था कि उसे सीधे तने और सीधी डालियों वाला एक पेड़ जल्दी ही मिल गया। दिन ढलने से पहले ही मुल्ला ने पेड़ काटकर गिरा दिया और उसकी डालियाँ काटकर सीधा तना अलग कर दिया। अपना काम पूरा कर चुकने के बाद मुल्ला ठेकेदार के पास पहुँच गया। उसे दिन ढलने से पहले आया देखकर ठेकेदार ने उससे पूछा—"अरे नसीरुद्दीन, तुम इस वक्त यहाँ?"

"हाँ, अपनी मजदूरी लेने आया हूँ!" मुल्ला नसीरुद्दीन ने अपनी दाढ़ी सहलाते हुए ठेकेदार से कहा।

"तो क्या तुम पेड़ काटकर आ रहे हो?" अविश्वास-भरे शब्दों में ठेकेदार ने पूछा।

"हाँ।" मुल्ला नसीरुद्दीन ने विश्वास-भरी नजरों से ठेकेदार को देखते हुए कहा।

"जैसे कहा था, वैसे ही कटा?" ठेकेदार ने मुल्ला नसीरुद्दीन से पूछा।

"हाँ।" मुल्ला नसीरुद्दीन ने फिर हामी भरी।

मगर ठेकेदार को मुल्ला नसीरुद्दीन की बातों पर यकीन नहीं हुआ। उसने कहा—"अच्छा, चलो, मुझे दिखाओ, तुमने कैसे पेड़ काटा है और डालियाँ कैसे सजाई हैं!"

मुल्ला नसीरुद्दीन को भला क्या एतराज होता! उसने ठेकेदार के साथ जंगल का रुख कर लिया।

ठेकेदार जब जंगल पहुँचा तो कटा हुआ पेड़ देखकर बहुत खुश हुआ। मुल्ला नसीरुद्दीन ने ठीक वैसे ही पेड़ काटा था जैसा वह चाहता था। खुश होकर ठेकेदार ने मुल्ला को दो की जगह चार पैसे दिए और एक की जगह दो सेर चावल। मुल्ला के लिए यह बहुत था। घर में पत्नी के सिवा और कोई सगा सम्बन्धी तो था नहीं इसलिए मुल्ला ने सोचा, इतना चावल दोनों पति-पत्नी के लिए कुछ दिनों की जरूरतें पूरी कर देगा।...घर पहुँचकर मुल्ला ने पत्नी को चावल का थैला थमाते हुए कहा–"आज पुलाव बना लो, मैं घी और गोश्त लेकर आता हूँ। मजदूरी में चार पैसे भी मिले हैं, मैं दो पैसे लेकर जाता हूँ और ये दो पैसे तुम रख लो। जब कोई जरूरत हो, खर्च कर लेना। मैं समझता हूँ कि एक पैसे का घी और एक पैसे का गोश्त काफी होगा। मैं अपने दोस्तों को भी बुला लूँगा। बहुत दिन हुए, किसी को हमने खिलाया नहीं।" इतना कहकर मुल्ला नसीरुद्दीन ने अपनी पत्नी को दो पैसे दे दिये और खुद झोला लेकर सामान खरीदने निकल गया।

गोश्त और घी लेकर मुल्ला जल्दी ही घर लौट आया और पत्नी से कहा–"तुम पुलाव पकाओ...मैं अपने दोस्तों को बुलाने जा रहा हूँ।"

मुल्ला के जाने के बाद उसकी पत्नी ने सोचा कि इस आदमी का दिमाग नहीं बदला। इतनी बुरी हालत में भी फिजूलखर्ची की आदत नहीं गई।... आखिर क्या जरूरत आ गई दोस्तों को दावत देने की?...अच्छा! आने दो दोस्तों को...खिलाती हूँ पुलाव। उसने गोश्त और घी छुपाकर रख दिया और खुद रसोई में बैठकर रोने लगी।

जब मुल्ला नसीरुद्दीन अपने चार दोस्तों के साथ अपने घर लौटा तब पत्नी को विलाप करते पाया। मुल्ला चकित होकर अपनी पत्नी को देखते हुए सोचने लगा–'अरे! क्या हुआ इसे? अभी तो भली-चंगी थी! अब ऐसे रो रही है कि मानो दुखों का पहाड़ टूट पड़ा हो इस पर!' ऐसा सोचते हुए मुल्ला नसीरुद्दीन ने उससे पूछा–"अरे, क्या हुआ तुम्हें? इस तरह बिलख-बिलखकर क्यों रो रही हो?"

''होना क्या है? तुम दोस्तों को बुला लाए हो, इधर जो पुलाव मैंने पकाया था उसे बिल्ली खा गई!'' उसकी पत्नी ने रुआँसी आवाज में मुल्ला

से कहा।

मुल्ला नसीरुद्दीन के दोस्तों ने जब उसकी पत्नी की बात सुनी तब वे मुल्ला से बोले–''रहने दे यार! फिर किसी दिन लेंगे दावत का मजा!''

मगर मुल्ला नसीरुद्दीन अपनी पत्नी के स्वभाव से परिचित था। उसे विश्वास नहीं हुआ कि छः आदमी के लिए बना पुलाव एक अकेली बिल्ली गटक जाएगी। उसने बहुत सहज भाव से अपनी पत्नी से पूछा–"कितने चावल का पुलाव पकाया था?"

"एक सेर!" उसकी पत्नी ने जवाब दिया।

"...और उसमें गोश्त कितना मिलाया?" मुल्ला ने पूछा।

"जितना लाए थे उसका चौथाई!" मुल्ला की पत्नी ने जवाब दिया।

'तो एक सेर चावल और आधा सेर गोश्त...कुल मिलाकर डेढ़ सेर... और चावल में पानी भी जज्ब हुआ होगा...' मुल्ला ने बदबुदाते हुए पत्नी से पूछा–''तो लगभग दो सेर पुलाव बिल्ली खा गई?''

और बिना उसके उत्तर की प्रतीक्षा किए वह दूसरे कमरे की ओर बढ़ गया। कमरे में उसकी पालतू बिल्ली थी। न छोटी और न बड़ी। मझोले कद की। उसने बिल्ली को गोद में उठा लिया और पत्नी के पास आया तथा पूछा–''इसी बिल्ली ने पुलाव खा लिया न?''

बिल्ली को देखकर मुल्ला नसीरुद्दीन की पत्नी सहम गई और उसने गर्दन हिलाकर हामी भर दी।

दरअसल मुल्ला नसीरुद्दीन ने भाँप लिया था कि उसकी पत्नी झूठ बोल रही है। मगर वह उसे सबूत के साथ यह बतलाना चाह रहा था कि वह झूठ बोल रही है। पत्नी के हामी भरते ही मुल्ला नसीरुद्दीन ने रसोई में रखा तराजू उठाकर बिल्ली को तौला। संयोग यह हुआ कि बिल्ली पूरे दो सेर की निकली–न कम और न ज्यादा।

मुल्ला ने अपनी पत्नी से कहा–"देखो, पूरे दो सेर है! अगर यह बिल्ली है तो बताओ कि पुलाव कहाँ है...और अगर यह पुलाव है तो बताओ कि बिल्ली कहाँ गई?"

मुल्ला के सवाल से उसकी पत्नी घबरा गई। उसने सच कबूल कर लिया कि उसने अभी तक पुलाव पकाया ही नहीं।

मुल्ला ने बिना बिगड़े, बहुत शालीनता के साथ अपनी पत्नी से कहा–

"बेगम! अब पुलाव बना ही दो ताकि मेरे दोस्त यहाँ से तुम्हारे हाथ के बने पुलाव का जायका याद करते हुए जाएँ!"

इसके बाद मुल्ला नसीरुद्दीन की पत्नी ने पुलाव पकाया। मुल्ला नसीरुद्दीन ने अपने दोस्तों के साथ पुलाव का मजा लिया।

जब उसके दोस्त जाने लगे तब मुल्ला नसीरुद्दीन ने कहा–"दोस्तो! यदि बिल्ली ने पुलाव नहीं खाया होता तो इस पुलाव का वह मजा ही नहीं मिलता जो हमें मिला। मैं तो इस पुलाव का जायका भूलने वाला नहीं।"

मुल्ला नसीरुद्दीन की बात सुनकर उसके दोस्त हँस पड़े और हँसते हुए विदा हुए।

दोस्तों के जाने के बाद मुल्ला नसीरुद्दीन ने अपनी पत्नी को बहुत प्यार से समझाया–"बेगम! किसी को खिलाने से कुछ कमता नहीं, लोगों की दुआ मिलती है। किसी को खिलाकर जो सुख मिलता है उसका आनन्द ही कुछ और है...मेरा तो मन पुलकित हो उठता है जब दो-चार लोग साथ खाने वाले मिल जाते हैं।"

उसकी बात सुनकर उसकी पत्नी अपने किए पर बहुत शर्मिन्दा हुई और भविष्य में कभी भी ऐसा नहीं करने का वचन मुल्ला नसीरुद्दीन को दिया।

वह अपनी पत्नी की बात सुनकर गुनगुनाने लगा–

''खाने वाले हम हैं,
खिलाने वाला वो!''

गदहे की खरीद

मुल्ला नसीरुद्दीन बुखारा में मशहूर हो चुका था। उसकी कुशाग्र बुद्धि, ज्ञान और सहज व्यवहार की चर्चा वहाँ के विद्वतजनों की महफिलों में होने लगी थी। बुखारा की जिस गली से मुल्ला नसीरुद्दीन गुजरता, उस गली में उसे जानने वाला कोई न कोई अवश्य मिल जाता।

अपने गाँव में मुल्ला ने बड़ी मुसीबतें झेली थीं इसलिए जब बुखारा में उसे काम मिलने लगा और धीरे-धीरे सम्पन्नता आने लगी तब भी मुल्ला नसीरुद्दीन के स्वभाव में सादगी और सरलता बनी रही। जब भी कोई उसे सलाम करता तो वह उसके प्रति कृतज्ञता-बोध से भर उठता और विनम्रतापूर्वक अभिवादन स्वीकार करता। मुश्किल दिनों में मुल्ला नसीरुद्दीन को जो भी काम मिलता, उसे कर लेता था। रोटी के लायक मेहनताना मिल जाने से ही वह सन्तुष्ट हो जाता था।

बुखारा में जीवन-यापन की यही अदा उसे मशहूर करती चली गई। चूँकि बुखारा अपने समय का प्रसिद्ध व्यापार केन्द्र था और वहाँ दुनिया भर के व्यापारी आते रहते थे इसलिए जानकार लोगों की वहाँ कद्र भी थी और उसके कार्यों की अच्छी कीमत भी। नसीरुद्दीन की मशहूरियत का एक कारण यह भी था कि वह अपना कार्य बड़ी कुशलता से कम समय में ही निपटा देता था। इसलिए लोग उससे अपना काम कराने के लिए उत्सुक रहते थे।

मुल्ला नसीरुद्दीन ने जब कुछ पैसे बचा लिये तब उसकी बेगम ने उसे प्रेरित किया—"एक घोड़ा खरीद लो। दिन भर पैदल चलते हो, थक जाते हो। घोड़े पर चलोगे तो तुम्हारी ऊर्जा बचेगी—जिससे तुम और अधिक काम कर सकोगे।"

दरअसल मुल्ला नसीरुद्दीन की बेगम धन-दौलत-शोहरत पाने की

तमन्ना रखती थी। उसकी हसरत थी कि उसे लोग तवज्जो दें। कद्र करें। समाज में उसकी धाक हो और इसके लिए वह अपनी हैसियत बढ़-चढ़कर दिखाना चाहती थी। घोड़ा खरीदने की सलाह के पीछे उसकी यही मंशा काम कर रही थी।

मुल्ला नसीरुद्दीन अपनी बेगम की चाहत जानता था। मगर उसका मानना था कि चाहतों की नहीं, जरूरतों की परवाह करना ही इनसान का फर्ज है। दूसरों से बड़ा दिखने की न तो उसमें कोई चाह थी और न ही कोशिश। घोड़ा खरीदने के मसले पर मुल्ला की अपनी बेगम के साथ कई दिनों तक चख-चख होती रही। अन्ततः एक दिन मुल्ला नसीरुद्दीन अपने लिए एक गदहा खरीद लाया।

बेगम का गुस्सा गदहा देखकर सातवें आसमान पर पहुँच गया। मुल्ला नसीरुद्दीन ने अपनी बेगम को लाख समझाया कि उसका काम गदहे से चल सकता है इसलिए उसने घोड़ा खरीदना जरूरी नहीं समझा। मगर बेगम भुनभुनाती रही। जब मुल्ला ने बेगम से शान्त हो जाने के लिए कहा तो गुस्से से बिफरती हुई उसकी बेगम ने कहा–"तुम मुझे क्या समझ रहे हो... तुम निरे अहमक हो...पूरे गदहे हो, तुम्हें कोई बात समझ में नहीं आती... ।"

मुल्ला नसीरुद्दीन मानो ऐसे ही अवसर की ताक में था। बेगम की बात का दामन थामते हुए बीच में ही उसने कहना शुरू किया–"तुम्हारी तरह औरों को भी यह भ्रम हो गया था कि मैं गदहा हूँ। लोगों का यह भ्रम दूर करना मेरे लिए जरूरी हो गया था बेगम और इस कारण ही मैं गदहा खरीदकर ले आया ताकि लोग देख सकें कि गदहा मैं नहीं, वह है जिस पर मैं बैठा हूँ। जरा तुम ही सोचो बेगम, गदहा पर कभी कोई दूसरा गदहा सवारी कर सकता है?...और यदि करेगा तो कैसा लगेगा?"

मुल्ला नसीरुद्दीन ने यह सवाल अपनी चिर-परिचित मासूमियत के साथ किया था जिसे सुनकर उसकी पत्नी को हँसी आ गई और हँसते हुए उसने मुल्ला नसीरुद्दीन से कहा–"मैं क्या चाहती हूँ–तुम समझते नहीं!"

मुल्ला नसीरुद्दीन ने आगे बढ़कर अपनी बेगम को अपनी आगोश में लेते हुए कहा–"समझने लायक बनने की कोशिश तो कर रहा हूँ, बेगम!"

चाबी की खोज

मुल्ला नसीरुद्दीन के कारनामों की दूर-दूर तक चर्चा होने लगी थी। उसे कुछ लोग बहुत पहुँचा हुआ इनसान मानने लगे थे, तो कुछ सिद्धपुरुष की संज्ञा देने लगे थे। ऐसे सिद्धपुरुष की जिसकी ऊल-जलूल सी लगने वाली हरकतों में भी जीवन का कोई गूढ़ रहस्य छिपा होता है। उसकी प्रसिद्धि का आलम यह था कि नौजवान उसकी नकल कर नोकदार टोपी पहनने लगे थे। कोई उसकी नकल कर गदहे पर उलटा सवार होता तो कोई उसकी सादगी और सरलता को आत्मसात् करने का प्रयास करता।

लेकिन मुल्ला नसीरुद्दीन इन सब बातों से बेखबर एक आम आदमी की तरह मेहनत-मशक्कत करता और उससे मिलने वाली रकम से अपना और अपनी पत्नी का पेट भरता। न तो उसे कुछ बचाने की चिन्ता सताती और न ही धन कमाने की लिप्सा से वह पीड़ित होता। अलमस्ती उसकी फितरत थी। बड़ी से बड़ी समस्या आने पर भी मुल्ला के चेहरे पर शिकन किसी ने नहीं देखी। समस्याओं को वह समस्या की तरह लेता भी नहीं था। जोखिम उसे कभी जोखिम नहीं लगी। सहजता और सरलता, मासूमियत और निश्छलता मुल्ला नसीरुद्दीन की पहचान थी। लोग कहने लगे थे कि मुल्ला नसीरुद्दीन अपने जीवन में इतना तपा है कि उसके मन के सारे कलुष मिट गए हैं।

एक दिन मुल्ला नसीरुद्दीन की विद्वत्ता और बुद्धिमत्ता की चर्चा सुनकर एक धनवान व्यक्ति उससे मिलने आया। दुआ-सलाम के बाद उस धनवान व्यक्ति ने मुल्ला नसीरुद्दीन से कहा–"मेरा नाम आलम है। खुदा ने मुझे इतनी दौलत दी है कि मैं चाहूँ तो सोने की सिल्लियों से अपने रहने के लिए मकान बना सकता हूँ। मगर इतना धन होने के बाद भी मुझे चैन नहीं है। हमेशा मेरा मन अशान्त रहता है। मैंने आपके बारे में बहुत-कुछ सुना है। लोग आपको सिद्धपुरुष मानते हैं इसीलिए मैं आपके पास दामन फैलाने

आया हूँ। आप चाहें तो मुझे संकट से उबार सकते हैं। मुझे बताएँ कि मेरी समस्या का समाधान कैसे होगा?''

मुल्ला नसीरुद्दीन जो अब तक उस धनाढ्य व्यक्ति की बात सुन रहा था, थोड़ा संकुचित हुआ और झेंपते हुए बोला—''जनाब! आपको जरूर कोई गलतफहमी हुई है। मैं कोई ज्ञानी-ध्यानी नहीं हूँ। मैं एक साधारण आदमी हूँ। मेहनत-मजदूरी कर अपना परवरिश करता हूँ।''

"नहीं, नहीं, ऐसा नहीं कहें! मैंने सैकड़ों लोगों से आपकी तारीफ सुनी है। आप मेरी समस्या का समाधान सुझा सकते हैं इसीलिए मैं आपके पास आया हूँ...आप मुझे निराश नहीं करें।" धनाढ्य व्यक्ति ने अपनी गुजारिश से मुल्ला नसीरुद्दीन को निरुत्तर-सा कर दिया।

अजीब उलझन में पड़ गया मुल्ला नसीरुद्दीन। वह नहीं चाहता था कि लोग उसे ज्ञानी-ध्यानी मानकर विशेष सम्मान देने लगें। वह तो सहजता में जीवन जीने का हिमायती था। यह बात जरूर थी कि जीवन की उलझनों ने उसे इतना तजुर्बा दे दिया था कि अब कोई समस्या उसे समस्या नहीं लगती थी। उसका विश्वास था कि कोई भी समस्या ऐसी नहीं होती जिसका समाधान नहीं हो।

धनाढ्य व्यक्ति के बार-बार गिड़गिड़ाने पर मुल्ला नसीरुद्दीन ने कहा—''कितनी विचित्र बात है कि आप जिस समस्या का समाधान चाहते हैं, वह समस्या आपने मुझे अब तक बताई ही नहीं!''

धनवान व्यक्ति, जिसका नाम आलम था, मुल्ला के इस कथन से थोड़ा लज्जित हुआ और विनम्रता से बोला—''मुल्ला साहब, मैंने आपको बताया है कि मेरे पास बहुत दौलत है फिर भी मुझे चैन नहीं मिलता। आप मुझे बताएँ कि मुझे चैन कहाँ मिलेगा? मुझे आत्मिक सुख और शान्ति कैसे नसीब होगी?''

मुल्ला नसीरुद्दीन ने मुस्कुराते हुए आलम की तरफ देखा और कहा—"ठीक है जनाब! मैं आपको जवाब दूँगा...मगर आज नहीं, उचित अवसर आने पर। आप अपना पता बता दें और उचित समय का इन्तजार करें।''

आलम ने समझ लिया कि मुल्ला नसीरुद्दीन से अब इस प्रसंग में कुछ भी कहना उचित नहीं है इसलिए वह उसे अपना पता बताकर वहाँ से लौट गया।

मुल्ला नसीरुद्दीन भी अपनी सामान्य दिनचर्या में लग गया।

इसी तरह कुछ दिन बीत गए। आलम को लगने लगा कि मुल्ला नसीरुद्दीन उसकी बात का जवाब देना नहीं चाहता। चूँकि बेचैनी उसका स्वभाव था इसलिए वह प्रायः ऐसे भी सोचता–'न जाने मुझसे कौन सी खता हो गई है कि मुल्ला नसीरुद्दीन की कृपादृष्टि मुझे नहीं मिल पाई!'

एक दिन शाम को आलम अपने घर के सामने की सड़क से गुजर रहा था। उसने देखा, मुल्ला नसीरुद्दीन एक पेड़ के नीचे कुछ तलाश कर रहा है। आधा बदन झुकाए मुल्ला नसीरुद्दीन कभी बाएँ, कभी दाएँ, कभी आगे, कभी पीछे चहलकदमी करता हुआ बेचैन हो रहा था।

मुल्ला नसीरुद्दीन को बेचैनी की स्थिति में कुछ तलाशते देख आलम खुद बेचैन हो उठा, यह जानने के लिए कि आखिर मुल्ला नसीरुद्दीन का क्या खो गया है जिसकी तलाश वे इस कदर बेचैन होकर कर रहे हैं। आलम तुरन्त मुल्ला नसीरुद्दीन के पास पहुँच गया और उसे सलाम करते हुए पूछा–"जनाब! आपका कुछ खो गया मालूम पड़ता है। क्या खोया है, मुझे बताएँ ताकि मैं भी उसकी तलाश में आपकी मदद करूँ।"

"मेरी चाबी खो गई है। जेब में थी, जेब से गिर गई। उसी को तलाश रहा हूँ।" मुल्ला नसीरुद्दीन ने कहा।

"कहाँ गिरी चाबी?" उत्सुकतापूर्वक आलम ने मुल्ला नसीरुद्दीन से पूछा।

"चाबी तो मेरे कमरे में ही कहीं गिर गई थी, आज सबेरे जब मैं बाहर निकलने के लिए अपने कपड़े पहन रहा था।" मुल्ला नसीरुद्दीन ने बड़ी मासूमियत से उत्तर दिया।

"अरे! कमाल है! चाबी गिरी आपके कमरे में और आप तलाश रहे हैं यहाँ?" चौंककर आलम ने मुल्ला नसीरुद्दीन से कहा।

बहुत मासूमियत से मुल्ला नसीरुद्दीन ने कहा–"हाँ, दरअसल बात ऐसी है कि मेरे कमरे में अँधेरा है इसलिए चाबी वहाँ तलाशना मुश्किल है। इस समय यहाँ उजाला है, यही उजाला देखकर मैं यहाँ चाबी खोजने लगा।" मुल्ला नसीरुद्दीन ने उत्तर दिया।

आलम को मुल्ला नसीरुद्दीन का यह उत्तर अटपटा लगा। उसने बड़ी बेबाकी के साथ मुल्ला नसीरुद्दीन से कहा–"जनाब! मैं तो आपको एक

सिद्धपुरुष मानता था। समझता था कि आप बड़े बुद्धिमान हैं। मगर आप अभी जो काम कर रहे हैं, वैसा तो कोई मूर्ख भी नहीं करेगा। अदना से अदना आदमी भी यह समझता है कि कोई वस्तु जहाँ गिरी है, वहीं से मिलेगी। ऐसा तो हो ही नहीं सकता कि चाबी गिरे कमरे में और चाबी मिले पेड़ के तने के पास मुख्य सड़क पर।''

आलम की बात सुनकर मुल्ला नसीरुद्दीन जोरों से हँसने लगा–बिलकुल बावलों की तरह, और हँसते-हँसते बोला–''आलम! आप तो मेरी तरह ही हरकतें कर रहे हैं...सुख और शान्ति सद्भाव और निश्चिंतता में हैं लेकिन आप उसकी खोज धन से करना चाहते हैं...धन से कभी सुख और शान्ति किसी को नसीब हुई है?''

मुल्ला नसीरुद्दीन की बात सुनकर आलम को अचानक याद आ गया कि एक दिन उसने मुल्ला नसीरुद्दीन से जानना चाहा था कि उसे सुख और शान्ति कैसे नसीब होगी और मुल्ला ने जवाब दिया था–'उचित अवसर आने पर बताऊँगा।' आलम समझ गया कि चाबी की खोज महज एक बहाना था। उसे सही प्रयास की दिशा बताने के लिए ही मुल्ला नसीरुद्दीन ने चाबी खोजने का नाटक किया है। वह स्वतः मुल्ला नसीरुद्दीन के कदमों पर लोट गया और कहा–"धन्य हुआ मैं, आपने मेरी उलझन दूर कर दी।"

चौपाये का चक्कर

मुल्ला नसीरुद्दीन अपना पुश्तैनी घर छोड़कर कलीमुल्लाह चाचा के शानदार महल में रहने लगा था। कलिमुल्लाह उसके सगे चाचा नहीं थे पर थे सगे से भी बढ़कर अजीज। मुल्ला नसीरुद्दीन का बचपन उनकी गोद में बीता था।

बाद के दिनों में कलीमुल्लाह अपने बेटे के साथ रहने अरब चले गए थे। एक बार उन्हें अपने गाँव की याद आई तो वे अपने गाँव आ गए और अपनी पुश्तैनी हवेली सहित गाँव के तीन मकानों की मरम्मत कराई। तीनों मकान उनकी हवेली की तरह ही शानदार थे किन्तु इनमें रहने वाला कोई नहीं था। यह बात उन दिनों की है जब मुल्ला नसीरुद्दीन खस्ताहाली के दौर से गुजर रहा था और उसके पुश्तैनी मकान की हालत जर्जर थी।

एक दिन कलीमुल्लाह को मुल्ला नसीरुद्दीन की परेशानियों का पता चला और उन्होंने अपना एक शानदार तीन मंजिलों वाला मकान मुल्ला नसीरुद्दीन को रहने के लिए दे दिया। अब मुल्ला नसीरुद्दीन उस शानदार मकान में अपनी बेगम के साथ रहने लगा था। गाँव में वह आज भी मेहनत-मजदूरी का काम ही करता था किन्तु उसकी शान पहले की अपेक्षा बढ़ गई थी।

एक दिन सूबेदार ने अपने लाव-लश्कर के साथ मुल्ला नसीरुद्दीन के गाँव में डेरा डाला। वह घोड़ों का शौकीन था और उसके साथ दसियों शानदार अरबी घोड़े थे। वह इन घोड़ों के साथ घुड़दौड़ की एक प्रतियोगिता में भाग लेने जा रहा था। उसके घोड़े रास्ते में चलते-चलते थक गए थे इसलिए उसने मुल्ला नसीरुद्दीन के गाँव में डेरा डाला। अपने खवासों और घोड़ों के लिए तो उसने एक खाली जमीन में तम्बू गड़वा लिये और खुद अपने रहने के प्रबन्ध में जुट गया। चूँकि वह सूबेदार था इसलिए हर किसी के घर में जाकर रहना उसके लिए उचित नहीं था इसलिए उसने पता किया

कि गाँव में ऐसा कौन सा आदमी है जो जहीन और बुद्धिमान भी हो और ढंग के मकान में भी रहता हो।

उन दिनों मुल्ला नसीरुद्दीन की चर्चा गाँव में हो रही थी। लोग कह रहे थे कि मुल्ला नसीरुद्दीन धन-दौलत के पीछे नहीं भागा फिर भी उसकी नेकी के एवज में खुदा ने उसे शानदार बहुमंजिली इमारत बख्शी। इसी से तो कहते हैं–खुदा के घर देर है, अन्धेर नहीं है। उस बहुमंजिली इमारत में आने के बाद मुल्ला नसीरुद्दीन ने कुछ कबूतर और कुछ खरगोश पाल लिये थे। मुल्ला खुद तो अपनी धुन में लगा रहता था किन्तु उसकी बेगम इन जीवों की देखभाल लगन से करती रहती थी। वह पहले की तरह चिड़चिड़ी नहीं रह गई थी। अब मुल्ला नसीरुद्दीन की बड़ी कद्र करने लगी थी।

सूबेदार ने जब लोगों से पता किया तो सबने सूबेदार को एक ही नाम बताया–मुल्ला नसीरुद्दीन।

गाँव के लोगों ने सूबेदार से कहा–"हुजूर! इस गाँव में मुल्ला नसीरुद्दीन ही ऐसा आदमी है जिसके घर जाने से आपका मान बढ़ेगा। वह शानदार तीन मंजिलों वाले मकान में रहता है। उसके मकान में जरूरत की हर चीज मौजूद है। खुद मुल्ला नसीरुद्दीन मेहमाननवाज है। इसलिए उसके घर ही आपको जाना चाहिए।"

सूबेदार सुबह जब उस गाँव में पहुँचा था और तब से ही लोगों से उसे मुल्ला नसीरुद्दीन की खूबियों का बखान सुनने को मिला था इसलिए वह भी उत्सुक था कि मुल्ला नसीरुद्दीन को देखे। उसने मन-ही-मन तय कर लिया कि अब रात्रि विश्राम वह मुल्ला नसीरुद्दीन के घर ही करेगा।

शाम को सूबेदार अपने एक खादिम के साथ मुल्ला नसीरुद्दीन के घर पहुँचा तो घर की खूबसूरती देखकर वह दंग रह गया। उसने कल्पना भी नहीं की थी कि एक अदना से गाँव में इतना शानदार मकान देखने को मिलेगा। संयोगवश उस समय मुल्ला नसीरुद्दीन अपने घर में ही था। सूबेदार ने मुल्ला से भेंट करके उससे अपने आने का मकसद बताया।

मुल्ला नसीरुद्दीन ने खुशी-खुशी सूबेदार के ठहरने का इन्तजाम अपने घर में कर दिया।

ठहरने की व्यवस्था होने के बाद सूबेदार ने अपने खादिम से कहा– "चौपायों ने आराम कर लिया होगा। उन्हें दो घंटे दौड़ाने की जरूरत है।

जाओ और घुड़सवारों से कहो, अपने काम में लग जाएँ। चौपायों को सुबह के चारे में चना देने का इन्तजाम हुआ कि नहीं, यह अवश्य देखना।"

मुल्ला नसीरुद्दीन ने महसूस किया कि सूबेदार दम्भी और झक्की किस्म का आदमी है। वह बात-बात में अपने चौपायों की तारीफ करना शुरू कर देता है। सफेद चौपाया, चितकबरा चौपाया, लाल चौपाया, काला चौपाया आदि नामों का जिक्र वह मुल्ला नसीरुद्दीन से करता रहा मगर एक बार भी उसने चौपायों के स्थान पर घोड़ा शब्द का प्रयोग नहीं किया।

मुल्ला नसीरुद्दीन भी सूबेदार की देखादेखी अपने खरगोशों के लिए चौपाये शब्द का प्रयोग करने लगा। उसने कमरे से बाहर निकलकर अपनी बेगम को आवाज दी–"बेगम! अपने चौपायों को घास खिलाया या नहीं?"

पहले तो बेगम को कुछ समझ में नहीं आया कि मुल्ला नसीरुद्दीन क्या पूछ रहा है लेकिन घास खिलाने के नाम पर उसे समझ में आ गया कि मुल्ला नसीरुद्दीन उससे खरगोशों को खाना खिलाने के बारे में पूछ रहा है।

बेगम ने अन्दर से ही आवाज दी–"तुम्हारे चौपाये बहुत नखरेबाज हैं। घास खाते कहाँ हैं? इन्हें तो चाहिए ताजा हरी दूब के कलौंजर। बताओ, कहाँ से हरी दूब के इतने कलौंजर आएँगे...पालने के लिए तो तुमने इतने सारे पाल लिये हैं लेकिन इनकी परवरिश कैसे होगी?"

"अरे बेगम! फिर शुरू हो गईं? मैंने पूछा, चौपायों को खिला दिया?" मुल्ला नसीरुद्दीन ने नीचे से पूछा।

बेगम ने ऊपर से आवाज दी–"हाँ, सभी खा चुके।"

सूबेदार जो अपने घोड़ों के लिए गर्वित रहता था कि इतने शानदार चौपाये और किसी के पास नहीं हो सकते, मुल्ला नसीरुद्दीन के मुँह से चौपायों की बात सुनकर चकित रह गया। उसके लिए बेगम की कही बात महत्त्वपूर्ण थी कि तुम्हारे चौपाये घास खाते कहाँ हैं? उन्हें तो चाहिए घास के कलौंजर! सूबेदार ने सुन रखा था कि अरब के रईसों के घोड़े दूब की फुनगी पर पाले जाते हैं।...सूबेदार सोचने लगा कि जरूर मुल्ला नसीरुद्दीन के पास अरबी नस्ल के बेशकीमती घोड़े हैं जिसे वह बहुत नफासत से पाल रहा है। हरी दूब देता है चारे में। वह जानता था कि एक घोड़े की खुराक के बराबर हरी दूब की फुनगियाँ जुटाना आसान काम नहीं है।

उसने उत्सुक होकर मुल्ला नसीरुद्दीन से पूछा–"आपके पास कितने

चौपाये हैं?"

मुल्ला ने जवाब दिया—"पाले तो पच्चीस थे लेकिन अभी चालीस हैं—एक से बढ़कर एक! कोई जोड़ा नहीं लगा सकता मेरे चौपायों का।"

सूबेदार ने सोचा, चालीस घोड़े पालना आसान काम नहीं है। ठीक ही कहा था गाँव वालों ने कि मुल्ला नसीरुद्दीन ही ऐसा आदमी है जिसके घर सूबेदार को अतिथि होना चाहिए।

सूबेदार घोड़े के प्रति तीव्र आकर्षण महसूस रहा था। उसने मुल्ला नसीरुद्दीन से कहा—"मेरे पास भी शानदार चौपाये हैं लेकिन मैं हमेशा अच्छे चौपायों की खोज में रहता हूँ। आप चाहें तो कुछ चौपाये मुझे बेच सकते हैं?"

"ठीक है। अभी तो आप भोजन करके विश्राम करें। चौपायों की बात कल सुबह हो जाएगी। मेरा वादा रहा, अपने चालीस में से दस चुनिन्दा चौपाया आपको कम मूल्य पर ही सौंप दूँगा।"

उस रात सूबेदार भोजन करके सो गया। दूसरे दिन सुबह उसने मुल्ला से चौपायों की चर्चा छेड़ दी।

अभी वे दोनों चौपायों की चर्चा कर ही रहे थे कि उस गाँव का काजी मुल्ला नसीरुद्दीन से मिलने आ गया।

मुल्ला नसीरुद्दीन ने काजी से सूबेदार का परिचय कराते हुए कहा—"काजी साहब! अपने ये सूबेदार बड़े नेकदिल इनसान हैं। अपने चौपायों का बड़ा खयाल रखते हैं। ये चाहते हैं कि मेरे चालीस चौपायों में से कुछ इन्हें किफायती दाम पर दे दूँ। मैं भी भला इतने चौपाये रखकर क्या करूँगा?"

"हाँ-हाँ, क्यों नहीं! सही दाम मिल जाएँ तो दे दो!" काजी ने मुल्ला को सलाह दी और मुल्ला नसीरुद्दीन से दुआ सलाम करके चला गया।

इसके बाद सूबेदार ने मुल्ला नसीरुद्दीन से पूछा—"आप दस चौपायों का क्या लेंगे?"

"सौ स्वर्णमुद्राएँ एक चौपाये के लिए काफी होंगी। इस तरह हजार स्वर्णमुद्राएँ समझिए!" मुल्ला नसीरुद्दीन ने कहा।

सूबेदार चौपायों के मूल्य सुनकर चकित हो गया। उसने सोचा था कि कम-से-कम हजार स्वर्णमुद्राओं में एक चौपाया मिल जाएगा। उसने तुरन्त अपनी थैली से हजार स्वर्णमुद्राओं की एक पोटली निकाली और मुल्ला

नसीरुद्दीन को देते हुए कहा–"तो ठीक है, यह लीजिए एक हजार स्वर्णमुद्राएँ। ...और दस चौपाये मुझे दिलवा दें।"

मुल्ला नसीरुद्दीन ने एक हजार स्वर्णमुद्राओं की पोटली ली और तुरन्त एक बोरे में दस खूबसूरत खरगोश भरकर ले आया और सूबेदार को बोरा थमाते हुए कहा–"देख लीजिए! एक से बढ़कर एक दस चुनिन्दा चौपाये हैं बोरे में, जिनका जोड़ा ढूँढ़ने से भी नहीं मिलने वाला।"

खरगोशों को देखकर सूबेदार मानो आसमान से जमीन पर गिरा! "अरे, यह क्या? इतना बड़ा धोखा? सौदा तो घोड़ों का हुआ था और तुम दे रहे हो मुझे दस घोड़ों की जगह दस खरगोश?" सूबेदार गरजा।

मुल्ला नसीरुद्दीन ने अदब से झुककर सूबेदार से कहा–"हुजूर! आप नाहक नाराज हो रहे हैं। कल से लेकर अब तक हमारी बातचीत में घोड़े का जिक्र तक नहीं आया। बात चौपाये की होती रही। मैं इन खरगोशों को ही चौपाया कहता हूँ।"

"अरे, तुम झूठे और मक्कार हो! मैं तुम्हें छोड़ूँगा नहीं!...काजी के पास ले जाऊँगा यह मामला और तुम्हें मक्कारी की सजा दिलवाकर रहूँगा।" सूबेदार ने गुस्से से भरकर मुल्ला नसीरुद्दीन को धमकी दी।

मुल्ला नसीरुद्दीन ने फिर अदब से पेश आते हुए कहा–"हुजूर! इस गाँव का हर आदमी जानता है कि मुल्ला नसीरुद्दीन न तो मक्कार है और न ही कभी झूठ बोलता है। रही बात काजी के पास जाने की तो चलिए, मैं तैयार हूँ काजी के पास चलने के लिए।"

इस तरह मुल्ला नसीरुद्दीन को लेकर सूबेदार अकड़ता हुआ काजी के पास पहुँचा और अपनी फरियाद रखते हुए काजी से कहा–"काजी साहब! कल आपके सामने ही तो मुल्ला नसीरुद्दीन के घोड़ों की खरीद की बात चली थी? मुल्ला मुझे घोड़ों की जगह खरगोश देकर ठग रहा है।"

सूबेदार की शिकायत सुनकर काजी संजीदा हो गया। उसने तुरन्त कहा–"गाँव का बच्चा-बच्चा जानता है और मैं भी जानता हूँ कि मुल्ला नसीरुद्दीन के पास घोड़ा नहीं है। जब उसके पास घोड़े नहीं हैं तब वह आपसे घोड़ों की खरीद-बिक्री की बात कैसे कर सकता है? हाँ, वह आपसे चौपायों की बात कर रहा था और खरगोश भी चौपाया ही है...।"

"तो क्या एक हजार स्वर्णमुद्राओं में दस खरगोश ही मिलेंगे?" सूबेदार

ने यह सोचकर कीमत की चर्चा छेड़ी कि घोड़े नहीं मिले तो कीमत ही कुछ कम हो जाए।

सूबेदार का सवाल सुनकर काजी ठठाकर हँस पड़ा और कहा–"जब आपने दस नस्ली घोड़ों के लिए एक हजार स्वर्णमुद्राएँ दी थीं तब नहीं सोचा था कि इतने में तो एक नस्ली घोड़ा भी नहीं मिलने वाला! भाई मेरे, लोभ करोगे तो उसका हश्र ऐसा ही होगा न! इसमें मुल्ला नसीरुद्दीन का क्या दोष?"...और काजी ने मुल्ला नसीरुद्दीन को दोषमुक्त कर दिया।

मुल्ला नसीरुद्दीन काजी के पास से अपनी दाढ़ी सहलाते हुए अपने घर की तरफ चल पड़ा और सूबेदार उसे लम्बे डग भरकर जाते हुए देखता रह गया।

जादूगर मुल्ला नसीरुद्दीन

मुल्ला नसीरुद्दीन जब बुखारा में था तब उसकी शोहरत बुलन्दियों पर थी। बुखारा के अमीर लोग मुल्ला नसीरुद्दीन की सोहबत पसन्द करते थे। जब कभी किसी रईस के घर कोई दावत होती तो वहाँ से मुल्ला नसीरुद्दीन का बुलावा अवश्य आता। मुल्ला नसीरुद्दीन भी ऐसी दावतों में जाना पसन्द करता था क्योंकि इससे कई तरह के लोगों से मिलना-जुलना हो जाता था और आस-पास घटित हो रही घटनाओं की जानकारी भी मिल जाती थी।

एक दिन मुल्ला नसीरुद्दीन को बुखारा के एक बड़े रईस ने अपने घर दावत पर बुलाया। रईस के घर उसके पोते ने जन्म लिया था। पोते के जन्म से रईस बहुत खुश था। उसने बड़ी शान से पोते के जन्म का जश्न मनाने का फैसला किया था। इसलिए दावत में हर तरह के पकवान का इन्तजाम उसने किया था। इस व्यवस्था के साथ ही उसने इस दावत में बुखारा के सभी नामी-गिरामी लोगों को बुलावा भेजा था तथा मुल्ला नसीरुद्दीन जैसे लोगों से खुद मिलकर गुजारिश कर आया था कि वह उसके घर दावत में जरूर आए।

दावत के समय जब मुल्ला नसीरुद्दीन रईस के घर पहुँचा, उस समय तक रईस के लगभग सभी अतिथि वहाँ आ चुके थे। अतिथियों के बीच मुल्ला नसीरुद्दीन अपनी पतली लम्बी दाढ़ी और अपनी नोकदार टोपी के कारण सबके आकर्षण का केन्द्र बना हुआ था। लोग चौकड़ियों में खड़े बातें कर रहे थे। रईस के आग्रह पर दावत आरम्भ हुई। दावत के दौरान रईस ने अपनी दौलत का हर सम्भव प्रदर्शन किया था। सोने की थाली, चाँदी के कटोरे, सोने के चम्मच का दावत के दौरान भरपूर उपयोग हुआ था।

मुल्ला नसीरुद्दीन के आगे वाली पाँत में भोजन करने के लिए एक नीली शेरवानी वाला आदमी बैठा हुआ था। मुल्ला नसीरुद्दीन ने देखा कि

उसने सोने का एक चम्मच, जिसके बेंट पर हीरे जड़े हुए थे, अपने बाएँ हाथ से उठाया और इधर-उधर देखते हुए उस चम्मच को चुपके से शेरवानी की बाईं जेब के हवाले कर दिया। यह काम उसने इतनी चालाकी से किया था कि उसकी इस हरकत का उसके पास बैठे लोगों को भी अन्दाज नहीं लगा। मुल्ला नसीरुद्दीन उस व्यक्ति पर अपनी निगाहें टिकाए रहा। जब पाँत में बैठे लोगों का भोजन समाप्त हो गया तब मुल्ला नसीरुद्दीन अपनी जगह से उठा और अपनी दाढ़ी सहलाता हुआ बड़े ही नाटकीय ढंग से बोला– "अजीज दोस्तो! मैं मुल्ला नसीरुद्दीन हूँ। कुछ दिन पहले मैं चीन के एक जादूगर का मेहमान था। मैंने जादूगर से कुछ रोचक और रोमांचक जादू सीखी है। खुशी के इस मौके पर मैं चाहता हूँ कि आप लोगों को अपना जादू दिखाऊँ।"

लोगों को भला क्या एतराज हो सकता था। सबने एक स्वर से मुल्ला नसीरुद्दीन को जादू दिखाने के लिए कहा।

मुल्ला नसीरुद्दीन ने अपनी थाली से सोने का चम्मच निकाला और सबको दिखाते हुए कहा–"दोस्तो, देखो, मैंने यह चम्मच अपनी शेरवानी की बाईं जेब में रखी। अच्छा, बताओ–चम्मच कहाँ है?"

सबने कहा–"आपकी शेरवानी की बाईं जेब में।"

मुल्ला नसीरुद्दीन ने तपाक से कहा–"गलत!" फिर उसने दावत देने वाले रईस से कहा–"जनाब! आप जरा नीली शेरवानी वाले महाशय की शेरवानी की बाईं जेब में हाथ डालकर देखें...मुझे लगता है कि चम्मच वहीं है।"

रईस ने नीली शेरवानी वाले की बाईं जेब में हाथ डाला तो उसके हाथ में चम्मच आ गया।

सबने मुल्ला नसीरुद्दीन की कला का स्वागत ताली बजाकर किया लेकिन नीली शेरवानी वाला शख्स मुल्ला नसीरुद्दीन से आँखें भी नहीं मिला पाया।

जाँबाज मुल्ला नसीरुद्दीन

मुल्ला नसीरुद्दीन बगदाद जा रहा था। रास्ते में वह एक सराय में रुका। सराय में कुछ अफीमची पहले से डेरा जमाए हुए थे। जब मुल्ला नसीरुद्दीन पर उनकी नजर पड़ी तो उन्होंने उसे अपनी चौकड़ी में शामिल कर लिया।

पहले तो उनके बीच सामान्य शिष्टाचार की बातें हुईं। फिर धीरे-धीरे बातूनी अफीमचियों की बन आई।

मुल्ला नसीरुद्दीन के पास उनकी बातें सुनने के अलावा कोई चारा नहीं रहा।

उन अफीमचियों में एक व्यक्ति 'सुल्तानी सेना' का सिपाही था। उसने हाँकना शुरू कर दिया :

"दोस्तो! आज मैं तुम लोगों के बीच हूँ। यह तुम लोगों के लिए किस्मत की बात है। जानते हो, क्यों? इसलिए कि मैं एक ऐसा सिपाही हूँ जिसकी वीरता की गूँज आज भी सुल्तानी सेना में बरकरार है। पाँच साल पहले जो युद्ध हुआ था, उसकी चर्चा तुम लोगों ने सुनी होगी। उस युद्ध में मैं भी लड़ा था। एक दिन दुश्मनों के सैकड़ों सिपाहियों ने मुझे घेर लिया। मैं जरा भी नहीं डरा। अपने दोनों हाथों में तलवार लेकर मैं दाएँ-बाएँ, आगे-पीछे, चकरघिन्नी की तरह तलवार चलाता रहा और दुश्मनों की गर्दनें कटती रहीं–कचाक्! छपाक्। खच! थोड़ी देर में ही दुश्मन-सेना के सारे सिपाहियों की लाशें युद्धभूमि में बिछ गईं।"

मुला नसीरुद्दीन अब तक उस सिपाही की बातें बड़े गौर से सुन रहा था। उस सिपाही के चुप होते ही मुल्ला नसीरुद्दीन ने अपनी दाढ़ी सहलाते हुए कहा–"मैंने भी एक बार दुश्मन सेना के सिपाही के दोनों पैर तलवार के एक ही प्रहार से उड़ा दिए थे–खचाक्!" मुल्ला नसीरुद्दीन ने तलवार चलाने का अभिनय करते हुए कहा।

अफीमचियों की तन्द्रा अचानक टूटी और वे मुल्ला नसीरुद्दीन की तरफ अचरज भरी नजरों से देखने लगे।

उनमें से एक ने मुल्ला नसीरुद्दीन से पूछा–''क्यों भाई, तुमने सिर क्यों छोड़ दिया? पैर क्यों काट दिए? इसमें कोई राज की बात है तो बताओ।''

''राज की बात क्या खाक होगी!'' मुल्ला नसीरुद्दीन ने हँसते हुए कहा–"अरे भाइयो, मैंने दुश्मन के दोनों पैर इसलिए काटे थे कि उसके सिर पहले ही धड़ से अलग किए जा चुके थे।"

मुल्ला नसीरुद्दीन की बात सुनकर सभी हँसने लगे।

उनको हँसता छोड़कर मुल्ला नसीरुद्दीन अपने कमरे में चला आया।

जीवों पर दया का उपदेश

न जाने कहाँ से एक संन्यासी मुल्ला नसीरुद्दीन के गाँव में आ गया। वह जीवों की रक्षा का उपदेश देता हुआ गाँव की गलियों में घूमता रहा। उसे इस गाँव के लोग बहुत सहज, सहिष्णु और उदार लगे इसलिए उसने कुछ दिन उस गाँव में ही गुजारने का निश्चय किया। हालाँकि गाँव वालों को किसी सिद्ध-संन्यासी से व्यवहार करने का शऊर नहीं था फिर भी संन्यासी द्वारा इच्छा प्रकट करने पर सर्फुद्दीन ने अपने घर के बाहर का कमरा बिना किसी हिचक के उस संन्यासी को दे दिया।

सर्फुद्दीन पिछले तीन वर्षों से कमर की दर्द से परेशान था और इस दर्द के कारण वह थोड़ा लचककर चलता था। उसकी शारीरिक परेशानी को भाँपकर संन्यासी ने सर्फुद्दीन से कहा–"पुत्र! मैं तो दो-चार-दस दिन में चला जाऊँगा किन्तु जाने से पहले तुम्हें तुम्हारे कमर-दर्द से अवश्य छुटकारा दिला जाऊँगा...शायद भगवान ने इसीलिए मुझे तुम्हारे गाँव भेजा है!"

सर्फुद्दीन ने संन्यासी की बात पर ध्यान नहीं दिया। उसने सोचा कि यह संन्यासी उसे प्रभावित करने के लिए ऐसी बातें कह रहा है। मगर संन्यासी ने उसे बैठने और लेटने की कुछ मुद्राएँ बताईं जिससे सर्फुद्दीन को अप्रत्याशित रूप से लाभ महसूस हुआ। संन्यासी के प्रति उसका विश्वास स्वतः गहराने लगा। दो-तीन दिनों में ही सर्फुद्दीन ने महसूस किया कि यह संन्यासी लोभी नहीं है और वह अन्ध- विश्वास भी फैलाना नहीं चाहता है। वह तो केवल जीवों पर दया करने का उपदेश देता है। और इस उपदेश में कोई बुराई नहीं है।

गाँव में धीरे-धीरे चर्चा हो गई कि एक संन्यासी सर्फुद्दीन के घर ठहरा हुआ है। वह लोगों के रोग कुछ विशेष मुद्राओं में बैठाकर ठीक कर देता है।

बात मुल्ला नसीरुद्दीन तक भी पहुँची। और एक दिन मुल्ला नसीरुद्दीन

भी संन्यासी से मिलने आ गया। उसने संन्यासी को बताया कि वह भी इसी गाँव में रहता है और उसका नाम मुल्ला नसीरुद्दीन है।

संन्यासी ने मुल्ला नसीरुद्दीन को प्यार-भरी निगाहों से देखते हुए कहा–"मुल्ला नसीरुद्दीन! मैं तो एक संन्यासी हूँ और मेरे लिए सभी समान हैं। मैं जीवमात्र से स्नेह रखता हूँ, और जीवों के प्रति दया भाव के लिए प्रचार कर रहा हूँ।"

संन्यासी की बात सुनकर मुल्ला नसीरुद्दीन ने कहा–"बहुत अच्छा काम कर रहे हैं आप! जीवों से मनुष्य को बहुत लाभ है...कभी-कभी तो जीव मनुष्य के लिए जीवन-रक्षक का काम करते हैं...एक बार एक मेमने ने मेरी जीवन-रक्षा की थी...आपके उपदेश में बहुत बल है।''

संन्यासी उसकी बातों से बहुत खुश हुआ। उसे यह जानकर अच्छा लगा कि इस गाँव में जीवों के प्रति दया भाव से भरा हुआ एक ऐसा आदमी भी है जो जीवों के प्रति बहुत सुलझी सोच रखता है।

मुल्ला नसीरुद्दीन ने संन्यासी से पूछा–"जनाब! मैंने सुना है कि आप स्वस्थ रहने की कला सिखाते हैं?"

''हाँ; मैं योगाभ्यास सिखाता हूँ क्योंकि मैं जानता हूँ कि कुछ खास मुद्राएँ हैं जिनमें रहने से शरीर कई रोगों से बचा रह सकता है।'' संन्यासी ने कहा।

"अच्छा! तब तो मैं भी सीखना चाहूँगा। मुझे सिखाएँगे योगासनों की मुद्राएँ?" मुल्ला नसीरुद्दीन ने पूछा।

"हाँ-हाँ, क्यों नहीं!" संन्यासी ने मुल्ला नसीरुद्दीन को सहर्ष अपनी स्वीकृति दे दी।

मुल्ला नसीरुद्दीन उसके पास स्वस्थ रहने की कला सीखने आने लगा। प्रतिदिन संन्यासी मुल्ला नसीरुद्दीन को कोई न कोई आसन सिखा देता। मुल्ला नसीरुद्दीन बहुत मनोयोग से अपने घर पर जाकर उसका अभ्यास करता।

उसकी लगन देखकर संन्यासी ने मुल्ला नसीरुद्दीन को कुछ गूढ़ मुद्राएँ सिखाईं और उसके बाद उसने मुल्ला नसीरुद्दीन से कहा–''स्वस्थ रहने के लिए जिन आसनों एवं मुद्राओं को जानना जरूरी है वह सब अब तुम जान गए हो।...आज तुम वह घटना मुझे सुना दो जिसमें एक मेमने ने तुम्हारी

जीवन-रक्षा की थी।''

मुल्ला नसीरुद्दीन ने अपनी पतली और लम्बी दाढ़ी पर हाथ फेरते हुए कहाः ''जनाब उसमें कोई खास बात नहीं है। एक बार मैं जंगल में राह भटक गया था। तीन दिनों तक जंगल में भटकता रहा। एक सँकरी पहाड़ी नदी के पानी से मेरी प्यास तो बुझ जाती थी मगर भूख...भूख के मारे मेरा दम निकला जा रहा था। तीन दिनों से मेरे पेट में दाना-पानी नहीं गया था। तभी एक दिन अपने झुंड से बिछड़ा हुआ मेमना मुझे दिख गया...और मैंने उसको मारकर खा लिया। इस तरह एक मेमने के मांस से मैंने अपने प्राणों की रक्षा की।''

बेचारा संन्यासी मुल्ला नसीरुद्दीन की बात सुनकर अवाक् रह गया।

जेब की प्यास

मुल्ला नसीरुद्दीन बहुत दिनों के बाद बुखारा आया हुआ था। जैसे-जैसे उसके पहचान के लोगों को मुल्ला नसीरुद्दीन के बुखारा में होने की जानकारी मिल रही थी, वैसे-वैसे मुल्ला नसीरुद्दीन के पास मिलने आने वालों की संख्या में इजाफा हो रहा था। मुल्ला नसीरुद्दीन खुश था। उसे लगा, बुखारा आने का निर्णय गलत नहीं था। लोग इतने अरसे बाद भी उसे भूले नहीं हैं।

बुखारा में मुल्ला नसीरुद्दीन के चाहने वालों की कमी नहीं थी। सेठ करीम उसके प्रशंसकों में एक था। सेठ को पैसे की कोई कमी नहीं थी। उसने मुल्ला नसीरुद्दीन के आने की खुशी में बुखारा के चुनिन्दा लोगों के लिए दावत का आयोजन अपने घर पर कर लिया और मुल्ला नसीरुद्दीन को लेकर अपने घर चला गया। उसके रहने, खाने-पीने की व्यवस्था उसने अपने घर पर ही की। मुल्ला नसीरुद्दीन के तेज दिमाग, रोशन चेहरे और हाजिरजवाबी का वह कायल था तथा चाहता था कि उसकी निकटता हासिल कर वह मुल्ला नसीरुद्दीन से हाजिरजवाबी का कोई गुर सीख ले। अपने इसी उद्देश्य के तहत वह मुल्ला को अपने घर ले आया था और उसकी शान में दावत देने के पीछे उसकी मंशा थी कि लोग जान लें कि मुल्ला नसीरुद्दीन के साथ सेठ करीम की निकटता है।

मुल्ला नसीरुद्दीन की आवभगत जिस तरह सेठ करीम ने की थी, उससे मुल्ला नसीरुद्दीन भी सेठ करीम के प्रति उदार हो गया था और सोच रहा था कि किसी तरह वह सेठ करीम के इस उपकार का बदला चुका दे।

खैर! दावत का दिन आ गया। सेठ करीम के घर को दावत के खयाल से खूब सजाया गया था। लोगों को बैठाने और जिमाने के लिए जगह-जगह पर खिदमतगार खड़े थे। इतनी चाक-चौबन्द व्यवस्था थी कि कोई चूक

निकालना मुश्किल था।

अतिथि आने लगे थे। भोजन परोसे जाने में अभी देरी थी। मुल्ला नसीरुद्दीन को एक ऊँचे तख्त पर बैठाया गया था ताकि दावत में आने वाला हर शख्स उसे देख सके कि यही वह शख्स है जिसकी शान में सेठ करीम ने इतनी बड़ी दावत दी है।

मुल्ला नसीरुद्दीन उस तख्त पर बैठकर आने वाले अतिथि को देख सकता था।

उसने दरवाजे से एक गोल-मटोल से आदमी को प्रवेश करते देखा। देखने में काफी सम्पन्न दिख रहे इस व्यक्ति ने कीमती और सजीला लिबास पहन रखा था। उसकी चाल में विशेष किस्म की अकड़ थी तथा उसकी मूँछें बड़ी रोबीली थीं। सेठ करीम ने जब उस शख्स को देखा तो खुद उठकर उसकी अगवानी की और उसे एक गद्देदार तख्त पर बैठाया जिस पर पहले से ही गाव-तकिये रखे हुए थे।

मुल्ला ने उस व्यक्ति को देखकर अनुमान लगाया कि जरूर यह सेठ करीम का कोई रिश्तेदार होगा अन्यथा यह खुद आगे बढ़कर उसकी अगवानी नहीं करता।

थोड़ी ही देर के बाद सेठ करीम उस व्यक्ति को साथ लेकर मुल्ला नसीरुद्दीन के पास आया तथा उससे मुल्ला का परिचय कराते हुए कहा—"ये हमारे बड़े बहनोई हैं—रहमत अली। बड़े ही रसूख वाले इनसान हैं। पूरे बुखारा में इनके जैसी साख वाला कोई व्यापारी नहीं है। जुबान पर लाख-करोड़ का हिसाब रहता है और इशारों पर करोड़ों की लेन-देन हो जाती है।"

औपचारिकतावश मुल्ला नसीरुद्दीन अपने तख्त से उठा और रहमत अली का अभिवादन किया।

भोजन से पहले जलपान परोसा जाने लगा। मुल्ला नसीरुद्दीन ने गौर किया कि भुने हुए काजू, पिस्ता और अखरोट से लोग मुट्ठियाँ भरने में लग गए हैं। मुल्ला के पास भी एक तश्तरी में भुने हुए मेवे आ गए और मुल्ला एक-एक दाना उछालकर अपने मुँह में डालने लगा तथा आस-पास के बदले हुए माहौल को देखने-महसूसने में मग्न हो गया। लोग सूखे मेवों पर टूट से पड़े थे। तभी मुल्ला की नजर दूर बैठे रहमत अली पर पड़ी। रहमत अली मेवा खा भी रहा था और अपनी शेरवानी के आगे वाली जेबों में लोगों की

नजर बचाकर मुट्ठी भर-भर कर मेवा ठूँस भी रहा था। वह जहाँ बैठा था, वह जगह ऐसी थी जहाँ पर आम अतिथियों की नजर नहीं पड़ सकती थी। बहुत देर तक मुल्ला नसीरुद्दीन बैठकर रहमत अली की कारगुजारी देखता रहा। जब 'जलपान' समाप्त हो गया तब रहमत अली हाथ धोने के लिए अपने स्थान से उठा और दूसरी तरफ से मुल्ला नसीरुद्दीन भी उसके पास आ गया। जिस समय रहमत अली अपना हाथ धो रहा था उसी समय पानी का एक बर्तन उठाकर मुल्ला नसीरुद्दीन ने रहमत अली की शेरवानी की आगे वाली जेब में पानी डालना शुरू कर दिया। रहमत अली कुछ समझता कि मुल्ला नसीरुद्दीन ने एक जेब छोड़कर दूसरी जेब में भी पानी डालना शुरू कर दिया।

मुल्ला नसीरुद्दीन की इस कारगुजारी पर रहमत अली मुल्ला को डाँटने लगा—"अरे, तुम्हारा दिमाग खराब हो गया है क्या? तुमने तो मेरी शेरवानी ही खराब कर डाली!"

रहमत अली का गरजना-बरसना सुनकर उसका साला सेठ करीम दौड़ा-दौड़ा वहाँ पर आया और सारा मंजर देखकर मुल्ला नसीरुद्दीन से पूछा—"ऐसा आपने क्यों किया जनाब?"

मुल्ला नसीरुद्दीन ने तुरन्त रहमत अली की शेरवानी में हाथ डाला और एक मुट्ठी भुने हुए काजू निकालकर सेठ करीम को दिखाते हुए कहा—"सेठ करीम, मैंने बहुत देर तक आपके रिश्तेदार की जेब को खाते देखा मगर उसे पानी पीते नहीं देखा तो यह सोचकर उसे पानी पिलाने लगा कि इतना खाने पर तो किसी को भी प्यास लग सकती है तो जेब को भी लगी होगी।"

मुल्ला नसीरुद्दीन की मासूमियत से कही गई बात सुनकर वहाँ मौजूद लोग हँसने लगे और रहमत अली की हालत ऐसी हो गई कि काटो तो खून नहीं।

ठीक है, आ जाओ

मुल्ला नसीरुद्दीन अपने बचपन के दिनों में भी आला दिमाग बालक था। उसकी कारस्तानियों से लोग प्रायः दाँतों तले उँगलियाँ दबा लेते थे। कहते हैं, पूत के पाँव पालने में ही नजर आते हैं। इस कहावत के अनुरूप वह अपने बचपन के दिनों में ही अपनी कारगुजारियों से लोगों को हैरत में डाल देता था और अपने बचाव के लिए ऐसे मासूम से तर्क ढूँढ़ लेता था कि उस पर किसी को गुस्सा कतई नहीं आता था। भले ही उसने जैसी भी शैतानी की हो, लोग हँसते हुए उसे माफ कर देते।

मुल्ला नसीरुद्दीन जब आठ साल का था तब उसके माता-पिता ने पढ़ने के लिए उसे मदरसे में डाल दिया। मुल्ला नसीरुद्दीन आजाद तबीयत का था। बचपन में उसे खेल-कूद में अधिक मजा आता था। मदरसे में छह घंटे बैठना उसके लिए एक उबाऊ बात थी। मगर अब्बू-अम्मी उसे जबरन मदरसे ले आते और मौलवी साहब के हवाले कर देते। इस तरह एक साल बीत गया। नसीरुद्दीन के लिए मदरसे तक जाने की राह जानी-पहचानी हो गई थी।

एक दिन उसने अपने अब्बू-अम्मी से कहा–"अब मैं नौ साल का हो गया हूँ। मुझे मदरसे की राह मालूम है। मैं अब अकेले मदरसे चला जाया करूँगा।"

अब्बू-अम्मी अपने लाडले के मुँह से निकली इस बात पर झूम उठे– "वाह! मेरे लाल! तुमने तो आज हमें खुश कर दिया।" अम्मी ने अपने 'नसीर' को गले लगा लिया।

अब्बू बोले–''शाबाश बेटे! सचमुच अब तुम बड़े हो गए हो और तुम्हारे जैसे समझदार बच्चे को अकेले ही मदरसे जाना चाहिए। ठीक है, आज से तुम अकेले ही मदरसे जाना मगर याद रखना, घर से निकले तो सीधे मदरसे

जाना और मदरसे से सीधे घर आना।"

उस दिन अब्बू-अम्मी ने नसीरुद्दीन को ढेरों नसीहतें दीं और उसे बताया कि अच्छे बच्चे क्या करते हैं और अच्छे बच्चे को क्या नहीं करना चाहिए।

इस तरह नसीरुद्दीन जब दूसरी कक्षा में आया तब उसे अकेले ही मदरसे जाने-आने की इजाजत मिल गई। कुछ दिनों तक वह ठीक समय पर मदरसे पहुँच जाता था मगर बाद में वह मदरसे जाने वाली राह पर खेलते रहने वाले खिलन्दर बच्चों से उसने दोस्ती कर ली। एक दिन ऐसा भी आया जब मदरसे पहुँचने से पहले वह उनके साथ थोड़ी देर खेलने का लोभ-सँवरण नहीं कर पाया। फिर तो ऐसा रोज होने लगा।

मौलवी साहब ने जब देखा कि अमूमन रोज ही घंटा भर की देरी से नसीरुद्दीन मदरसे आता है तब उन्होंने उसे टोका लेकिन नसीरुद्दीन के पास एक से बढ़कर एक खूबसूरत बहाने थे जिनके सहारे वह मदरसे में देरी से आने की सजा से बचने लगा।

एक दिन उसके देरी से आने पर मौलवी साहब बहुत क्रोधित हुए और कहा–''फिर कभी देरी से आए तो तुम्हें दिन भर धूप में खड़ा करवा दूँगा, समझे?'' मौलवी की डाँट पर नसीरुद्दीन रुआँसा हो गया मगर कुछ बोला नहीं।

पर यह क्या! चेतावनी के दूसरे दिन ही नसीरुद्दीन फिर देर से मदरसे पहुँचा। उस दिन आसमान में बादल छाए थे। बूँदाबाँदी भी हो रही थी और कभी-कभी तेज हवा के झोंकों से पेड़ के तने तक झुक जा रहे थे।

नसीरुद्दीन को देर से आया देख मौलवी साहब आग-बवूला हो गए। उन्होंने अपनी छड़ी उठाई और नसीरुद्दीन की तरफ लपकते हुए आए और बोले–''बहुत हो चुका नसीर! आज भले ही धूप नहीं है फिर भी मैं तुम्हें दिन भर बाहर खड़ा रखूँगा। तुम ऐसे सुधरने वाले नहीं हो।"

मौलवी साहब को गुस्से में देखकर नसीरुद्दीन सहम गया मगर साहस करके बोला–"मगर जनाब! मुझे अपने देर से आने का कारण तो बताने दीजिए!"

"हाँ-हाँ, बता लो कारण भी! तुम्हारे कुछ भी कहने से तुम्हें कक्षा में जाने की इजाजत तो नहीं ही मिलने वाली।'' मौलवी साहब ने क्रोध से

तिलमिलाते हुए कहा।

नसीरुद्दीन ने बड़े ही भोलेपन से कहा–"जनाब! मैं पाठशाला के लिए घर से निकला था ठीक समय पर ही मगर थोड़ी दूर ही चल पाया था कि रास्ते में तेज आँधी आई। आँधी इतनी तेज थी कि मैं एक कदम चलता तो आँधी मुझे दो कदम पीछे चलने पर मजबूर कर देती..."

मौलवी साहब उसका यह जवाब सुनकर चौंक पड़े और कहा–"इस तरह तो तू जिन्दगी में कभी मदरसे नहीं पहुंच सकता था फिर मदरसे पहुँचा कैसे?" मौलवी साहब पूरी तरह हैरत में थे।

"जनाब, मैंने जब देखा कि मैं जहाँ से चला था, आँधी मुझे वापस वहीं ले आई है तब मैंने मदरसे की जगह, अपने घर की तरफ चलना शुरू कर दिया। मैं एक कदम चलता और आँधी मुझे दो कदम पीछे ठेल देती। इस तरह मैं कुछ देर से ही सही, मगर मदरसे पहुंच ही गया। यही है मेरी देरी से मदरसे पहुँचने का कारण।"

मौलवी साहब इस तेज दिमाग लड़के का थोड़ी देर तक मुँह देखते रहे फिर कक्षा के द्वार से हटकर बोले–"ठीक है, आ जाओ।"

तलवार के बदले गदहा

मुल्ला नसीरुद्दीन की जवानी के दिन थे। उसकी दाढ़ी सजीली होती जा रही थी। दाढ़ी की नोक की मानिन्द उसने अपनी टोपी की नोक भी दर्जी से कहकर बनवाई थी। उसके जैसी टोपी किसी की नहीं थी। उसने अपने लिए एक गदहा भी खरीद लिया था जिसे वह बहुत प्यार करता था और बहुत सजाकर रखता था। जवानी के दिनों में उसका एक प्यारा साथी था–मजहर। मजहर हमेशा नसीरुद्दीन की तरफदारी करता था। वक्त-जरूरत उसकी मदद के लिए तैयार रहता था।

एक सुबह, मजहर ने देखा, मुल्ला नसीरुद्दीन रेशमी सलवार, साटन का चोगा और चमकीली नोकदार टोपी पहने, आँखों में सुरमा डाले, दाढ़ी फरफराता हुआ, गदहे पर सवार होकर कहीं जा रहा है। मजहर दो-चार कदम चलकर गदहे के पास आ गया और मुल्ला नसीरुद्दीन से पूछने लगा–''क्या बात है मुल्ला? यह सुबह-सुबह तुम कहाँ चल दिए?''

मजहर को देखकर खुश होते हुए मुला नसीरुद्दीन ने कहा–"अच्छा हुआ मजहर, तुम मिल गए। मैं जंगल पार के गाँव में बुआ से मिलने जा रहा हूँ।''

''जंगल के पार जाने में तो खतरा है। दिन में चोर-डाकू जंगल में ही पनाह लेते हैं और रात को निकलकर अपना काम करते हैं। तुम यह जोखिम क्यों उठा रहे हो?'' मजहर ने मुला नसीरुद्दीन से पूछा।

"अब चल दिए तो चल दिए! जब ऊखल में सिर दिया, तो मूसल से डरना क्या?" मुल्ला नसीरुद्दीन ने सहजता से कहा।

''ठीक है, जा रहे हो तो जाओ मगर अपनी सुरक्षा के लिए तुम मेरी तलवार लेते जाओ। कहीं चोर-डाकू तुम्हारा गदहा न लूट लें!'' मजहर ने मुल्ला नसीरुद्दीन को अपनी तलवार देते हुए कहा।

मुल्ला नसीरुद्दीन ने मजहर से तलवार ले ली और मजहर को धन्यवाद कहता हुआ जंगल की ओर गदहा दौड़ाने लगा। वह चाहता था कि दिन ढलने से पहले वह जंगल के पार वाले गाँव में पहुँच जाए ताकि अपनी बुआ के पास उसे कुछ अधिक समय बिताने का अवसर प्राप्त हो जाए।

टक-टक, ठक-ठक गदहा भागा जा रहा था। कुछ समय बीतने के बाद गदहा जंगल में प्रवेश कर गया।

जंगल में प्रवेश के साथ ही मुल्ला नसीरुद्दीन को मजहर की कहीं बात याद आने लगी–'जंगल में चोर-डाकू दिन में छिपे रहते हैं।' जंगल जब घना होने लगा तब मुल्ला नसीरुद्दीन के रोंगटे यह सोचकर खड़े हो गए कि जंगल में चोर-डाकू ऐसी ही जगह पर पनाह लेते होंगे जहाँ छुपने की गुंजाइश बहुत हो!...यहाँ तो आदमी क्या, हाथी भी छुप जाए तो खोजने से नहीं मिलने वाला।

गदहा अपनी चाल में चल रहा था और मुल्ला नसीरुद्दीन के मन में तरह-तरह के भय का संचार हो रहा था। उसे लग रहा था कि कहीं से भी अचानक कोई डाकू प्रकट होकर कह सकता है–'अबे, उतर गदहे से और गदहा मेरे हवाले कर दे।' मुल्ला के मन में गदहे के प्रति गहरा लगाव था क्योंकि उसके पास सबसे बेशकीमती चीज के रूप में यही एक गदहा था, जिस पर केवल उसकी मिल्कियत थी।

थोड़ी दूर और घने जंगल में बढ़ने के बाद मुल्ला नसीरुद्दीन ने एक आदमी को सामने की ओर से पैदल आते देखा। उसने मजहर की दी हुई तलवार की मूठ पर अपनी हथेली की पकड़ मजबूत कर ली। ज्यों-ज्यों वह आदमी धीरे-धीरे मुल्ला नसीरुद्दीन के करीब आता गया, तलवार की मूठ पर मुल्ला नसीरुद्दीन की पकड़ मजबूत होती गई।

आदमी गदहे के सामने आया। मुल्ला नसीरुद्दीन की पकड़ तलवार की मूठ पर और मजबूत हो गई मगर उस व्यक्ति ने गदहा सवार मुल्ला की तरफ देखा भी नहीं और गदहे की बगल से गुजरने लगा। तब मुल्ला नसीरुद्दीन ने अपना गदहा रोककर उस आदमी से कहा–"सुनो भाई साहब! तुम चोर हो या डाकू हो, जो भी हो, मेरा गदहा मत लूटना...बदले में चाहो तो मेरी तलवार रख लो।"

उस आदमी ने मुल्ला नसीरुद्दीन की तरफ परेशान नजरों से देखते हुए

कहा—"मैं न चोर हूँ न डाकू, राहगीर हूँ। तलवार मेरे किसी काम की नहीं। इसे अपने ही पास रखो।"

ऐसा कहकर वह आदमी जाने लगा तब मुल्ला नसीरुद्दीन अपने गदहे से उतरकर उसके सामने खड़ा हो गया और कहा—"मुझे माफ करना भाई! मैं नहीं पहचान सका कि तुम चोर हो या डाकू! यह तलवार ले लो। बड़े काम की चीज है। जंगल में इससे साहस बना रहेगा...और मेरा गदहा छोड़ दो... ।"

उस आदमी ने सोचा—इस बावले आदमी से पीछा छुड़ाने के लिए तलवार ले लेने में ही भलाई है। वह आदमी तलवार लेकर खुशी-खुशी जाने लगा कि चलो, मुफ्त में तलवार मिल गई है, क्या पता जंगल में कहीं इसकी जरूरत पड़ ही जाए! और मुल्ला नसीरुद्दीन अपने गदहे पर सवार होकर खुशी-खुशी बुआ के गाँव जाने लगा कि तलवार देकर आखिर अपना गदहा बचा ही लिया मैंने।

दो दिनों के बाद मुल्ला नसीरुद्दीन अपने गाँव वापस आया तो सबसे पहले वह मजहर से मिलने गया। मजहर से मुलाकात होते ही उसने मजहर से कहा—"दोस्त, तुम्हारी तलवार न होती तो मैं गदहे से हाथ धो बैठता! तुम्हारी तलवार देकर मैं गदहा बचाकर लाया हूँ।"

जब मजहर को सारा वाकया मालूम हुआ तो वह सिर पीटकर रह गया। आखिर वह इसके अलावा कर भी क्या सकता था!

तसल्ली भरे कदम

मुल्ला नसीरुद्दीन ने मदरसे की पढ़ाई पूरी कर ली थी और मिस्तरी का काम सीखने के लिए अपने गाँव से प्रतिदिन पैदल ही शहर जाने लगा था। शहर जाने पर उसने शहर की रौनक और रंगीनियाँ देखीं। बड़े-बड़े मकान देखे। साफ-सुथरे कपड़ों में आते-जाते लोगों को देखकर वह सोचता—जब वह काम सीखकर कुछ कमाने लगेगा तब अपने लिए ऐसे कपड़े बनवाएगा जिसे जो भी देखे तो देखता रह जाए। शाम को जब वह शहर से अपने गाँव लौटता तो उसका दिमाग इसी गुनधुन में लगा रहता कि उसके कपड़े कैसे होने चाहिए जिसे लोग देखें तो देखते ही रह जाएँ।

एक दिन शहर से लौटने में उसे थोड़ी देर हो गई। उस्ताद ने उस दिन उसे शहर घुमाया और अफीम के अड्डे पर भी ले गया। उस दिन उस्ताद को कहीं से पैसे मिले थे। उन पैसों को पाकर वह बहुत खुश था। मुल्ला नसीरुद्दीन शहरी जीवन के बारे में बहुत कम जानता था। उस दिन अपने उस्ताद के साथ उसने बहुत-कुछ नया देखा था। उसका उस्ताद अफीमची था। जब वह नसीरुद्दीन को शहर घुमा रहा था तब ही उसे अफीम की तलब महसूस हुई। वह नसीरुद्दीन को साथ लेकर अफीम के अड्डे पर पहुँच गया। खुद तो अफीम खाई ही, थोड़ी-सी अफीम नसीरुद्दीन को भी चटा दी।

अफीम खाने के थोड़ी देर बाद ही नसीरुद्दीन को यह दुनिया हसीन लगने लगी। सब कुछ अच्छा-अच्छा सा दिखने लगा। इससे पहले मुल्ला नसीरुद्दीन ने कभी कोई नशा नहीं किया था। अफीम की पिनक में उसे यह दुनिया बहुत बदली हुई सी लग रही थी।

उसके उस्ताद पर भी अफीम की धुनकी सवार हो गई थी। वह लगातार गाना गाए जा रहा था। खुद अपने मुँह से गाने के साथ चलने वाला संगीत

भी बजाता और फिर ऊँचे स्वर में कुछ गाने लगता। आवाज उसके मुँह में फँसती हुई निकलती जिससे यह समझ पाना मुश्किल होता कि वह गा क्या रहा है।

किसी तरह मुल्ला नसीरुद्दीन अपने उस्ताद को उसके घर छोड़ आया और फिर अपने गाँव की तरफ चल पड़ा। शहर की भीड़-भाड़ वाले इलाके में पहुँचकर मुल्ला को उस समय भीड़ कम महसूस हुई। दरअसल रात चढ़ आई थी। बाजार की दुकानें बन्द हो चुकी थीं जिसके कारण सड़कों पर लोग कम थे लेकिन मुल्ला नसीरुद्दीन चूँकि अफीम की पिनक में था इसलिए उसे समय का अहसास नहीं था। वह यह नहीं समझ पा रहा था कि रात चढ़ आई है इसलिए दुकानें बन्द हो गई हैं। वह चकित और भ्रमित-सा शहर के बाजार वाले इलाके से गुजरा। उसे कई बार यह भ्रम भी हुआ कि वह गलत रास्ते पर चल रहा है किन्तु इस भ्रम के साथ ही वह चैतन्य होकर सड़क के दाएँ-बाएँ देखने लगता तो पाता कि वह सही सड़क पर ही चल रहा है। इस तरह ठमकते-चलते मुल्ला नसीरुद्दीन उस मोड़ पर पहुँच गया जहाँ से उसके गाँव के लिए सीधी सड़क जाती थी।

मुल्ला उस सड़क पर पहुँचने के बाद आश्वस्त हुआ कि वह सही सड़क पर और सही दिशा में चल रहा है। उसने याद किया—यह सड़क सीधे, ऊँचे घेरे वाले कुएँ तक ले जाएगी और कुएँ की बाईं तरफ से खेत के बीच से निकलने वाली पगडंडी से चलकर वह सीधे अपने घर पहुँच जाएगा। यही रास्ता उसे बहुत कम समय में उसके घर पहुँचा देगा। आश्वस्त होते ही मुल्ला नसीरुद्दीन की चाल में फर्क आ गया। अब वह लम्बे डग भरता हुआ चल रहा था। वह मन में सोचता—अब दस कदम के बाद शीशम के वृक्षों की कतार शुरू हो जाएगी। गाँव वालों ने श्रमदान करके इस सड़क के दोनों किनारों पर शीशम के पौधे लगाए थे। शीशम का सिलसिला खत्म होते ही फलदार वृक्षों का सिलसिला शुरू हो जाएगा और उसके बाद आ जाएगा ऊँचे घेरे वाला कुआँ। इस तरह मन-ही-मन राह स्मरण करता हुआ मुल्ला नसीरुद्दीन कुएँ तक पहुँच गया।

पूर्णिमा की रात थी। मध्यरात्रि का समय था। जब मुल्ला नसीरुद्दीन कुएँ के पास पहुँचा और वह उस खेत की पगडंडी की ओर जाने ही वाला था जो सीधे उसे अपने घर तक ले जाती, उसके मन में खयाल आया—'चलो

जरा झाँक लें, कुएँ में कितना पानी है।' मुल्ला नसीरुद्दीन सीधे घूमा और कुएँ की जगत पर चढ़ गया और उसमें झाँककर कुएँ के पानी का अनुमान लगाने लगा।

अभी कुएँ में झाँकते हुए दो-चार पल ही बीते होंगे कि मुल्ला को कुएँ के पानी में चाँद की प्रतिच्छाया दिखाई पड़ी। मुल्ला चौंक गया–'अरे बाप रे! यह तो गजब हो गया! चाँद अपनी जगह से कुएँ में उतर गया है! कहते हैं कि सूरज, चाँद, सितारे पृथ्वी के इर्द-गिर्द एक नियम से बँधे रहते हैं...इस नियम में परिवर्तन से तो सारी सृष्टि का नियम प्रभावित हो जाएगा। फिर अपनी इस पृथ्वी पर भी तो उथल-पुथल मच जाएगी...फिर हमारा घर और खेत...इन पर भी तो असर पड़ेगा...नहीं, नहीं! किसी भी तरह चाँद को कुएँ से निकालकर उसे उसके स्थान पर पहुँचाना ही होगा...तब ही रह पाएगी पृथ्वी सुरक्षित।'

मुल्ला नसीरुद्दीन के सामने उस समय एकमात्र उद्देश्य था–कुएँ में डूबे चाँद को बाहर निकालना और फिर चाँद को रस्सी के फन्दे में डालकर आसमान की तरफ उछाल देना ताकि चाँद अपने स्थान पर पहुँच जाए।

अफीम की पिनक में मुल्ला नसीरुद्दीन देर तक इसी गुनधुन में लगा रहा कि चाँद को कुएँ से कैसे निकाले। तभी मुल्ला की नजर कुएँ की मुँडेर पर रखी रस्सी पर पड़ी। यह रस्सी कुएँ से पानी निकालने के लिए बाल्टी बाँधने के काम आती थी। रस्सी देखते ही मुल्ला नसीरुद्दीन उछल पड़ा और आसमान की तरफ हाथ फैला कर कहा–''या खुदा! आखिर रस्सी मिल ही गई! अब मेरा काम आसान हो गया है।'' इसके बाद मुल्ला नसीरुद्दीन ने रस्सी उठाई, पानी में झाँककर चाँद की गोलाई का अनुमान लगाया और फिर अपने अनुमान के मुताबिक चाँद की गोलाई के बराबर रस्सी का फन्दा तैयार किया तथा बहुत सतर्कता से रस्सी को कुएँ में फेंका। रस्सी को दाएँ-बाएँ घुमाकर मुल्ला ने एक झटका दिया और फिर उसे पानी से खींचने लगा। रस्सी आसानी से पानी से बाहर आ गई। चाँद उसमें नहीं फँसा था। खाली रस्सी देखकर मुल्ला को निराशा हुई। उसने रस्सी का फन्दा फिर से ठीक किया और फिर करीने से उसे पानी में डाल दिया। उसने फिर रस्सी खींची और इस बार भी उसे निराशा हाथ लगी। मुल्ला ने तीसरी बार रस्सी का फन्दा बनाया और चाँद को पकड़ने के लिए उसे पानी में डाला।

संयोग से इस बार रस्सी का फन्दा कुएँ में किसी मजबूत चीज में जा फँसा। मुल्ला ने रस्सी खींचने की कोशिश की मगर रस्सी अपनी जगह से टस से मस नहीं हुई। मुल्ला नसीरुद्दीन ने मन-ही-मन संकल्प लिया कि चाहे जितनी ताकत लगानी पड़े, वह लगाएगा और चाँद को कुएँ से निकालकर ही दम लेगा। मुल्ला थोड़ा सुस्ताता फिर एड़ी-चोटी का जोर एक करके रस्सी को खींचता। अन्ततः मुल्ला ने कुएँ के मेहराब पर एक पाँव को टिकाया और अपनी पूरी ताकत से रस्सी खींची। बार-बार जोर लगाने और ढीला छोड़ने से रस्सी जिस चीज में फँसी थी उससे एक झटके में निकल गई और जोर लगाते ही मुल्ला नसीरुद्दीन चारों खाने चित गिरा। कुएँ के मेहराब के चारों तरफ बने पक्के चबूतरे पर मुल्ला नसीरुद्दीन जब गिरा तो उसके सिर का पिछला भाग पक्की सतह से टकरा गया और इस चोट से मुल्ला नसीरुद्दीन की चेतना लुप्त हो गई। थोड़ी देर तक वह चित पड़ा रहा। जब धीरे-धीरे उसकी चेतना लौटी और उसने आँखें खोलीं तो सारा आसमान उसकी आँखों के सामने था।

जमीन पर चारों खाने चित पड़ा मुल्ला नसीरुद्दीन यह देखकर अपनी पीड़ा भूल गया कि आसमान में चाँद, सितारों की मजलिस में, अपनी पूरी दमक के साथ मौजूद है। उसने मन-ही-मन खुदा को धन्यवाद दिया कि यह कायनात बरबाद होते-होते बच गई। फिर वह अपनी जगह से उठा और बिना कुएँ के पानी में झाँके, अपने घर जाने वाली पगडंडी पर चल पड़ा।

सामने आसमान में चाँद दमक रहा था और चाँद को देखकर मुल्ला नसीरुद्दीन सोच रहा था—'आज मैंने समय पर नहीं देख लिया होता तो कुएँ में ही डूब गया होता चाँद।'

मुल्ला का हर कदम जो उसके घर की तरफ उठ रहा था—बहुत तसल्ली भरा कदम था, जैसे उसने कोई किला फतह किया हो!

...दौलत बख्शो ऐ खुदा!

एक बार मुल्ला नसीरुद्दीन अपनी बेगम के साथ अपने ममिया श्वसुर मुहम्मद रसूख जिलानी के घर गया हुआ था। हर बार की तरह पूरी राजधानी में चर्चा फैल गई—'मुल्ला नसीरुद्दीन आए हुए हैं।'

खबर सुल्तान के पास भी पहुँची। सुल्तान ने मुहम्मद रसूख जिलानी के घर आमंत्रण भेजा—'मुल्ला साहब! कुछ दिन मुझे भी मेहमाननवाजी का मौका दीजिए!'

सुल्तान का पैगाम मिलते ही मुहम्मद रसूख जिलानी बहुत खुश हुआ। उसके लिए यह इज्जत बढ़ाने वाली बात थी कि उसके भगिनी-दामाद को सुल्तान ने अपना खास मेहमान बनने का आमंत्रण दिया है। वह उस दिन जहाँ कहीं भी गया, या उससे मिलने जो कोई भी आया, उससे यह वाकया कह सुनाया—जानते हो, आज सुबह सुल्तान का खास आदमी मेरे घर मेरे भगिनी-दामाद को बुलाने आया था। सुल्तान उसकी बड़ी इज्जत करते हैं और उसे अपना अतिथि बनाना चाहते हैं।

यह सूचना धीरे-धीरे पूरी राजधानी में प्रसारित हो गई। मामा के कहने पर मुल्ला नसीरुद्दीन भी सज-धज कर सुल्तान के पास चला गया। सुल्तान ने उसकी बड़ी इज्जत की और अपने मेहमानखाने में ठहराया।

दूसरे दिन सुल्तान ने अपने दरबार में मुल्ला नसीरुद्दीन को खास शाही मेहमान के रूप में आमंत्रित किया और दरबारियों से उसका परिचय विद्वान पुरुष के रूप में कराया। उसने दरबारियों से कहा कि वे लोग चाहें तो मुल्ला नसीरुद्दीन से अपनी किसी भी शंका का समाधान पूछ सकते हैं।

इस प्रकार दरबारियों ने मुल्ला नसीरुद्दीन से तरह-तरह के सवाल किए और मुल्ला नसीरुद्दीन ने सभी सवालों का माकूल जवाब देकर सुल्तान के दरबार में अपनी हाजिरजवाबी की धाक जमा ली।

सुल्तान भी मुल्ला नसीरुद्दीन की विद्वत्ता का कायल हो गया।

जब सभी दरबारियों ने अपने-अपने सवाल पूछ लिये तब दरबार में हलकी- फुलकी बातें भी शुरू हो गईं।

अचानक सुलतान ने मुल्ला नसीरुद्दीन से पूछा—"मुल्ला साहब, यदि खुदा आपको मिल जाएँ और आपसे कहें—माँगो, क्या माँगते हो? तब आप क्या माँगेंगे?"

मुल्ला नसीरुद्दीन ने हँसते हुए कहा—"यदि ऐसा हुआ तो मैं अपने दोनों हाथ उठाकर कहूँगा—'या खुदा मुझे दौलत बख्शो...मेरा दामन दौलत से भर दो।' "

सुल्तान ने चकित होकर मुल्ला नसीरुद्दीन की तरफ देखा। उसे मुल्ला नसीरुद्दीन जैसे काबिल इनसान से यह उम्मीद नहीं थी कि वह खुदा से दौलत की माँग करेगा। उसने तो सोचा था कि मुल्ला ज्ञान, विवेक, बुद्धि जैसी कोई चीज माँगेगा मगर मुल्ला तो आम इनसानों की तरह धन के लिए लालायित है। ऐसा सोचकर सुल्तान को अपनी श्रेष्ठता का बोध हुआ और उसने मुल्ला से कहा—''अरे जनाब! आप भी दौलत के लिए ही दामन फैलाने वालों की पाँत में खड़े हैं...मुझे तो यदि खुदा से कुछ माँगने का मौका मिला तो मैं कहूँगा—या खुदा! मुझे अक्ल बख्शो...बुद्धि दो...ज्ञान दो...विवेक दो...!''

सुल्तान को बीच में ही टोकते हुए मुल्ला नसीरुद्दीन ने कहा—"मैं जानता हूँ सुल्तान! आप सही कह रहे हैं...इनसान की फितरत ही ऐसी होती है कि वह अपने अभाव को दूर करने के लिए तत्पर रहता है...जैसे मेरे पास दौलत नहीं है तो मैं माँगता हूँ मुझे दौलत दे दो। आप भी तो वही माँगेंगे न, जिस चीज की कमी आपको महसूस होती है।''

उसकी टिप्पणी सुनकर सुल्तान हक्का-बक्का रह गया।

नया शिष्य

एक दिन मुल्ला नसीरुद्दीन अपनी बगिया के फूलों को पानी से सींच रहा था। उसी समय उसके पास एक आदमी आया और कहने लगा–''मुल्ला जी! मैं आपके गुणों से बहुत प्रभावित हूँ। मेरी ख्वाहिश है कि मुझमें भी आपके जैसे गुण हों। मुझे आप अपना शिष्य बनाकर ऐसे गुर सिखा दें जिससे मेरा जीवन सफल हो जाए। लेकिन मुल्ला जी! आपको मेरा गुरु बनने से पहले मेरे एक प्रश्न का जवाब देना होगा।''

"हाँ-हाँ, पूछो!" मुल्ला नसीरुद्दीन ने उस आदमी में रुचि लेते हुए कहा। उसे वह आदमी काफी दिलचस्प लगा।

उस आदमी ने पूछा–"सूरज निकलने के बाद सुबह से शाम तक लोग बाएँ-दाएँ, आगे-पीछे, ऊपर-नीचे भागते हुए दिखते हैं। ऐसा क्यों नहीं होता कि दुनिया के तमाम लोग एक ही दिशा में चलें? यदि ऐसा होता तो कितना अच्छा होता?"

मुल्ला नसीरुद्दीन ने जब उस आदमी की बात सुनी तो उसे उसके साथ मसखरी करने की सूझी। उसने कहा–''अरे! तू मेरा शिष्य बनने तो आ गया मगर तू इतनी छोटी-सी बात भी नहीं जानता? तू तो महामूर्ख है।''

अपने लिए 'महामूर्ख' सम्बोधन सुनकर वह व्यक्ति बौखला गया और उत्तेजित होकर पूछने लगा–''आपने मुझे महामूर्ख कहा? मैं आपको अपना गुरु बनाने आया हूँ, इस बात का भी खयाल नहीं रखा आपने? मुझे महामूर्ख कह दिया जबकि मेरा सवाल स्वाभाविक है। यह प्रश्न तो प्रत्येक जिज्ञासु के मन में उत्पन्न होना चाहिए। या तो आप मेरी शंका का समाधान करें या फिर मुझे बताएँ कि मैं महामूर्ख कैसे हूँ?"

अब मुल्ला नसीरुद्दीन के चकराने की बारी थी। उसने तो सोचा था कि मजाक की बात मजाक में ही निकल जाएगी मगर यह तो अजीब हो

गया—'यह आदमी तो अब बेकाबू हो रहा है। कहाँ तो आया था यह मेरा शिष्य बनने, कहाँ अब बिफरकर मुझे ही गुरुता सिखाने लगा है!' मन-ही-मन मुल्ला नसीरुद्दीन उससे निपटने के उपाय सोचने लगा।

अचानक उसे कुछ खयाल आया और उसने आगन्तुक से कहा—''मुझे जरूरत ही नहीं कि मैं तुम्हें परले दर्जे का बेवकूफ साबित करूँ। मूर्खों-महामूर्खों को कुछ भी साबित करने पर समझ में नहीं आता है। हाँ, मैं तुम्हें बताता हूँ कि यह धरती नाव जैसी है। यदि एक ही दिशा में लोग भागने लगे तो धरती उलट जाएगी इसीलिए धरती के लोग भिन्न दिशाओं में चलते हैं—समझ गए? समझ चुके तो गर्दन हिलाओ या हाँ कहो।''

अब वह आदमी संशय में पड़ गया। सोचने लगा—'बड़ा शातिर है यह मुल्ला नसीरुद्दीन...! मैं बचपन से पढ़ता आया हूँ कि पृथ्वी गोल है और यह कह रहा है कि धरती नाव की तरह है। ...अगर कह दूँ कि उन्होंने जो कहा, मैं समझ गया तो तुरन्त यह शख्स मुझसे कहेगा—'बेवकूफ! क्या खाक समझ रखते हो? धरती भी कहीं नाव की तरह उलट सकती है?' और यदि कहता हूँ कि यह बात मेरी समझ के बाहर है तब तुरन्त मुल्ला नसीरुद्दीन को यह कहने का अवसर मिल जाएगा कि 'अरे बेवकूफ! इतनी सी बात नहीं समझ सकते?'

उसे उलझन में देखकर मुल्ला नसीरुद्दीन ने पूछा—"क्या हुआ? तुम कुछ कहते क्यों नहीं?"

वह व्यक्ति बोला—''क्या कहूँ? समझूँ तब भी और नहीं समझूँ तब भी मुझे आप परले दर्जे का बेवकूफ ही कहने वाले हैं।''

उसकी बात सुनकर मुल्ला नसीरुद्दीन ने हँसकर कहा—"सबके सामने जीवन के ऐसे ही सवाल हैं—क्या करोगे! इतना तो मुझे पता चल ही गया कि तुम समझदार हो, इसलिए तुम मेरे शिष्य बन सकते हो।"

और उस दिन वह व्यक्ति मुल्ला नसीरुद्दीन का शिष्य बन गया।

नहले पर दहला

मुल्ला नसीरुद्दीन के गाँव के लोग भोले थे। छल-कपट-प्रपंच से दूर। खेती करते। खेती के काम के बाद वक्त मिलता तो खुदा की इबादत करते। खुदा के नेक बन्दों की सेवा का शऊर उनमें था। गाँव में जब कभी भी कोई बाहरी आदमी आता तो उसकी हर तरह से सहायता करते। उनकी ख्वाहिश होती कि जब वह बन्दा उनके गाँव से लौटे तो अपने लोगों से बताए कि एक गाँव ऐसा भी है जहाँ के लोग बिना किसी स्वार्थ के एक-दूसरे की सहायता करते हैं।

उस गाँव में एक दिन एक मौलवी आया। लम्बा चमकीला काला चोगा, माथे पर तुर्की टोपी और काली रेशमी सलवार पहने। तेज खुशबू वाला इत्र लगाए। वह मौलवी चेहरे-मोहरे से भी सुन्दर था। चमकीली, उभारदार आँखों वाले उस शख्स की दाढ़ी करीने से सँवारी गई थी। कद-काठी से भी वह तन्दुरुस्त था। उस शख्स की चाल में गुरूर था और बातों में बुलन्दी। बेहद गड़गड़ाती हुई रोबीली आवाज थी उसकी। वह टूटी-फूटी तुर्की भाषा में गाँव के लोगों से दो-तीन दिन रहने की जगह चाह रहा था। गाँव के लोग मेहमाननवाज तो थे ही। एक सम्पन्न किसान ने उसे अपने घर चलने के लिए आमंत्रित कर लिया।

मौलवी ने उस सम्पन्न किसान के आमंत्रण को यह कहकर ठुकरा दिया कि वह तो खुदा का बन्दा है, उसे तो ऐसी जगह पर ठहरना है जहाँ पर खुदा के नूर के प्यासे लोग आकर उससे बेझिझक मिल सकें, अपनी परेशानी बता सकें...किसी संसारी के घर ठहरने से खुदा के काम में बरकत नहीं आएगी।

गाँव के मेहमाननवाज लोगों ने समझा—यह जरूर कोई पहुँचा हुआ फकीर है। दुनिया की बातों से ऊपर उठ गया है, तभी तो इस धनी आदमी के घर जाने से इनकार कर रहा है। गाँव वालों ने आपस में विचार कर

उसके रहने की व्यवस्था गाँव के चौपाल में कर दी।

अपने रहने की व्यवस्था को अपने मन के माकूल पाकर मौलवी ने गुँजीली आवाज और अटपटी भाषा में उनके प्रति अपना आभार जताया। लोग उसकी बात तो नहीं समझ रहे थे मगर बोलने के साथ-साथ हो रहे अंग-संचालन से वे समझ रहे थे कि यह व्यक्ति उनके प्रति आभार व्यक्त कर रहा है। फिर उस मौलवी ने बहुत नाटकीय अन्दाज से आसमान की तरफ हाथ उठाकर गुँजीली आवाज में कुछ कहा फिर सजदे में झुक गया।

जब वह सजदे से उठा तो ग्रामीणों से मुखातिब होकर टूटी-फूटी तुर्की में बोला–"परवरदिगार बहुत नरमदिल है। वह सबके गुनाह माफ करता है और जो जहाँ है उसके लिए वहीं उसके लायक भोजन का प्रबन्ध करता है। वह चींटी से लेकर हाथी तक के भोजन का इन्तजाम करता है मगर कभी उनके पास अहसान जताने नहीं जाता है और न सोचता है कि किसको क्या दे दिया।"

मौलवी की बात सुनकर गाँव के लोग श्रद्धा से भर गए। 'वाह! कितना पहुँचा हुआ आदमी है! इसकी आँखों की चमक बताती है कि इसने जीवन के रहस्य को समझ लिया है। इसके पास बैठने से कितना सकून मिलता है!' गाँव के लोग मौलवी के सामने विनयपूर्वक बोले–''जनाब! आप भोजन में क्या पसन्द करेंगे? हम लोग आपके लिए आपकी पसन्दीदा वस्तु लेकर शाम को पहुँच जाएँगे। आप भोजन करने के बाद, हम जाहिलों को थोड़ी ज्ञान की बातें इसी तरह सुनाना ताकि हमारी आत्मा पर बैठी धूल हटे। हम भी ज्ञान के आलोक से दमकें।"

फिर गाँव वालों ने मौलवी से कुछ भेंट स्वीकार करने की गुजारिश भी की।

गाँव वालों की गुजारिश सुनकर मौलवी ने अपनी गुँजीली आवाज में कहा–''मेरी कोई इच्छा नहीं। तुम लोगों की इतनी श्रद्धा है कि मैं न नहीं कह पा रहा हूँ। बस, अपनी श्रद्धा के मुताबिक जो लाना चाहो, ले आना।''

भोले ग्रामीणों को यह स्वीकृति खुदा की देन जैसी महसूस हुई और वे आपस में बातें करते हुए अपने घरों की तरफ जाने लगे–"देखा! इसको कहते हैं लोभ और मोह से मुक्त हो जाना। अरे, पहुँचे हुए लोग खुद के लिए नहीं जीते। उन्हें पाने की कोई कामना नहीं होती। वे देने के लिए पाते हैं।

जो जैसा देता है, खुदा के घर से वैसा ही पाता है।''

फिर चर्चा चल पड़ी कि मौलवी के लिए कौन क्या लाएगा। किसी ने कहा कि वह तन्दूरी रोटी लाएगा तो किसी ने कहा–मुर्ग मुसल्लम। किसी ने शाही हलवा बनवाने की बात कही तो किसी ने शाही पनीर बनवाने का बीड़ा उठाया।

ग्रामीण खुश थे कि उन्हें एक 'पवित्र आत्मा' की सेवा करने का मौका मिल रहा है।

मुल्ला नसीरुद्दीन उस दिन गाँव से बाहर गया हुआ था। शाम को जब वह गाँव की गलियों से गुजर रहा था, तो उसने महसूस किया कि प्रायः हर घर से पकवानों की खुशबू उठ रही है। वह दिमाग पर जोर डालने लगा मगर उसे यह याद नहीं हो पाया कि आज कोई त्योहार है। उसने मन-ही-मन सोचा–'आज न तो कोई तीज-त्योहार है और न किसी की शादी फिर क्यों हर घर से पकवानों की खुशबू आ रही है? ऐसा पहले तो कभी नहीं हुआ!' यही सोचते हुए वह अपने घर पहुँचा।

घर में प्रवेश करते ही उसे अपने घर से भी जाफरानी बिरयानी की खुशबू उमड़ती सी लगी। उसने सोचा–'अच्छा तो गाँव की हवा हमारे घर में भी फैल चुकी है! चलो, देखें, माजरा क्या है!'

वह सीधे रसोई में पहुँचा। जाफरानी सुगन्ध से रसोई मह-मह कर रही थी। बिरयानी बनाने में उसकी बेगम इतनी मशगूल थी कि उसे इस बात का अहसास तक नहीं हुआ कि मुल्ला नसीरुद्दीन रसोई में आकर खड़ा हो गया है।

अचानक वह कुछ लेने के लिए मुड़ी तब मुल्ला नसीरुद्दीन को देखकर चौंकी, और उसके मुँह से हठात् निकला–''अरे! तुम आ गए? मुझे तो पता ही नहीं चला।" उसके तुरन्त बाद उसने उत्साहपूर्वक सूचना दी–"जानते हो? अपने गाँव में खुदा का एक नेक बन्दा आया है। सचमुच खुदा का नूर बरसता है उस पर! शरीर और सेहत से मस्त मलंग है वह। किसी का कुछ लेना उसे पसन्द नहीं। गाँव वालों के सामने ही रहमत मियाँ उसे अपने घर ले जा रहे थे मगर उसने उनके यहाँ जाने से इनकार कर दिया। कहा–'मैं तो खुदा का बन्दा हूँ, किसी के घर कैसे ठहर सकता हूँ? मैं तो ऐसी जगह ठहरूँगा जहाँ गरीब से गरीब आदमी भी मुझसे मिल सके।' गाँव वालों ने

उसे चौपाल में ठहराया है। वहाँ कोई भी उससे मिल सकता है। मैं यह बिरयानी उसके लिए ही बना रही हूँ।''

''...तो वह किसी से कुछ नहीं लेता, और तुम उसके लिए बिरयानी बना रही हो!'' मुल्ला नसीरुद्दीन ने अपनी बेगम से पूछा। उसकी आवाज में व्यंग्य का पुट था।

''हाँ, सच्ची!'' उसकी बेगम मासूमियत से बोली।

"और उस शख्स पर खुदा का नूर बरसता है?" मुल्ला नसीरुद्दीन ने पूछा।

"हाँ, सच्ची!" उसी मासूमियत से बेगम ने जवाब दिया।

"तुमने उसे देखा है?" मुल्ला नसीरुद्दीन ने संजीदगी से सवाल किया।

''नहीं, मैंने नहीं देखा है। मुझे तो नसीरा बेगम ने बताया कि गाँव के कई घरों में उसके लिए खाना तैयार हो रहा है—पता नहीं किस खुशकिस्मत के घर का खाना 'मौलबी साहब' कबूल करें!'' बेगम ने तत्परता से बताया।

मुल्ला नसीरुद्दीन ने हँसते हुए कहा—"और इसलिए तुम सोने से भी महँगे जाफरान का इस्तेमाल कर उसके लिए बिरयानी बनाने में जुटी हो कि वह खुशकिस्मती तुम्हें हासिल हो जाए! है न?''

''तुम मेरा मजाक क्यों उड़ा रहे हो? मैंने क्या गलत किया? गाँव के हर घर से उस 'पवित्र आत्मा' के लिए कुछ न कुछ पकवान उसके पास जाएगा। अपने घर से न जाता तो अच्छा नहीं लगता न?...तुम अभी अपने कपड़े नहीं बदलना। बिरयानी तैयार है। मैं उसके लिए बिरयानी निकाल देती हूँ। मैंने जायके का पूरा खयाल रखकर यह बिरयानी बनाई है। तुम उसे चौपाल तक ले जाओ और मौलवी साहब को जिमा आओ...गरम-गरम बिरयानी से ही सही जायका मिलेगा...।'' बेगम ने मुल्ला नसीरुद्दीन से कहा।

मुल्ला नसीरुद्दीन ने भी सोचा—चलो, इस बिरयानी के बहाने जरा उस पवित्र आत्मा को देख आएँ।

बेगम ने बिरयानी निकाली, उसे एक डिब्बे में बन्द किया। एक तश्तरी और एक चम्मच के साथ डिब्बे को एक झोले में रखकर मुल्ला नसीरुद्दीन को थमा दिया।

मुल्ला नसीरुद्दीन एक हाथ में झोला लिये अपने गदहे पर सवार हुआ और पहुँच गया चौपाल। चौपाल के बाहर वह थोड़ी देर तक वहाँ का

रंग-ढंग देखने के लिए गदहे पर बैठा रहा। गाँव के लोग आते, चौपाल में ठहरे मौलवी को अपने घर से लाया पकवान देते, और वह मौलवी न जाने किस भाषा में धाराप्रवाह कुछ बोलने लगता! बोलने के दौरान वह अपनी बड़ी-बड़ी आँखों से आसमान की ओर देखता। उसके चेहरे पर रहस्यमयी मुस्कान खेलने लगती और वह अपनी दोनों भुजाएँ फैलाकर टूटी-फूटी तुर्की भाषा में बोलता–'खुदा बहुत रहमदिल है। वह सबके लिए सोचता है। कायनात में जो जहाँ है उसके लिए वहीं भोजन भेजता है, चाहे वह चींटी हो या हाथी।'

मुल्ला नसीरुद्दीन ने थोड़ी देर तक मौलवी का यह नाटक देखा और वह समझ गया कि यह फरेबी, इनसान अपने को ज्ञानी और ध्यानी प्रमाणित करने के लिए इस प्रकार का आचरण कर रहा है। भोले-भाले ग्रामीण मौलवी के इस अन्दाज पर फिदा थे और वे मौलवी को जाते समय भेंट देने की योजना बना रहे थे।

चूँकि मुल्ला नसीरुद्दीन को वे लोग एक समझदार आदमी मानते थे, लोगों ने उसे वहाँ देखकर घेर लिया और उससे पूछने लगे–"मुल्ला साहब! हमें बताइए, इस पवित्र आत्मा को हम लोग मिलकर ऐसी कौन-सी भेंट दें कि इन्हें यहाँ से जाने के बाद भी हमारी याद बनी रहे?"

जिस समय ग्रामीण मुल्ला से ये बातें कर रहे थे, ठीक उसी समय किसी ग्रामीण के द्वारा दिया पकवान स्वीकार करते हुए मौलवी ने टूटी-फूटी तुर्की में जोर से कहा–"तू यहाँ देता है और तेरा दिया वहाँ जमा होता है।"

'वहाँ' कहते समय मौलवी ने अपनी एक उँगली आसमान की तरफ उठा दी। मौलवी के इसी अन्दाज पर मुल्ला नसरुद्दीन को वह नौटंकीबाज और धूर्त लगा था। मुल्ला नसीरुद्दीन ने कहा–"जरा मैं भी 'पवित्र आत्मा' से बातें कर लूँ तब आप लोगों को बताऊँगा कि उसे भेंटस्वरूप क्या दिया जाना चाहिए।" इतना कहकर मुल्ला नसीरुद्दीन ग्रामीणों के घेरे से निकलकर 'पवित्र आत्मा' के पास पहुँच गया और वहीं एक किनारे बैठ गया। चुपचाप।

अब ग्रामीणों ने 'पवित्र आत्मा' से उपदेश देने की विनती की। मौलवी अपनी जगह पर खड़ा होकर थोड़ी देर तक उपदेशात्मक लहजे में बोला और ग्रामीणों की तरफ सन्तुष्ट दृष्टि से देखा, मगर ग्रामीण केवल उसकी आवाज

से सम्मोहित थे और बोलने के अन्दाज से समझ रहे थे कि उसने कोई बड़ी बात कही है...कोई शानदार सीख दी है।

ग्रामीणों को अपनी ओर अपलक निहारते हुए देखकर मौलवी ने कहा– "लगता है आपको मेरी बातें समझ में नहीं आई..." फिर उसने टूटी-फूटी तुर्की भाषा में ग्रामीणों से कहा–"यह खुदा ही है जिसने इस खूबसूरत दुनिया को बनाया। सूरज को रौशन किया, चाँद-तारे बनाकर आसमान को सजाया। हमें उसकी शान में झुकने की आदत डालने की जरूरत है। आओ, हम सब उसकी शान में झुकें कि वह हमें साँस लेने के लिए भरपूर हवा देता है। हमारी प्यास बुझाने के लिए जगह-जगह नदियाँ बहाता है। धरती के ऊपर ही नहीं, धरती के भीतर भी पानी पहुँचाता है। वह आदमी का ही नहीं, कीटों का भी रखवाला है। आओ, हम सब उसकी शान में झुक जाएँ।" इतना कहकर मौलवी ने सजदे की मुद्रा बनाई तो सारे ग्रामीण सजदे में झुक गए। इसके बाद मौलवी चौपाल में चला गया।

मुल्ला नसीरुद्दीन को छोड़कर बाकी ग्रामीण मौलवी का प्रशस्ति गान करते हुए लौट गए।

मुल्ला नसीरुद्दीन उस मौलवी के पास पहुँच गया।

उसे देखकर मौलवी ने सोचा–कोई श्रद्धालु आया है इसलिए उसने अपनी आँखों से आसमान की ओर देखते हुए अपना हाथ आसमान की तरफ उछालते हुए कहा–"खुदा बहुत रहमदिल है। तू यहाँ देगा तो वहाँ पाएगा।"

मुल्ला नसीरुद्दीन ने मौलवी की तरफ देखते हुए कहा–"मैं खुदा का बन्दा हूँ पवित्र आत्मा, और तुमसे बड़ा नौटंकीबाज!" मुल्ला नसीरुद्दीन ने यह बात तुर्की में कही और इसके बाद फर्राटेदार अरबी बोलते हुए मुल्ला नसीरुद्दीन ने न जाने क्या कुछ कहा जिसे वह मौलवी समझ नहीं पाया मगर मुल्ला ने बोलते समय जो भाव मुद्राएँ अपनाईं उसे देखकर कोई भी समझ सकता था कि वह कोई पहुँचा हुआ फकीर है। इसके बाद मुल्ला फिर से तुर्की में बोलने लगा–"अब आप समझ चुके होंगे कि आपकी तरह मैं भी नहीं समझ में आने वाली भाषा में तकरीरें कर सकता हूँ और ऐसी भँगिमाएँ बना सकता हूँ जिससे लोगों को भ्रम हो जाए कि मैं कोई सिद्धपुरुष हूँ। और ऐसा मैं कई तरह से कर सकता हूँ।" इसके बाद मुल्ला नसीरुद्दीन रूसी में

फर्राटेदार भाषण देने लगा। वह प्रवचन की मुद्रा में रूसी बोल रहा था और उसकी भँगिमाएँ महात्माओं जैसी थीं।

हत्प्रभ था मौलवी। उसने सपने में भी नहीं सोचा था कि गाँव में उसे 'सेर को सवा सेर' मिल जाएगा किन्तु मुल्ला नसीरुद्दीन ने जो नहले पर दहला मारा था, उससे उसकी बोलती बन्द हो गई थी। अपनी बातों से मुल्ला नसीरुद्दीन मौलवी को इतना पीट चुका था कि उसके मुँह से बोल नहीं फूट रहे थे।

यह सब कर चुकने के बाद मुल्ला नसीरुद्दीन ने बहुत अदब से मौलवी के सामने झुकते हुए कहा–"अब आप समझ चुके होंगे कि खुदा के इस नेक बन्दे में ऐसे और भी कई लाजवाब फन मौजूद हैं। मेरी एक आवाज से जूतों की बरसात होने लगती है और आवाज थोड़ी तीखी हो जाए तो जूते डंडों में तब्दील हो जाते हैं। यदि मेरा यह फन भी देखना है तो सुबह का इन्तजार कीजिए। सुबह हमारे गाँव के लोग आपके लिए भेंट और चढ़ावा लेकर आएँगे।"

इतना कहकर मुल्ला नसीरुद्दीन अपने गदहे पर उलटा बैठ गया और गदहा उसके घर की तरफ चल पड़ा–टप-टप-टपाक, टप-टप-टपाक!

गदहा मौलवी से दूर होता जा रहा था और मौलवी की तरफ मुँह किए गदहे पर बैठा मुल्ला नसीरुद्दीन हाथ हिलाता जा रहा था। मौलवी उसे अपलक देख रहा था।

दूसरे दिन जब ग्रामीण उस 'पवित्र आत्मा' के दर्शन के लिए आए तो पाया कि चौपाल सूना पड़ा है। मौलवी का कहीं कोई अता-पता नहीं है।

वह तो पोल खुल जाने के भय से रात को ही उड़न-छू हो गया था।

निजी मामला

मुल्ला नसीरुद्दीन के दिन फिरते देर नहीं लगी और फाकाकशी के दौर से गुजरकर वह फिर से सम्पन्नता की बुलन्दियाँ छूने लगा। जमींदार ने उसे पच्चीस बीघा जमीन किसी बात पर खुश होकर दे दी थी। मुल्ला नसीरुद्दीन में लगन और मेहनत की कमी तो थी नहीं। वह मनोयोग से अपने नए काम में जुट गया और जल्दी ही किसानी के जरूरी गुर सीखने लगा। किस मौसम में कौन सी फसल उगानी चाहिए, किस फसल में कब-कब और कितना पानी डालना चाहिए, किस फसल की कोड़ाई कब होती है, निराई के वक्त किन बातों पर ध्यान दिया जाना आवश्यक है, आदि बातें उसे जवानी की याद हो गईं। उसने अपने खेत में बाजरा लगाया था और प्रति दिन खेत की चौहद्दी की परिक्रमा करता था ताकि खेत में कहीं कुछ कमी दिखे तो उसकी भरपाई में वह लग जाए।

एक दिन मुल्ला नसीरुद्दीन अपने खेत की मेंड़ से गुजर रहा था कि उसने देखा, उसके खेत में उसके एक पड़ोसी शम्सुद्दीन का बैल घुस आया है और छुट्टा घूम-घूमकर फसल नष्ट कर रहा है। मुल्ला नसीरुद्दीन को यह देखकर बहुत गुस्सा आया। उसने पड़ोसी शम्सुद्दीन के पास जाकर कहा–"शम्मसुद्दीन भाई! आपका बैल मेरे खेत में घुस आया है। आप चलकर अपने बैल को पकड़कर ले आइए। वह मेरी फसलों को नष्ट कर रहा है।"

मुल्ला नसीरुद्दीन जितना सीधा-सादा इनसान था, ठीक उसके विपरीत शम्मुद्दीन बहुत ऐंठन वाला घमंडी इनसान था। मुल्ला नसीरुद्दीन को खैरात में जमीन का इतना बड़ा टुकड़ा मिलने से वह उससे ईर्ष्या करने लगा था। पहलवानी का शौक था उसे जिसके कारण वह हट्टा-कट्टा और दमदार भी था। हमेशा अपनी रोबीली मूँछों पर वह ताव देता रहता था।

जब मुल्ला ने उससे बैल के खेत में घुस आने की शिकायत की तो वह मूँछों पर ताव देता हुआ जोर-जोर से हँसने लगा फिर कहा–"अरे, तुम कैसे किसान हो जो यह भी नहीं जानते कि जब कोई जानवर किसी खेत में घुस जाए तब यह किसान और जानवर के बीच का मामला होता है जिसमें तीसरे को कुछ न बोलना चाहिए और न ही करना चाहिए। अब जानो तुम और जाने बैल। मैं बीच में क्या करूँ! यह तो तुम दोनों के बीच का निजी मामला है।"

मुल्ला नसीरुद्दीन वहाँ से चुपचाप अपने खेत की तरफ लौटा। रास्ते में उसे एक पेड़ की लम्बी टहनी मिल गई। उसने उस टहनी को उठाकर देखा–लट्ठ की तरह यह टहनी भारी, ठोस और मजबूत थी। वह लट्ठ लेकर अपने खेत में घुसा और ताबड़तोड़ बैल पर लट्ठ बरसाने लगा। बैल जिधर से भागना चाहे मुल्ला तेजी से उस ओर जाकर लट्ठ चलाने लगता।

थोड़ी देर के बाद शम्सुद्दीन मुल्ला के खेत की ओर अपने बैल को देखने आया। तब उसे फट-फट-फटाक की आवाजें सुनाई पड़ने लगीं। मुल्ला के खेत से लट्ठ चलने की आवाज से शम्सुद्दीन चौंक पड़ा और आशंकित हो उठा कि कहीं मुल्ला उसके बैल की धुनाई तो नहीं कर रहा है? खेत के करीब पहुँचकर उसने देखा कि मुल्ला नसीरुद्दीन उसके बैल को घेर-घेरकर लट्ठ मार रहा है। उसने खेत की मेंड़ से ही चीखकर कहा–"मुल्ला नसीरुद्दीन! यह क्या कर रहे हो? तुम मेरे बैल को मार डालोगे क्या?"

मुल्ला ने सादगी से कहा–"यह जानवर मेरे खेत में है। यह जानवर और मेरे बीच का निजी मामला है। इसमें किसी तीसरे को दखल देने की जरूरत नहीं। मैं चाहूँ तो इसे चरने दूँ, चाहूँ तो पीटूँ, कोई तीसरा इसमें कैसे पड़ सकता है?"

शम्सुद्दीन के होश ठिकाने आ गए और उसने मुल्ला को वचन दिया कि अब वह बैल को कभी उसके खेत की ओर नहीं फटकने देगा।

शम्सुद्दीन के तेवर ढीले होते देखकर मुल्ला नसीरुद्दीन के चेहरे पर मुस्कान तैरने लगी।

नियमों का पालन

मुल्ला नसीरुद्दीन जिस गाँव में रहता था, उस गाँव की कुछ विशेषताएँ थीं। गाँव के लोग एक आचारसंहिता का पालन करते थे, जैसे—दूसरे के खेत की फसल पर कोई हाथ नहीं लगाता था। किसी के भटके मवेशी को उसके सही मालिक के पास पहुँचाना ग्रामीणों का फर्ज था। किसी के घर में यदि बेटी का विवाह हो तो दहेज में देने के लिए कोई न कोई वस्तु हर घर से विवाह वाले घर में पहुँचता था। इसी तरह लावारिश पड़ी वस्तुओं के लिए भी नियम बने हुए थे। एक नियम था कि यदि राह में किसी को कोई वस्तु गिरी हुई मिले तो उसे तीन बार आवाज देकर पूछना जरूरी था कि—'यह वस्तु किसकी है?' यदि किसी ने उस वस्तु पर अपना दावा कर दिया तो उससे उचित प्रमाण लेकर वह वस्तु उसे सौंप दी जाती थी। इन नियमों में बँधे ग्रामीण आपस में हिल-मिलकर रहते थे। गाँव में अमन-चैन था।

एक बार की बात है। मुल्ला नसीरुद्दीन काम से अपने गाँव से बाहर गया हुआ था और रात गए अपने गदहे पर सवार होकर लौट रहा था। गाँव की सीमा में उसने प्रवेश किया ही था कि आकाश में बादल छा गए। फिजा नम हो गई। तेज बवंडर-सा उठा और बवंडर के कम होते ही बूँदाबाँदी होने लगी।

मुल्ला नसीरुद्दीन का गदहा जैसे ही अपने घर की गली में घुसा, आसमान में बिजली चमकी और मुल्ला की नजर जमीन पर गिरी एक अँगूठी पर पड़ी। मुल्ला ने बिजली की चमक में पलक झपकते ही देख लिया—अँगूठी में हीरा जड़ा था और बिजली की चमक के समय उस हीरे से किरणें छिटकती महसूस हुई थीं जिसका मतलब था कि हीरा उच्च कोटि का है। हीरे की समझ मुल्ला नसीरुद्दीन को भी थी। मुल्ला नसीरुद्दीन ने गदहे को वहीं रोक दिया और अँगूठी को उठा लिया। अँगूठी में जड़ा हुआ नग

उस समय भी चमक रहा था। लेकिन उस गाँव में रहने के कारण मुल्ला नसीरुद्दीन भी उन्हीं नियमों से बँधा हुआ था जिन नियमों का पालन गाँव के लोग करते थे। अँगूठी पर मुल्ला नसीरुद्दीन मुग्ध हो गया था और उससे कतई जुदा होना नहीं चाहता था मगर नियमों की बाध्यता थी कि उसे तीन बार पुकारना था–'यह अँगूठी किसकी है?'

मुल्ला नसीरुद्दीन ने इस नियम का पालन करते हुए धीरे से पूछा–"यह अँगूठी किसकी है?" बारिश की महीन झड़ी लगी हुई थी। जिससे एक अजीब सा शोर उत्पन्न हो रहा था इसलिए मुल्ला की आवाज किसी ने नहीं सुनी। मुल्ला ने थोड़ी देर के बाद हाथ में अँगूठी लिये पुकारा–"यह अँगूठी किसकी है?" जिस समय मुल्ला नसीरुद्दीन आवाज लगा रहा था ठीक उसी समय जोरों से बिजली कड़की और थोड़ी देर तक कड़कड़ाती रही। मुल्ला की आवाज बिजली की कड़क में दब गई। मुल्ला वहीं खड़ा रहा। मध्य रात्रि बीत चुकी थी और तमाम लोग सोए हुए थे। मुल्ला नसीरुद्दीन नियमों के तहत अँगूठी के लिए दो बार आवाज लगा चुका था और अब तीसरी बार आवाज लगाने की तैयारी में था। वर्षा तेज हो चुकी थी। मुल्ला नसीरुद्दीन का गदहा भीग रहा था। मुल्ला भी पानी से सराबोर हो चुका था। उसने अँगूठी को अपनी उँगली में डालकर देखा। बिलकुल सही। जैसे उसकी उँगली का माप लेकर ही यह अँगूठी बनाई गई हो!

मुल्ला नसीरुद्दीन ने अँगूठी को चूमते हुए कहा–''बस, एक आवाज और लगा लूँ। फिर सदा के लिए तुम मेरी हो जाओगी...'' बारिश की फुहारों में गति आ गई थी तथा बारिश के साथ-साथ हवा चलने के कारण सन्न-सन्न का शोर उभर रहा था। मुल्ला नसीरुद्दीन ने तीसरी बार आवाज लगाई–''अरे भाइयो, सुनो! यह अँगूठी किसकी है?'' इस बार मुल्ला नसीरुद्दीन की आवाज तेज थी। 'अरे भाइयो' वह कुछ ज्यादा ही दम लगाकर बोला था। फिर 'यह अँगूठी किसकी है?' बोलते समय उसकी आवाज मद्धिम हो गई थी।

उसकी आवाज दो-तीन पड़ोसियों ने सुनी और वे चौंके–'अरे! इस तूफानी रात में, यह आवाज तो मुल्ला नसीरुद्दीन की है! क्या बात है? कहीं कोई आफत आ गई क्या?' ऐसा सोचते हुए वे अपने घरों से निकल आए और कौतूहलपूर्ण स्वर में, बारिश में भीगते मुल्ला नसीरुद्दीन से पूछा–

"क्या बात है नसीर! क्या हुआ?''

मुल्ला नसीरुद्दीन ने अँगूठी अपनी उँगली में डालते हुए धीरे से कहा– ''नियम तीन बार पूछने का है। मैंने नियमों का पालन कर लिया है!''

पड़ोसी उद्विग्न थे–''मुल्ला, आखिर कुछ बोल क्यों नहीं रहा? आखिर हुआ क्या है?''

मुल्ला नसीरुद्दीन चलता हुआ उनके पास आया और कहा–"देखो, यह अँगूठी कितनी खूबसूरत है!"

लोग नाराज होकर अपने घरों में चले गए–यह कहते हुए–''अजीब सिरफिरा आदमी है...सोए आदमी को जगाकर अपनी अँगूठी दिखा रहा है! बावला कहीं का!''

मुल्ला नसीरुद्दीन भी गदहे पर बैठ गया और अपने घर की ओर गदहे को दौड़ाने लगा–टप-टप-टपाक, टप-टप-टपाक!

निशानेबाज मुल्ला नसीरुद्दीन

अपने गाँव के बाजार के चबूतरे पर बैठकर मुल्ला नसीरुद्दीन कभी-कभी बेपर की भी उड़ाता था। वह चबूतरे पर पालथी मारकर बैठ जाता और अपनी पतली लम्बी दाढ़ी सहलाता हुआ अपने आजू-बाजू बैठे लोगों के सामने मजेदार किस्से सुनाता। आम तौर पर ये किस्से लोगों के मनोरंजन के लिए वह सुनाता था और इन किस्सों का एक पात्र वह भी हुआ करता था।

एक दिन उसी चबूतरे पर बैठकर मुल्ला नसीरुद्दीन लोगों को एक कपोल- कल्पित घटना सुना रहा था–"एक बार मैं अपने गदहे पर सवार होकर अपनी ससुराल जा रहा था। ससुराल के रास्ते में एक जंगल है। जब मेरा गदहा जंगल में घुसा तो मेरे सामने एक शेर आ गया। शेर को देखकर मैंने अपना साहस नहीं खोया। तुरन्त धनुष और बाण निकाला। प्रत्यंचा पर बाण रखा और कान तक प्रत्यंचा खींचकर बाण छोड़ दिया। पलक झपकते देखा कि बाण से बिंधा हुआ शेर मेरे गदहे के आगे पड़ा हुआ था।"

लोगों को मुल्ला नसीरुद्दीन की बात पर भरोसा नहीं हुआ। श्रोताओं में से एक ने टोका–"मैंने तो कभी आपके पास धनुष-बाण नहीं देखा?"

मुल्ला नसीरुद्दीन ने कहा–''जरूरत के समय ही मैं अपना धनुष-बाण निकालता हूँ। लेकिन मेरा यकीन करो कि मैं अचूक निशानेबाज हूँ।''

दूसरे श्रोता ने कहा–''जब इसे सन्देह हो ही गया है तो आप अपना धनुष-बाण लाकर इन सबको अपना अचूक निशाना दिखा ही दीजिए।''

मन-ही-मन मुल्ला नसीरुद्दीन ने सोचा–'बुरे फँसे।' मगर उसने अपने चेहरे पर कोई भाव नहीं आने दिया और मजमा लगाकर बैठे लोगों से कहा– "अब कौन घर जाए और धनुष-बाण लाए! इतनी देर में तो सूरज ढल जाएगा...तब क्या खाक मजा आएगा निशानेबाजी का!'' मुल्ला नसीरुद्दीन की बात श्रोतावृन्द को ठीक लगी।

उनमें से एक श्रोता तेजी से उठा—“मैं अभी तीर-धनुष और लक्ष्य लेकर आता हूँ।” इतना कहते-कहते वह तेजी से दौड़ गया।

थोड़ी ही देर में वह निशानेबाजी का सारा सामान लेकर चबूतरे के पास आया और मुल्ला नसीरुद्दीन को धनुष-बाण देकर कहा—“मैं लक्ष्य को सामने वाले पेड़ के तने पर लटकाकर आता हूँ। मेरे आने के बाद आप अपनी निशानेबाजी दिखाना।”

मुल्ला के पास हामी भरने के सिवा और कोई चारा नहीं था। लक्ष्य बाँधकर वह व्यक्ति लौट आया और मुल्ला नसीरुद्दीन से कहा—“अब चलाइए बाण।”

मुल्ला नसीरुद्दीन ने पहला बाण छोड़ा जो लक्ष्य से बहुत पहले रास्ते में ही गिर पड़ा।

सभी हँसने लगे।

मुल्ला ने कहा—“यह निशाना मेरा नहीं था। ऐसे बाण चलाया करते हैं हमारे कोतवाल!”

लोग फिर हँस पड़े।

मुल्ला को दूसरा बाण दिया गया। मुल्ला ने इस बार थोड़ा और जोर लगाकर प्रत्यंचा खींची। बाण छूटा मगर लक्ष्य तक नहीं पहुँचा। लोग फिर हँसने लगे।

मुल्ला ने कहा—“हँस लो भाइयो, यह थी काजी की निशानेबाजी। ऐसी निशानेबाजी पर मुझे भी हँसी आती है।”

मुल्ला को फिर तीसरा बाण दिया गया। मुल्ला ने इस बार प्रत्यंचा पर बाण चढ़ाया ही था कि लोगों ने पूछना शुरू कर दिया—“यह निशाना तो मुल्ला नसीरुद्दीन का है न?”

मगर मुल्ला नसीरुद्दीन ने उनकी बातों का कोई जवाब नहीं दिया और कान तक प्रत्यंचा खींचकर बाण छोड़ा—सन्न करता हुआ बाण लक्ष्य को बेध चुका था। बाण छोड़कर मुल्ला नसीरुद्दीन ने विजेता भाव से सबकी ओर देखा और पूछा—“देख लिया न, बन्दे का निशाना!”

लोगों ने मान लिया कि मुल्ला नसीरुद्दीन निशानेबाज भी है।

परियों की जल-क्रीड़ा

मुल्ला नसीरुद्दीन को अपने गाँव से गुजरने वाली नदी का किनारा बहुत अच्छा लगता था। जब कभी भी मुल्ला नसीरुद्दीन का मन बेचैन होता तो वह नदी किनारे आकर बैठ जाया करता और वहाँ की प्राकृतिक दृश्यावलियों में खो सा जाता। नदी के किनारे ऐसे तो अनेक पेड़ लगे थे किन्तु मुल्ला नसीरुद्दीन एक पूर्ण विकसित आम के पेड़ के तने के सहारे बैठ जाता और वहीं से नदी की चंचल लहरों की सुषमा निहारता रहता।

नदी के पास ही अफीम का अड्डा था जहाँ नशेड़ी आते-जाते रहते थे। इन नशेड़ियों में एक बहुत मजबूत कद-काठी का दबंग व्यक्ति भी शामिल था। एक दिन वह नशेड़ी अफीम के अड्डे से निकला और अफीम की पिनक में नदी के किनारे बैठे मुल्ला नसीरुद्दीन को देखा। उसे उसकी नोकदार टोपी बहुत अच्छी लगी। वह मुल्ला नसीरुद्दीन के बहुत करीब पहुँच गया। उसने हाथ बढ़ाकर उसकी टोपी खींच ली और टोपी को हवा में उछालकर ही-ही-ही-ही कर हँसने लगा।

मुल्ला नसीरुद्दीन ने पीछे घूमकर देखा तो उसकी बुद्धि ने कहा—बेटा नसीर! इस मुस्टंडे से भिड़ने की बजाय खीसें निपोरकर मामला रफा-दफा कर लो, इसी में तेरी भलाई है।...और मुल्ला नसीरुद्दीन ने झेंपी-सी हँसी हँसते हुए अपनी टोपी उठा ली। जब तक वहाँ वह मुस्टंडा खड़ा रहा, तब तक मुल्ला नसीरुद्दीन अपने हाथ में टोपी थामे रहा।

उस अफीमची मुस्टंडे ने मुल्ला नसीरुद्दीन को दूसरे दिन भी उसी आम के पेड़ के नीचे, उसी तरह नोकदार टोपी पहने, बैठे देखा तो वह फिर शरारत पर उतारू हो गया और मुल्ला नसीरुद्दीन के पीछे दबे पाँव आकर उसकी टोपी खींचकर दूर उछाल दिया।...और बीते कल की तरह खिसियानी हँसी हँसता हुआ मुल्ला अपनी टोपी उठा लाया और हाथ में टोपी थामकर

फिर से आम के पेड़ के नीचे आकर बैठ गया।

अब यह नियम-सा हो चला था। प्रायः रोज शाम को टहलते हुए मुल्ला नसीरुद्दीन नदी किनारे आता और आम के पेड़ के तने के सहारे बैठता। दूसरी तरफ से अफीम के नशे में मस्त मुस्टंडा आकर उसकी टोपी उछाल देता। मुल्ला नसीरुद्दीन उस हट्टे-कट्टे मुस्टंडे को देखकर अपना मन मसोसकर रह जाता। वैसे मुल्ला नसीरुद्दीन उस मुस्टंडे को सबक सिखाने की तरकीबें सोचता रहता था, मगर उसे सबक सिखाने की कोई सूरत नजर नहीं आ रही थी। तभी सुल्तान की ओर से उसके गाँव में एक पहलवान को हवलदार बनाकर भेजा गया। मुल्ला नसीरुद्दीन उस दिन जरा पहले ही नदी किनारे आ गया था। हवलदार गाँव के चप्पे-चप्पे को समझ लेने के इरादे से गश्त लगाते हुए नदी किनारे पहुँचा और मुल्ला नसीरुद्दीन को वहाँ नोकदार टोपी पहने बैठा देखकर उससे रुआब में पूछा–"तुम कौन हो और यह अजीब-सी टोपी क्यों लगाए बैठे हो?"

मुल्ला नसीरुद्दीन ने एक झलक में हवलदार की कद-काठी देखी और बोला–''मैं मुल्ला नसीरुद्दीन हूँ और यह जादुई टोपी लगाकर नदी किनारे परियों की जल-क्रीड़ा देखने के लिए यहाँ बैठा हूँ।''

"परियों की जल-क्रीड़ा!" हवलदार चौंका।

"हाँ, इस टोपी को पहनकर, इस आम के पेड़ के तने से सटकर निर्विघ्न बैठने से नदी में आने वाली परियाँ साफ दिखाई देती हैं। ओह, कितनी सुन्दर होती हैं परियाँ!'' मुल्ला नसीरुद्दीन ने मुग्ध स्वर में कहा।

हवलदार ने पूछा–"तुमने देखी हैं परियाँ?"

''नहीं भाई! नहीं देख पाया। इस टोपी को पहनने के साथ यह शर्त भी है कि परी देखने की इच्छा रखने वाला टोपीधारी व्यक्ति किसी भी कारण से नदी का पानी छोड़ कुछ और न देखे...मैंने जब कभी भी प्रयास किया, किसी न किसी व्यवधान के कारण मेरी दृष्टि डगमगा गई और मैं इस सुख को पाने से वंचित हो गया...'' मुल्ला नसीरुद्दीन ने अफसोस जताया।

''मैं इस गाँव का हवलदार नियुक्त हुआ हूँ सुल्तान की तरफ से। लाओ, टोपी मुझे दो। मैं आज परियों की जल-क्रीड़ा देखूँगा...तुम फिर कभी देख लेना। टोपी तो तुम्हारे पास रहेगी ही!'' हवलदार ने मुल्ला नसीरुद्दीन से कहा।

मुल्ला नसीरुद्दीन यही तो चाहता था। उसने तुरन्त अपनी टोपी उतारी और हवलदार को देते हुए कहा–''हाँ-हाँ, हवलदार भाई! आप ही आज परियों की जल-क्रीड़ा देख लो, मैं फिर कभी देखूँगा।''

हवलदार ने टोपी पहनी।

मुल्ला नसीरुद्दीन ने उसे आम के पेड़ के तने से सटकर बैठने का तरीका सिखाया और उसे फिर से समझाया–''ध्यान रहे, तुम्हारी नजर नदी की प्रवाहित धारा पर ही टिकी रहे। किसी भी कारण से बाएँ-दाएँ देखने की कतई जरूरत नहीं!"

हवलदार ने हामी भरी और नोकदार टोपी पहनकर बैठ गया आम के पेड़ के नीचे। मुल्ला नसीरुद्दीन ने भी अपने को एक पेड़ की ओट में कर लिया। हवलदार परियों के आसमान से उतरने की प्रतीक्षा कर रहा था और मुल्ला नसीरुद्दीन मुस्टंडे के आने की प्रतीक्षा।

मुल्ला नसीरुद्दीन की प्रतीक्षा जल्दी ही पूरी हुई। हर रोज की तरह मुस्टंडा आया। उसने नोकदार टोपी पकड़कर खींची और उसे दूर फेंककर ही-ही-ही करने लगा, लेकिन अभी हँसी के कारण उसकी बन्द हुई आँखें खुल भी नहीं पाई थीं कि उसके चेहरे पर हवलदार का जोरदार घूँसा पड़ा। वह दो-तीन कदम पीछे चलता हुआ सँभला। उसकी आँखों के आगे तारे नाचने लगे। वह अभी सँभला भी नहीं था कि हवलदार ने उसकी गिरेबान थाम लिया और गरजा–"तेरी हिम्मत कैसे हुई टोपी में हाथ लगाने की?" और ताबड़तोड़ उस पर घूँसे बरसाने लगा।

मुल्ला नसीरुद्दीन घूँसे गिन रहा था–''इकतीस...बत्तीस...तैंतीस...! रहने दो हवलदार साहब, एक महीने से ज्यादा की सजा हो गई...लो, मैं ले आता हूँ टोपी!'' और मुल्ला नसीरुद्दीन टोपी उठाकर ले आया।

मुल्ला वहीं खड़ा हो गया जहाँ मुस्टंडे की धुनाई में हवलदार लगा हुआ था। मुल्ला के दुबारा कहने पर हवलदार ने घूँसे बरसाना बन्द कर दिया तो रोज की तरह खिसियानी हँसी हँसते हुए मुल्ला नसीरुद्दीन ने मुस्टंडे से पूछा–"फिर उड़ाओगे टोपी?"

प्रलय आने से पहले

कड़ाके की ठंड पड़ रही थी। मुल्ला नसीरुद्दीन के गाँव में पत्तों पर ओस की बूँदें जमकर बर्फ की शक्ल में तब्दील होने लगी थीं। गर्म कपड़ों के अलावा, जिस्म को कम्बल में लपेटे बगैर घर से निकलना किसी के लिए भी मुश्किल था। इस कड़ाके की ठंड में भी कम्बल लपेटकर मुल्ला अपनी भेड़ को चराने के लिए निकलता था। मुल्ला ने एक साल पहले एक मेमना खरीदा था जो उसके लालन-पालन से अब एक भेड़ बन चुका था। भेड़ खूब मोटी और तन्दुरुस्त थी।

गाँव में मुल्ला नसीरुद्दीन के जो संगी-साथी थे, वे इस भेड़ को लोलुप नजरों से देखा करते और प्रायः आपस में चर्चा करते–'मुल्ला नसीरुद्दीन की भेड़ तो गजब की है। यार, इसका मांस बहुत लजीज होगा...' तो कोई कहता–'मुल्ला को कहो--इस भेड़ की दावत हमें दे।'

एक दिन मुल्ला के दोस्तों ने बैठकर विचार-विमर्श किया कि मुल्ला से क्या कहा जाए कि उस भेड़ का गोश्त खाने को मिले। और इसके बाद बातों का एक ऐसा सिलसिला शुरू हुआ जिसकी कल्पना कभी मुल्ला नसीरुद्दीन ने नहीं की थी। मसलन मुल्ला नसीरुद्दीन एक दिन बाजार जा रहा था। तब उसे अचानक अपना दोस्त हनीफ आता दिखाई पड़ा। हनीफ रास्ते में उसे देखकर रुक गया और जब मुल्ला नसीरुद्दीन उसके पास पहुँचा तो हनीफ ने उसे टोका–"सुनो भाई नसीर! तुमने सुना है कि 21 तारीख को ठंड के कारण धरती सिकुड़ जाएगी जिससे ऐसा जलजला पैदा होगा कि दुनिया ही खत्म हो जाएगी।"

हनीफ की बात पर मुल्ला नसीरुद्दीन ने कहा–"नहीं यार! मैंने नहीं सुना है। मगर यह बात तुमसे किसने कही?" मुल्ला नसीरुद्दीन ने हनीफ से पूछा।

हनीफ ने जवाब दिया–"अरे, वही मौलाना जावेद जो मदरसे में विज्ञान की बातें समझाते हैं...।"

"अरे, मौलाना जावेद तो बिना तर्क के कोई बात ही नहीं करते। जरूर उनकी बात में वजन होता है...उन्होंने कहा है तो ठीक ही होगा।" हनीफ की हाँ में हाँ मिलाकर मुल्ला नसीरुद्दीन आगे बढ़ गया।

कुछ दूर जाने पर उसे महमूद मिल गया। उसके बचपन का साथी। उसने भी पूछा–"नसीर! तुमने सुना 21 तारीख के प्रलय के बारे में?"

"हाँ, यार! हनीफ बता रहा था कि मौलाना जावेद से उसने यह बात सुनी है।"

''हाँ, यार, यही तो चिन्ता की बात है! मौलाना जावेद तो कोई बात कहने से पहले उसे विज्ञान की तराजू पर तौलते हैं और जब बात खरी उतरने वाली होती है तब ही कुछ बोलते हैं।'' महमूद ने कहा।

''देखें! क्या सच है, कौन जाने! मौलाना मिलेंगे तो मैं उनसे पूछूँगा कि दरअसल बात क्या है!'' मुल्ला नसीरुद्दीन ने कहा और आगे बढ़ गया।

इस तरह मुल्ला नसीरुद्दीन से उसका कोई भी दोस्त मिलता तो प्रलय वाली बात जरूर पूछ बैठता।

एक दिन मुल्ला नसीरुद्दीन को मौलाना जावेद मिल गए-- बाजार के रास्ते में। कम्बल में खुद को लपेटे लम्बे-लम्बे डग भरते हुए जा रहे थे। मुल्ला नसीरुद्दीन ने सलाम करने के बाद मौलाना से प्रलय वाली बात पूछी और यह बताया कि पूरे गाँव के नौजवान कहते फिर रहे हैं कि यह बात मौलाना जावेद ने बताई है।

मौलाना जावेद ने जब यह खुलासा सुना तो मुल्ला नसीरुद्दीन से पूछा–"नसीर, तुमसे यह बात किस नौजवान ने कही है?"

मुल्ला नसीरुद्दीन ने उत्तर दिया–"हनीफ, महमूद, याकूब–सभी तो कह रहे हैं।"

"हूँ!" मौलाना जावेद ने एक लम्बी हुंकारी भरी और मुल्ला नसीरुद्दीन से कहा–''ये सभी कह रहे हैं तो समझो कि यह उनकी कोई सोची-समझी शरारत है, और सावधान रहना।'' इतना कहकर मौलाना जावेद ने अपनी राह ली।

मुल्ला नसीरुद्दीन यह सोचने लगा कि आखिर उसके दोस्त उससे

गलत बात क्यों बताते रहे हैं? लेकिन उसके इस सवाल का जवाब हासिल नहीं हुआ।

प्रलय वाली बात का सिलसिला जारी रहा और मुल्ला नसीरुद्दीन ऐसा बना रहा जैसे मौलाना जावेद से उसकी कोई बात ही नहीं हुई है। इस तरह 20 तारीख आ गई। मुल्ला नसीरुद्दीन के सभी साथी मुल्ला नसीरुद्दीन के घर पहुँचे और उससे कहने लगे—"यार नसीर! हम लोगों को भेड़ का गोश्त खाने की बड़ी इच्छा है। कल प्रलय का दिन है। सारी धरती जलजले का शिकार हो जाएगी। हमारे बचे रहने का कोई कारण नहीं होगा...ऐसे में महज भेड़ के गोश्त के लिए हमारी रूह भटके, ऐसा तो तू भी नहीं चाहेगा यार! तुम्हारे पास भी भेड़ है। बस, तू हम सबकी तमन्ना पूरी कर दे...हम सब मिलकर दुआ करेंगे कि तू प्रलय के बाद भी जिन्दा रहे।"

दोस्तों की बात सुनकर मुल्ला नसीरुद्दीन मन-ही-मन मुस्कुराया और सोचा—भेड़ तो एक दिन कुर्बान होनी ही है...आज दोस्तों के नाम सही! इसके बाद उसने कहा—"ठीक है दोस्त, हम लोग भेड़ लेकर नदी किनारे चलते हैं। वहीं इसे जबह करेंगे और बनाएँगे, खाएँगे...मस्ती करेंगे।"

सभी दोस्त खुश हो गए। भेड़ लेकर सबके सब कम्बल में लिपटे नदी किनारे चल पड़े। नदी किनारे पहुँचकर भेड़ को जबह किया गया, खाल उतारी गई फिर गोश्त पकाया गया। सभी ने मिलकर खाया...और मुल्ला नसीरुद्दीन इस पूरी प्रक्रिया में खामोशी अख्तियार किए रहा। उसकी खामोशी पर उसके दोस्तों ने कहा—"यार, बुत बना बैठा है और हम लोग इस धरती के अन्तिम भोज का मजा ले रहे हैं...चल, थोड़ा हँस लें! सुना है, दिल खोलकर हँसने से विपत्तियाँ टल जाती हैं...क्या पता, यह प्रलय भी टल जाए!"

मुल्ला नसीरुद्दीन अपने दोस्तों की हाँ में हाँ मिलाता हुआ बोला—"हाँ, मैंने भी सुनी है यह बात...मगर सुनी-सुनाई बात पर कौन भरोसा करे। मुझे तो यार! गोश्त खाने के बाद नींद आने लगी है।" मुल्ला के दोस्तों ने जमकर दावत का मजा लिया था। वे भी अलसा गए थे। सबने कम्बल जमीन पर बिछाई—अपने-अपने कोट उतारकर पेड़ पर टाँग दिए और सो गए।

शाम होते ही ठंड बढ़ गई। मुल्ला नसीरुद्दीन ने सभी दोस्तों के कोट पेड़ से उतारे और उन्हें एक जगह पर रखकर जला दिया। जलते कोटों की

गर्मी से ठंड से राहत मिली।

दो घंटे और बीत गए। जब कोट का अलाव ठंडा हुआ तब मुल्ला नसीरुद्दीन के दोस्तों की नींद ठंड के कारण टूट गई। वे अलसाए हुए जगे। थोड़ी देर के बाद उनकी नजर उस ओर गई जहाँ उन लोगों ने अपने कोट टाँगे। वहाँ कोट नहीं देखकर उन लोगों ने मुल्ला से पूछा—"अरे! यह क्या? कहाँ गए कोट...?"

मुल्ला नसीरुद्दीन ने कहा—"कल प्रलय होने वाला है, फिर कोट की जरूरत ही क्या! ऐसा सोचकर मैंने कोट जलाकर यहाँ गर्मी की थी।"

दोस्त एक दूसरे का चेहरा देख रहे थे—उनके मुँह से कोई बोल नहीं फूट पाया।

पैरों तले न आ जाए खुदा की मेहरबानी

बरसात के दिन थे। आसमान में बादल छाए हुए थे। तेज हवा के झोंकों के साथ टिप-टिप बारिश हो रही थी। मुल्ला नसीरुद्दीन ने देखा, जुम्मन मियाँ सिर पर कपड़ा रखे दौड़े जा रहे हैं। मुल्ला नसीरुद्दीन को शरारत सूझी। उसने जुम्मन मियाँ को छेड़ने के अन्दाज में कहा–''जुम्मन मियाँ! यह मैं क्या देख रहा हूँ? तुम तो खुदा के नेक बन्दे हो, तुम खुदा की इस मेहरबानी से क्यों भागे जा रहे हो? सुना नहीं, बरसात खुदा की मेहबानी से होती है!"

मुल्ला नसीरुद्दीन की बात जुम्मन मियाँ की समझ में नहीं आई। उसने पानी से बचने के लिए मुल्ला नसीरुद्दीन की खिड़की पर बने छज्जे की ओट लेते हुए कहा–"अरे, खुदा की मेहरबानी से कौन बचता है? मैं तो बारिश की बूँदों से बच रहा हूँ। मुझे सर्दी जल्दी लगती है..जरा-सा भीग जाऊँ तो बुखार लग जाता है।...तुम तो अपने महल में चैन से बैठकर बारिश का मजा ले रहे हो...तुम्हें बारिश में भीगने वालों की परेशानी कैसे समझ में आएगी?" मुल्ला नसीरुद्दीन ने मजाक करना जारी रखा और गम्भीरता दर्शाते हुए जुम्मन मियाँ से कहा–''मियाँ! तुम धार्मिक आदमी हो। सौ फकीर मरते हैं तब तुम जैसा इनसान जन्म लेता है। तुम भी यदि खुदा की मेहरबानी से भागोगे तब इस प्यासी धरती का क्या होगा?"

बेचारे जुम्मन मियाँ को मुल्ला नसीरुद्दीन की आधी बात समझ में आई और आधी नहीं आई। कुल मिलाकर मुल्ला नसीरुद्दीन की बातों से उसने एक मोटा निष्कर्ष निकाला कि 'खुदा के नेक बन्दों को बारिश से बचने के लिए भागना नहीं चाहिए। भले ही वह वर्षा से भीग ही क्यों न जाए! नतीजा यह हुआ कि जुम्मन मियाँ सामान्य गति से चलते हुए अपने घर गए। बारिश में बुरी तरह भीगने के कारण उनकी तबीयत बिगड़ गई। सर्दी, खाँसी, बुखार ने उसे जकड़ लिया। बेचारा जुम्मन मियाँ बुखार में

तपता रहा। एक दिन बुखार की बेचैनी की वजह से जुम्मन मियाँ बिस्तर से उठकर अपनी खिड़की पर आ गया और बाहर का नजारा देखने लगा। अचानक ही उस वक्त बूँदाबाँदी शुरू हो गई थी। दिन की रोशनी भी अचानक ही मन्द हो गई थी। जुम्मन मियाँ ने आसमान की तरफ देखा। आसमान में छाए मेघ ने आसमान का नीलापन ढँक दिया था जिसके कारण आसमान गहरे सुरमई रंग का दिख रहा था। जुम्मन मियाँ ने सोचा–अब तेज बारिश होगी और शायद दिन भर होती रहेगी।

अभी जुम्मन मियाँ बारिश का मिजाज समझने की कोशिश ही कर रहा था कि अचानक जोरदार बारिश होने लगी। उस बारिश से भीगने से बचने के लिए उसने तेज गति से दौड़कर अपने घर की तरफ जाते मुल्ला नसीरुद्दीन को देखा। जुम्मन मियाँ के मुँह से हठात् निकल पड़ा–"अरे, मुल्ला नसीरुद्दीन, खुदा की देन है वर्षा! खुदा की इस मेहरबानी से भला कोई भागता है?"

मुल्ला नसीरुद्दीन को जुम्मन मियाँ के साथ किया गया अपना मजाक याद आ गया और उसने तुरन्त कहा–"जुम्मन मियाँ, मेरा भागना इसलिए जरूरी है कि खुदा की मेहरबानी मेरे पैरों तले न आ जाए..." इतना कहकर मुल्ला नसीरुद्दीन और तेज गति से भागने लगा और बेचारा जुम्मन मियाँ ठगा-सा उसे देखता रह गया।

फसल का बँटवारा

अजमल खाँ बुखारा के सूबेदार का मुँहलगा रैयत था। चापलूसी करने में उसका कोई सानी नहीं था। सूबेदार की हाँ में हाँ मिलाने वालों में उसका स्थान अव्वल था। काजी असलम मियाँ भी सूबेदार के ऐसे खास लोगों में शुमार किया जाता था जो सूबेदार के एक संकेत पर झूठ को सच या सच को झूठ करार दे सकता था। मुल्ला नसीरुद्दीन कुछ दिनों से सूबेदार की ताबेदारी में था। अजमल खाँ और असलम मियाँ दोनों ही मुल्ला को अपनी राह का रोड़ा मान रहे थे। उन्हें डर था कि कहीं मुल्ला नसीरुद्दीन अपने बुद्धिबल से सूबेदार का दिल न जीत ले। मुल्ला नसीरुद्दीन न तो चापलूसी करता था और न चापलूसी करने वालों को अपने पास फटकने देता था। अजमल खाँ अपनी चापलूसी की बदौलत सूबे की रैयती जमीन के कई टुकड़ों पर खेती करने का अधिकार सूबेदार से हासिल कर चुका था। सूबेदार अपनी प्रशंसा से खुश होने वाला इनसान था और अजमल खाँ उसकी इस कमजोरी का खूब लाभ उठाता था। थोड़ी सी तारीफ करने के बाद वह सूबेदार से कहता–"हुजूर! अमुक स्थान पर जमीन का एक छोटा टुकड़ा परती पड़ा हुआ है। धरती तो वह भली जो अन्न उगाती हो। बंजर धरती से राज्य का नुकसान ही होता है। इससे बड़ा अपशकुन किसी राज्य के लिए कोई दूसरा नहीं हो सकता। आप कहें तो हुजूर, मैं उस परती जमीन पर हल चलवाऊँ! उस बंजर धरती में फसलें उगाऊँ!"

उस चापलूस की बात सुनकर सूबेदार कहता–"हाँ-हाँ, क्यों नहीं, मैं काजी को बोल दूँगा। तुम जाकर उस जमीन का पट्टा तैयार करवा लेना। कोई दिक्कत हो तो बताना।"

इस तरह अजमल खाँ ने पूरे सूबे में जगह-जगह पर बड़े-बड़े भूखंडों पर अपना अधिकार कर लिया था। वह जब भी सूबेदार से मिलने जाता तो

अपने साथ किसी फसल की सौगात लेकर जाता। कहता—"सूबेदार साहब! आपने अमुक चीज तो हजारों बार खाई होगी मगर मैं जो लेकर आया हूँ, खाकर देखिए—ऐसा स्वाद आपने पहले नहीं चखा होगा।"

सूबेदार उसकी सौगातों से खुश होता।

मुल्ला नसीरुद्दीन को सूबेदार की ताबेदारी में लगे कुछ दिन ही हुए थे मगर उसने यह समझ लिया था कि अजमल खाँ की ताकत उसकी चापलूसी में है और यह सूबेदार चापलूसी-पसन्द आदमी है। चापलूसों की इच्छापूर्ति के लिए वह काजी को विवश भी कर देता है तथा नैतिक दृष्टि से काजी एक भ्रष्ट व्यक्ति है जो सामान्यतः निजी लाभ के लिए कानून और नियमों की अनदेखी कर देता है।

मुल्ला नसीरुद्दीन को आदमी की अच्छी परख थी। सूबेदार और उसके आस-पास रहने वाले लोगों को वह अच्छी तरह से समझ चुका था। बावजूद इसके वह अपने काम में इस तरह लगा रहता था कि जैसे कुछ जानता ही न हो!

ईद का त्योहार था। पूरे बुखारा में जश्न का माहौल था। सूबेदार के महल को अच्छी तरह से सजाया गया था। मुल्ला नसीरुद्दीन से सुबह ही सूबेदार ने चुहल करते हुए कहा था—"मुल्ला! तुम्हारी दाढ़ी से तो ऐसा गुमाँ होता है कि तुम एक समझदार इनसान हो मगर तुम्हारा चुप-चुप और गुमशुम रहना यह बताता है कि तुम्हारा दिमाग काम नहीं करता। अरे, तुम बुखारा के सूबेदार के खास ताबेदार हो। तुम अगर अक्ल से काम लो तो तुम्हारी भी दिन दूनी रात चौगुनी तरक्की हो सकती है।...अपने अजमल खाँ को ही देखो, लोग उसे अब 'खाँ साहब' कह के बुलाते हैं..."

मुल्ला नसीरुद्दीन ने सूबेदार से आहिस्ते से कहा—"हुजूर! मैं ऐसा ही ठीक हूँ। आपकी ताबेदारी में वक्त गुजर जाता है और परिवार के भरण-पोषण के लिए रोटी मिल जाती है, इससे ज्यादा क्या चाहिए! आपके सूबे में पुश्तैनी जमीन का एक टुकड़ा है जिसमें तीन फसलें साल में काटता हूँ... खाने-पीने के लिए इतना ही बहुत है।"

मुल्ला नसीरुद्दीन की बात सुनकर सूबेदार क्षुब्ध हुआ। वह चाहता था कि मुल्ला भी अजमल खाँ और असलम मियाँ की तरह उलटे-सीधे काम कर उसकी जेब भरे मगर मुल्ला नसीरुद्दीन तो अपनी ही मिट्टी का बना था।

उसे सूबेदार की परवाह कहाँ थी! ऐसे लोग जो अपनी मेहनत की कमाई से सन्तुष्ट हो जाते हैं, उन्हें आने वाले कल की न तो चिन्ता होती है और न ही किसी की परवाह। मुल्ला नसीरुद्दीन भी ऐसा ही था।

ऐन ईद की सुबह मुल्ला के जवाब से सूबेदार क्षुब्ध हो उठा था। उसने मन-ही-मन फैसला किया कि मुल्ला नसीरुद्दीन को वह अपनी चालों से अजमल खाँ और असलम मियाँ जैसा हाँ में हाँ मिलाने वाला ताबेदार बनाकर रहेगा। भले ही इसके लिए उसे मुल्ला को तंग ही क्यों न करना पड़े।

शाम को सूबेदार के महल में ईद का जश्न मनाया जा रहा था। मुल्ला नसीरुद्दीन ताबेदारी में लगा था। असलम मियाँ और अजमल खाँ दोनों ही सूबेदार के खास मेहमान की हैसियत से उस जश्न में शामिल हुए। मुल्ला नसीरुद्दीन उन्हें सेवइयाँ परोसता रहा।

जब सारे मेहमान लौट गए तब सूबेदार ने मुल्ला नसीरुद्दीन से कहा– "देखा मुल्ला? अजमल खाँ और असलम मियाँ की आज कैसी वाहवाही हो रही थी? यह वाहवाही उन्हें मेरी निकटता की वजह से हासिल हुई है...तुम भी अक्ल से काम लो तो..."

"हुजूर! मैं तो आपका ताबेदार हूँ। आप जो हुक्म दें, करूँगा। अक्ल होती तो ताबेदारी क्यों करता?" मुल्ला नसीरुद्दीन ने बीच में ही सूबेदार की बात काटकर कहा।

मुल्ला नसीरुद्दीन की यह साफगोई सूबेदार को नहीं भाई। उसने अपने मन में फैसला किया कि वह नसीरुद्दीन को अपने लिए खासतौर से तैयार करेगा...यदि ऐसा कर पाया तो मुल्ला लोगों को बरगलाकर उसके लिए धन उगाही का खास जरिया बन सकता है...।

मुल्ला नसीरुद्दीन को राह पर लाने के लिए सूबेदार के मन में तरह-तरह के खयाल आते रहते थे। एक दिन सूबेदार ने फैसला किया कि मुल्ला को वह अपनी ताकत का अहसास कराएगा–हो सकता है कि उसकी ताकत का अन्दाज लग जाने पर मुल्ला खुद ही उसके आगे घुटने टेक दे और वह जो चाहे मुल्ला वैसा ही करे!

इस निर्णय के दूसरे दिन ही सूबेदार ने शाम को अजमल खाँ और असलम मियाँ को बुलवाया। जब दोनों आ गए तक सूबेदार ने शराब पीने

की इच्छा जताई। चापलूस अजमल खाँ तुरन्त शराब ले आया और काजी असलम मियाँ जाम तैयार कर सूबेदार को थमाने लगा। तीनों शराब की चुस्कियाँ लेने लगे। जब शराब का नशा सूबेदार पर हावी होने लगा तब सूबेदार ने चापलूस अजमल खाँ से कहा—"सुनो अजमल! अपना जो ताबेदार है—मुल्ला नसीरुद्दीन, उसे राह पर लाने की जरूरत है। वह आदमी बहुत काम का हो सकता है यदि मेहनत-मशक्कत से जीने की अपनी जिद छोड़ दे। उसे रास्ते पर लाने के लिए मैं उसे अपनी ताकत दिखाने की तरंकीब सोच रहा हूँ। तुम ऐसा करो कि उसकी जमीन पर लगी फसल के आधे हिस्से की दावेदारी कर दो। यह दावेदारी ऐसी हो कि मुल्ला की सारी फसल पर ही तुम्हारा कब्जा हो जाए। फसलें होती क्या हैं—गेहूँ, धान, अरहर, मक्का...यही न! तुम दावा करना कि जमीन से ऊपर की फसल तुम्हें मिलनी चाहिए। मैं काजी से कहकर तुम्हें इसका पट्टा दिलवा दूँगा...इस तरह मुल्ला को यह अन्दाज हो जाएगा कि हमसे मिलकर रहने में ही उसकी भलाई है।"

संयोग से मुल्ला नसीरुद्दीन उस समय उस जगह से गुजर रहा था और उसने सूबेदार की बातें सुन लीं। वह उन बातों को सुनकर जरा भी नहीं घबराया और मन-ही-मन मुस्कुराता हुआ वहाँ से चला गया।

इस घटना के लगभग एक महीने बाद सूबेदार ने मुल्ला नसीरुद्दीन को बुलाकर कहा—"मुल्ला! तुम्हारी जमीन पर अजमल खाँ ने दावा किया है। उसने दस्तावेजी प्रमाण देकर बताया है कि उसके पुरखे और तुम्हारे पुरखे उस जमीन पर साथ-साथ खेती करते थे तथा फसल तैयार होने पर आधा-आधा बाँट लेते थे।"

मुल्ला ने शालीनता से कहा—''खाँ साहब, इतने बड़े आदमी हैं। झूठ तो नहीं ही बोलते होंगे हुजूर!''

"तो तुम फसल बाँटने के लिए तैयार हो?'' सूबेदार ने मुल्ला नसीरुद्दीन से पूछा।

"हुजूर का हुक्म सिर आँखों पर!" मुल्ला नसीरुद्दीन ने उसी शालीनता से कहा।

उसी वक्त सूबेदार ने एक प्यादे को बुलाकर कहा—"काजी को बुला लाओ!"

काजी असलम मियाँ तुरन्त हाजिर हुआ। आते ही पूछा—"क्या हुआ

सूबेदार साहब! खादिम को क्यों तलब किया गया है?"

"अभी एक पट्टा बना दो कि मुल्ला नसीरुद्दीन की जमीन पर लगी फसल का ऊपरी भाग अजमल खाँ काटकर ले जा सकते हैं और जमीन के भीतर की फसल पर मुल्ला नसीरुद्दीन का हक होगा।'' सूबेदार ने काजी से कहा। फिर मुल्ला नसीरुद्दीन की तरफ देखते हुए पूछा—''क्यों मुल्ला नसीरुद्दीन, ठीक है न?''

''जी हाँ, हुजूर! आप न्यायकर्ता हैं तो गलत क्या होगा? बस, हुजूर, यह भी हुक्म जारी कर दें कि फसल की कटाई-बटाई का खर्च अजमल खाँ ही देंगे!'' मुल्ला नसीरुद्दीन ने सूबेदार से गुजारिश की।

"हाँ-हाँ, क्यों नहीं! इतना तो अजमल खाँ को करना ही चाहिए!" सूबेदार ने कहा और काजी की तरफ मुखातिब होकर आदेश दिया—''हाँ! उस पट्टे में यह बात साफ तौर पर लिखी जानी चाहिए कि फसल की कटाई और बटाई का खर्च अजमल खाँ को ही भरना पड़ेगा।''

काजी वहाँ से सूबेदार को सलाम करता हुआ चला गया। मुल्ला नसीरुद्दीन निश्चिन्त भाव से अपने काम में लग गया, जैसे कुछ हुआ ही न हो और सूबेदार परेशान हो उठा कि आखिर मुल्ला नसीरुद्दीन है किस मिट्टी का बना कि पूरी फसल काट लिये जाने के फरमान के बाद भी शान्त है, जैसे कुछ हुआ ही न हो!

दूसरे दिन ही अजमल खाँ को काजी ने पट्टा थमा दिया। पट्टा लेकर अजमल खाँ जब मुल्ला नसीरुद्दीन के खेत पर गया तब उसके पास सिर पीट लेने के अलावा कोई चारा नहीं था क्योंकि खेत में आलू की क्यारियाँ थीं। अब पट्टे के मुताबिक आलू का पौधा अजमल खाँ को मिलना था और आलू मुल्ला नसीरुद्दीन को! आलू की कोड़ाई का सारा खर्च अजमल खाँ को पट्टे के मुताबिक भरना पड़ा और आलू का पौधा खेत से उठाकर ले जाना पड़ा। मुल्ला नसीरुद्दीन खुश था कि बिना खर्च किए उसके आलू खेत से घर पहुँच गए और खेत की सफाई भी हो गई।

इस घटना से सूबेदार, अजमल खाँ और असलम मियाँ का मुँह लटक गया। उनकी चाल उलटी पड़ी। गम गलत करने के लिए तीनों शराब पीने बैठे गए।

सूबेदार पर जब नशा हावी होने लगा तब उसने अजमल खाँ से कहा—

"तुम्हारी मेहनत और पैसा दोनों पानी में गया, पर तुम चिन्ता मत करो। तुम्हारे इस नुकसान की भरपाई मैं कराऊँगा। अजमल! इस बार काजी से कहकर तुम्हारे लिए मुल्ला नसीरुद्दीन की खेत से जमीन के नीचे की फसल लेने का पट्टा बनवा देता हूँ। तुम्हारे घाटे की इससे भरपाई हो जाएगी।"

अजमल खाँ की आँखों में उस वक्त मुल्ला नसीरुद्दीन के खेत के आलू घूम रहे थे। उसने आदत के अनुसार तुरन्त हामी भरी–"जी हाँ, सूबेदार साहब! यही ठीक रहेगा!"

दूसरी तरफ मुल्ला नसीरुद्दीन यह समझ चुका था कि सूबेदार इस बार की पटखनी से घबरा गया होगा और अब अपना फरमान बदलेगा। इसलिए उसने खेत में गेहूँ लगवा लिया और सूबेदार के नए फरमान की प्रतीक्षा करने लगा। सम्भावना के अनुरूप ही सूबेदार ने अजमल खाँ को इस बार मुल्ला नसीरुद्दीन की खेत से जमीन के नीचे की फसल ले जाने का पट्टा जारी करवाया था बशर्ते कि वह फसल की कटाई व बटाई का खर्च अदा करे।

मुल्ला नसीरुद्दीन के खेत में गेहूँ की फसल तैयार हो चुकी थी। अजमल खाँ उसके पास वह पट्टा लेकर आया तो मुल्ला नसीरुद्दीन राजी-खुशी से उसके साथ अपने खेत पर चला गया। अजमल खाँ अपने साथ खेतिहर मजदूरों की फौज लेकर गया था। मुल्ला नसीरुद्दीन के खेत में गेहूँ की लहलहाती फसल देखकर उसके होश फाख्ता हो गए। आनन-फानन में मजदूरों ने गेहूँ की फसल काट डाली। शर्त के मुताबिक जमीन के ऊपर की फसल मुल्ला नसीरुद्दीन के हिस्से में आई और जमीन कोड़कर गेहूँ की जड़ एक जगह पर जमा कर दी गई जिस पर पट्टे के मुताबिक अजमल खाँ का हक बनता था।

अजमल खाँ की जब चेतना लौटी तब वह भागा-भागा सूबेदार के पास गया और सूबेदार से सारा हाल कह सुनाया।

सूबेदार के भी होश फाख्ता हो गए। उसने सोचा–गजब का तेज दिमाग आदमी है यह मुल्ला नसीरुद्दीन भी! उसने अजमल खाँ से कहा–''घबराओ नहीं, तुम्हारे नुकसान की भरपाई मैं अवश्य कराऊँगा।''

अजमल खाँ ने सूबेदार के सामने हाथ जोड़ लिये और कहा–"अब बस भी कीजिए सूबेदार साहब! उस आदमी को वैसा ही रहने दीजिए, जैसा वह है। दो बड़ी चोटें खाने के बाद भी यदि हम वैसा ही कुछ करेंगे तो यह

बुद्धिमानी नहीं होगी बल्कि 'आ बैल, मुझे मार' जैसा न्योता देना होगा।''

सूबेदार को भी अजमल खाँ की बात जँच गई और उसने थके स्वर में कहा—"ठीक है, जैसा तुम चाहो!"

फिर दोनों ने दो-चार जाम पीकर अपना गम गलत किया।

दूसरे दिन मुल्ला नसीरुद्दीन दाढ़ी सहलाता हुआ सूबेदार की ताबेदारी में फिर हाजिर हुआ, जैसे कुछ हुआ ही न हो!

बर्तन का मातम

मुल्ला नसीरुद्दीन का पड़ोसी खतीबुद्दीन इन दिनों बहुत खुश था। उसने आलू की फसल को कीड़ों से बचाने के लिए एक कामयाब नुस्खा ईजाद किया था। सुल्तान ने उसके नुस्खे की कामयाबी पर उसे एक सौ अशर्फियाँ इनाम में दी थीं। सौ अशर्फियों की चर्चा पूरे गाँव में फैल गई।

खबर मुल्ला नसीरुद्दीन तक भी पहुँची। मुल्ला नसीरुद्दीन जानता था कि खतीबुद्दीन बचपन से ही धुनी रहा है। किसी काम में लगता तो उसे अंजाम तक पहुँचाकर ही थमता। मदरसे के दिनों में लड़कों की भीड़ में वह अलग सा दिखता था। खिलन्दड़पन उसमें बिलकुल न था। हाँ, अपने को अन्य लड़कों से अलग और उनसे श्रेष्ठ प्रमाणित करने में वह जरूर लगा रहता था। सबसे पहले सबक बनाकर मौलवी साहब को दिखाकर वह वाहवाही लूटता और फिर गुरूर से गर्दन तानकर कक्षा में बैठे बाकी लड़कों को कुछ इस तरह देखता मानो कह रहा हो–'देखा, कैसे पढ़ाई की जाती है!' चूँकि मुल्ला नसीरुद्दीन बचपन से सादगी-पसन्द, सरल इनसान था इसलिए अपनी मेधा के घमंड में रहने वाले खतीबुद्दीन से उसकी कभी निकटता नहीं हो सकी। बेशक उनके बीच अच्छे पड़ोसियों जैसा व्यवहार था। दुआ-सलाम भी होती रहती थी। ईद-बकरीद पर गले मिलने एक-दूसरे के घर आना-जाना था। अर्थ यह कि लोक-व्यवहार की चलताऊ बातों से उन लोगों को कोई गुरेज नहीं था लेकिन मुल्ला नसीरुद्दीन प्रायः खतीबुद्दीन के घमंडी व्यवहार के कारण उससे दूरी बनाकर रहता था। गाँव में मुल्ला नसीरुद्दीन की स्थिति हरदिल-अजीज जैसी हो गई थी जिसके कारण रोज उसके सम्बन्ध में एक नया किस्सा चर्चा में आ जाता था।

खतीबुद्दीन को मुल्ला नसीरुद्दीन के बारे में जब कभी भी कोई बात सुनने को मिलती तो वह मन-ही-मन चिढ़ जाता...उसके मन में प्रतिक्रिया

होती–'क्या है यह मुल्ला नसीरुद्दीन कि लोग उसकी भोंडी हरकतों को भी कारनामा मान लेते हैं? यह तो कमअक्ली है कि किसी की बेवकूफी भरी हरकत को चटखारे ले-लेकर प्रचारित किया जाए!' मगर उसकी यह निजी प्रतिक्रिया जाहिर नहीं हो पाती।

हाँ, तो सुल्तान से सौ अशर्फियों का इनाम मिलने के बाद स्वाभाविक ही था कि खतीबुद्दीन की गर्दन गर्व से तन गई थी। सुल्तान ने उससे पेशकश की थी कि खेती को कीड़ों से बचाने की दवा का वह चाहे तो व्यावसायिक उत्पादन करे। इसके लिए राज्य से उसे आर्थिक मदद मिल जाएगी लेकिन मुनाफे की पचास फीसदी रकम उसे राज-कोष में जमा कराना होगा। सुल्तान के इस प्रस्ताव पर खतीबुद्दीन गम्भीरतापूर्वक विचार कर रहा था।

एक दिन मुल्ला नसीरुद्दीन सुबह की सैर से लौट रहा था। रास्ते में उसे एक घुड़सवार मिला। घुड़सवार ने उससे वैज्ञानिक खतीबुद्दीन का पता पूछा। मुल्ला नसीरुद्दीन को समझते देर नहीं लगी कि यह घुड़सवार कोई साधारण आदमी नहीं है। यह जरूर सुल्तान का भेजा हुआ कोई खास आदमी है और किसी खास मकसद से खतीबुद्दीन के पास भेजा गया है। मुल्ला नसीरुद्दीन ने उस घुड़सवार को खतीबुद्दीन का घर दिखा दिया और उसके बाद अपने घर चला आया।

इस घटना के हफ्ते भर बाद मुल्ला नसीरुद्दीन जब सुबह की सैर से लौट रहा था तब उसे कुछ लोग फिर मिले जो वैज्ञानिक खतीबुद्दीन का पता जानना चाह रहे थे। मुल्ला नसीरुद्दीन ने उन लोगों को भी खतीबुद्दीन का घर दिखा दिया लेकिन उस दिन मुल्ला नसीरुद्दीन के मन में जिज्ञासा पनपी कि आखिर बात क्या है? लगातार खतीबुद्दीन को खोजने लोग आ रहे हैं और लोग उसका नाम बड़े सम्मान से वैज्ञानिक खतीबुद्दीन पूछते हैं... बात तो कुछ है...खतीबुद्दीन को सुल्तान ने शायद वैज्ञानिक का दर्जा दे दिया है...पता नहीं क्या! मुल्ला नसीरुद्दीन यही सब सोचता हुआ अपने घर लौट आया मगर उसके ध्यान में बार-बार खतीबुद्दीन से मिलने आ रहे लोगों की कौंध होती रही।

शाम को मुल्ला नसीरुद्दीन बाजार की तरफ निकल गया। वह उस दिन कई दिनों के बाद बाजार आया था। बाजार में उसने आज सुबह

खतीबुद्दीन को तलाशने आए चार-पाँच लोगों में से एक को देखा। मुल्ला नसीरुद्दीन अपनी दाढ़ी सहलाते हुए उसके पास चला आया और उससे पूछा—"आप वैज्ञानिक खतीबुद्दीन साहब के मेहमान हैं न?"

"नहीं, मैं उनका मेहमान नहीं हूँ। मैं सुल्तान का मुलाजिम हूँ और राज्य में कृषि-उत्पादन को बढ़ाने के उपाय सुझाने वाली समिति का सदस्य हूँ। आलू की पैदावार बढ़ाने के उद्देश्य से सुल्तान राज्य के जानकार लोगों से तरीके इकट्ठा करवा रहे हैं। इसी सिलसिले में हम लोग खतीब साहब के पास आए हुए हैं। आपको तो पता ही होगा कि खतीबुद्दीन साहब ने आलू की पैदावार को कीड़ों से बचाए रखने के लिए दवा ईजाद की है। सुल्तान यह दवा बनवाकर बड़े पैमाने पर अपने राज्य में इसका इस्तेमाल कराना चाहते हैं। दरअसल बात ऐसी है कि अपने राज्य में सबसे अच्छी फसल आलू की ही होती है जिसके कारण सुल्तान चाहते हैं कि अपने राज्य के किसानों को आलू उगाने के काम में राज्य की ओर से मदद दी जाए और बगदाद, अमन, अरब आदि व्यापार केन्द्रों तक आलू भेजा जाए। एक तो आलू जल्दी खराब नहीं होता, दूसरे इसका संग्रहण आसान है। अभी हम लोग आलू की पैदावार पर ही विचार-विमर्श कर रहे हैं...यदि खतीब साहब को सुल्तान का प्रस्ताव स्वीकार हुआ तब इस गाँव की ऐसी तरक्की होगी जिसकी अभी से कल्पना नहीं की जा सकती..."

वह आदमी इतना बातूनी था कि बोलता ही जा रहा था।

मुल्ला नसीरुद्दीन जो जानना चाह रहा था, वह जान चुका था। इसलिए उसने उसे बीच में ही टोकते हुए कहा—"आप यहाँ हैं और खतीब साहब के यहाँ विचार-विमर्श के लिए आपकी कमी खटक रही होगी... ।"

"जी हाँ; अच्छा याद दिलाया आपने! मैं चलता हूँ। यहाँ रहा तो फिर मुलाकात होगी...," कहता हुआ वह आदमी वहाँ से चला गया।

मुल्ला नसीरुद्दीन को जो जानना था, जान चुका था। अब उसे इस मामले में कोई दिलचस्पी नहीं थी। स्वयं मुल्ला खेती तो करता नहीं था कि सोचे, आलू लगाना फायदेमन्द है या गोभी उगाना! धान की फसल उगाई जाए या गन्ने की! यदि खतीबुद्दीन से मिलने आने वाले लोग बाहरी नहीं प्रतीत होते तो उसमें यह उत्सुकता भी नहीं जगती कि वे कौन हैं और क्यों आए हैं।

इस घटना के हफ्ता-दस दिनों के बाद मुल्ला नसीरुद्दीन ने सुना, वैज्ञानिक खतीबुद्दीन के घर दावत है। सुल्तान के करीबी विद्वान इस दावत में आएँगे। मुल्ला नसीरुद्दीन समझ गया कि 'वैज्ञानिक खतीबुद्दीन' आलू की पैदावार बढ़ाने के सुल्तानी मनसूबे को कामयाब बनाने में लग चुका है। चूँकि मुल्ला नसीरुद्दीन को खतीबुद्दीन से कोई रंजिश नहीं थी इसलिए इस निष्कर्ष पर पहुँचकर उसे अच्छा ही लगा।

दावत वाले दिन सुबह-सुबह खतीबुद्दीन खुद मुल्ला नसीरुद्दीन के पास आया और दावत खाने आने का निमंत्रण दिया फिर झेंपते हुए उससे दावत में इस्तेमाल हो सकने लायक बर्तन माँगे।

मुल्ला नसीरुद्दीन ने तुरन्त सन्दूक खोलकर खतीबुद्दीन को दावत में इस्तेमाल हो सकने लायक बर्तन निकालकर दे दिए।

"वाह! बहुत खूबसूरत और बेशकीमती बर्तन हैं...दावत के बाद मैं खुद ये बर्तन पहुँचा जाऊँगा...कीमती बर्तन हैं...इनका खयाल रखना जरूरी है।" खतीबुद्दीन ने कहा और फिर से मुल्ला नसीरुद्दीन से दावत में आने की इल्तिजा करके वहाँ से चला गया।

मुल्ला नसीरुद्दीन दावत में गया। वहाँ उसने खतीबुद्दीन की उपलब्धियों के लिए उसे बधाई दी। फिर खा-पीकर लौट आया।

दूसरे दिन खतीबुद्दीन स्वयं उसका बर्तन लेकर उसके घर आया।

जब मुल्ला नसीरुद्दीन अपने बर्तन सन्दूक में रखने लगा तो पाया कि एक छोटा थाल अतिरिक्त आ गया है। उसने उलट-पलटकर देखा—तय किया कि यह थाल उसका नहीं हो सकता। वह थाल लेकर खतीबुद्दीन के पास आया और कहा— "खतीब! यह थाल मेरी नहीं है।..."

"अरे यार, मुल्ला नसीरुद्दीन! तुम कब समझदार बनोगे? यह थाल आखिर एक वैज्ञानिक के घर से आया है—तुम्हारा होकर, तो तुम्हारा है। दरअसल यह तुम्हारे बड़े थाल का बच्चा है। कल रात ही दावत के बाद तुम्हारे बड़े थाल को प्रसव हुआ था..." ऐसा कहकर खतीबुद्दीन हँसने लगा—हो...हो...हो...!

मुल्ला नसीरुद्दीन ने कुछ नहीं कहा और उस थाल को अपने सन्दूक में रख लिया।

दूसरे दिन मुल्ला नसीरुद्दीन खतीबुद्दीन के घर गया और रोज काम

आने वाले कुछ बर्तन माँग लाया। फिर मुल्ला कभी वह बर्तन लौटाने खतीबुद्दीन के पास नहीं गया।

सुल्तान के सहयोग से खतीबुद्दीन का दवा बनाने का कारखाना लगने वाला था, इस खुशी में उसके घर दावत थी। दावत में बर्तन की जरूरत थी इसलिए वह बर्तन माँगने मुल्ला नसीरुद्दीन के पास आया।

मुल्ला नसीरुद्दीन ने जब बर्तन की माँग सुनी तो खतीबुद्दीन की तरफ हताश नजरों से देखा और बोला–"हाँ, बर्तन!...ओ बर्तन!...अरे बर्तन!" और फिर खामोश हो गया।

थोड़ी देर दोनों के बीच चुप्पी बनी रही। खतीबुद्दीन ने देखा कि मुल्ला नसीरुद्दीन न अपनी जगह से हिल रहा है और न कुछ बोल रहा है तब उसने फिर से अपनी बात दुहराई–"मुल्ला नसीरुद्दीन! कुछ दिन पहले आप मेरे घर से, रोजमर्रे में काम आने वाले कुछ बर्तन माँगकर लाए थे। वे बर्तन आज भी आपके पास ही हैं। आज मेरे घर दावत है। उस दावत में बर्तन की जरूरत तो पड़ेगी ही, इसलिए माँगने आया हूँ।"

मुल्ला नसीरुद्दीन ने फिर रुआँसी नजरों से खतीबुद्दीन को देखा और कहा–"अरे यार, खतीब, गृहस्थ के घर में मरनी-हरनी लगी रहती है। मुझे याद है कि तुम्हारे घर से चन्द रोज पहले मैं कुछ बर्तन ले आया था मगर तुम्हारे बर्तन मेरे घर आते ही बीमार हो गए और एक-एक कर दम तोड़ गए!...मेरा घर वैज्ञानिक का होता तो मेरे घर भी बर्तन बच्चा देते...अब उन बर्तनों की याद भी मत दिलाओ, मेरा कलेजा मुँह को आता है!" मुल्ला नसीरुद्दीन ने इतना कहकर अपने कलेजे पर हाथ रख लिया।

बेचारा खतीबुद्दीन! न तो उसे कुछ कहते बना और न फिर से बर्तन माँगने की स्थिति बनी। वह मन-ही-मन बुदबुदाता रहा...जरा भी नहीं बदला यह नसीरुद्दीन! बचपन में भी छोटे से मजाक का भी ऐसा ही जवाब देता था।

खतीबुद्दीन थके पाँव मुल्ला नसीरुद्दीन के घर से लौट रहा था और मुल्ला नसीरुद्दीन अपनी दाढ़ी सहलाते हुए उसे देख रहा था।

बाइज्जत बरी

मुल्ला नसीरुद्दीन के गाँव में एक बार अकाल पड़ा। लोग अन्न के दाने के लिए तरस गए। अकाल का प्रभाव गाँव के बाजार पर भी पड़ा और सदा गुलजार रहने वाले बाजार में सन्नाटा-सा छाने लगा। लोगों के पास पैसे नहीं रहे तो उसके असर से बाजार की आमद भी प्रभावित हुई। मुल्ला नसीरुद्दीन बाजार के काम से ही अपना और अपनी बेगम का पेट पालता था लेकिन अकाल के प्रभाव के कारण उन व्यापारियों की हालत भी ठीक नहीं थी जिनसे मुल्ला नसीरुद्दीन को कोई न कोई काम मिल जाया करता था। उसे अब कभी बाजार में काम मिलता और कभी नहीं मिलता...इस तरह कई महीने गुजर गए। मुल्ला नसीरुद्दीन की जमा पूँजी निकल गई। खस्ताहाली की वजह से उसकी बेगम चिड़चिड़ी हो गई। मुल्ला नसीरुद्दीन इन स्थितियों के बीच भी अपनी अलमस्ती में रहता और अपनी बेगम से कहता–"बेगम! खुदा के इस बन्दे के रहते तुम्हें जरा भी फिक्र करने की जरूरत नहीं। बस, तुम हर हाल में खुश रहा करो! तुम्हारी ही नहीं, पूरे गाँव की हालत खराब है, जरा उन लोगों के बारे में सोचो जो हफ्तों पत्ते उबालकर खाते हैं..."

भूखे पेट नसीहत किसे अच्छी लगती है! मुल्ला नसीरुद्दीन की पत्नी भी मुल्ला की नसीहतों से चिढ़ सी जाती मगर कुछ बोलती नहीं थी।

एक दिन मुल्ला नसीरुद्दीन गदहे पर सवार होकर सुबह-सुबह बाजार चला गया। उसे मालूम था कि घर में पकाने के लिए अन्न का एक दाना भी नहीं है। उसने एक जिम्मेदार गृहस्थ की तरह घर की जरूरत की पूर्ति के लिए अपनी क्षमता भर प्रयास किया मगर बाजार के व्यापारियों की भी हालत खराब थी, मुल्ला को काम तो मिला मगर पैसे नहीं मिले। काम देने वाले व्यापारी ने उसे बाद में पैसा देने का वादा करके भेज दिया।

जब शाम ढले मुल्ला नसीरुद्दीन अपने घर खाली हाथ वापस आया तब उसकी बेगम ने उससे बहुत रुआँसे स्वर में कहा–"घर में अनाज का एक दाना भी नहीं है...और तुम सब कुछ जानते हुए खाली हाथ वापस आए हो...आखिर ऐसे कब तक चलेगा? आखिर दिन भर तुम करते क्या रहे?"

"करता क्या रहा? मैं खुदा का बन्दा हूँ...जहाँ खुदा भेज दे, चला जाता हूँ...और जो काम दे दे, कर लेता हूँ!" मुल्ला नसीरुद्दीन ने तल्खी से कहा।

मुल्ला नसीरुद्दीन को तल्ख होता देखकर बेगम का गुस्सा सातवें आसमान पर पहुँच गया। वह क्रोध में धधकती हुई बोली–"वाह, क्या कहने! दिन भर निठल्ले की तरह मटरगश्ती करो और शाम को बीवी को बताओ कि...कि...कि मैं तो खुदा की नौकरी करता हूँ! खुदा जो कहता है वही करता हूँ तो...तो...तो अपने खुदा से पगार क्यों नहीं माँगते हो? खुदा से पगार माँगो! कहो खुदा से कि तुम्हारा परिवार हो रहा है फाकाकशी का शिकार!"

मुल्ला नसीरुद्दीन को बेगम की बातें चुभ गईं। बेगम का गुस्सा चूँकि वाजिब था इसलिए उसने कुछ कहा नहीं और तुरन्त गदहे पर सवार होकर घर से बाहर चला आया।

गदहा अपनी मस्ती में चल रहा था और मुल्ला नसीरुद्दीन गदहे पर बैठा सोच रहा था–जाऊँ तो कहाँ जाऊँ...माँगूँ तो किससे...सबकी हालत जानता हूँ। किसी के पास अपना ही पेट भरने के लिए अनाज नहीं है तो कोई कहाँ से मेरी सहायता करेगा...? उसका गदहा चला जा रहा था... लगातार! गाँव की सड़कों पर चलने के आदी इस गदहे को किसी दिशा-निर्देश की जरूरत नहीं थी। गदहे पर बैठा मुल्ला नसीरुद्दीन सोच रहा था–आखिर मैंने इतनी छोटी-सी जरूरत के लिए खुदा का नाम क्यों ले लिया? अब अगर बिना अनाज लिए घर जाऊँ तो कैसे? वह मन-ही-मन दुःखी हो रहा था। वह यह सोचकर घर से निकला था कि बेगम का गुस्सा शान्त होगा तब घर लौट आएगा मगर अब उसके पेट में भी चूहे कूद रहे थे और वह यह बात समझ रहा था कि जब तक पेट भरने का इन्तजाम न हो जाए, बेगम का क्रोध शान्त होने वाला नहीं।

वह खयालों में डूबा रहा। गदहा चलता रहा। मुल्ला को एक बार खयाल भी आया कि अब घर लौट जाना चाहिए मगर फिर मन के किसी कोने से

आवाज आई–'बिना पैसे या अनाज के, नहीं!'

चलते-चलते थककर गदहा एक जगह पर रुक गया। गदहे के रुकने से मुल्ला नसीरुद्दीन की तन्द्रा टूटी। उसने देखा–गदहा नदी के किनारे रुक गया है। उसने सोचा–गदहे को प्यास लगी है। वह खुद भी भूखा और प्यासा था। गदहे से वह उतर गया और प्यार से गदहे को सहलाया फिर नदी की धारा के पास उसे ले जाकर पानी पिलाया। जब गदहा पानी पीकर तृप्त हो गया तब उसे नदी किनारे के एक पेड़ के नीचे खड़े करके फिर प्यार से सहलाया और उसे थपथपाते हुए कहा–"मैं भी पानी पीकर आऊँ।" मुल्ला नसीरुद्दीन ने भी पानी पीया। पानी पीने के बाद उसे थकान अनुभव होने लगी। वह गदहे के पास ही जमीन पर लेट गया। थोड़ी देर में ही उसे नींद आ गई।

सूरज की पहली किरण ने जब उसे सहलाया तब उसकी नींद खुली। ठंडी हवा के झोंकों की मस्ती ने उसमें जैसे नया प्राण फूँका...चिड़ियों के कलरव को उसने देर तक मुग्ध होकर अपनी पलकें मूँदकर सुना। भूख-प्यास का कोई अहसास उस वक्त उसे नहीं था। उसने नदी में डुबकी लगाई और तरोताजा होकर नदी किनारे ही एक पेड़ के नीचे बैठकर सोचने लगा–बेगम ने कल कुछ नहीं खाया...और आज भी कहीं से कुछ मिलने की उम्मीद नहीं है। गदहा नदी किनारे इधर-उधर उगी सूखी-कुम्हलाई दूब चरने में व्यस्त था। मुल्ला नसीरुद्दीन को अपनी बेगम की बात याद आई–'तू खुदा का बन्दा है तो खुदा से अपनी पगार क्यों नहीं माँगता?'

मुल्ला नसीरुद्दीन के दिमाग में यही बात गूँजने लगी। भूख से त्रस्त मुल्ला नसीरुद्दीन को अपनी नहीं, अपनी बेगम की चिन्ता थी। पता नहीं उस पर क्या बीत रही होगी! रात भर उसने उसका इन्तजार किया होगा–भूखे रहकर, पता नहीं क्या कुछ सोच रही होगी! उलझनों और सवालों से घिरे मस्तिष्क को शान्त करने के लिए मुल्ला वहीं एक पेड़ के नीचे बैठ गया। थोड़ी देर के बाद उसके दिमाग में विचार आया–बैठे रहने से क्या फायदा...खुदा से अपनी पगार माँगता हूँ। सुना है, खुदा बहुत रहम-दिल है... क्या पता, सुन ही ले! ऐसा सोचकर उसने अपने कपड़े ठीक किए। सिर की नोकदार टोपी को दुरुस्त किया। अपनी पतली लम्बी दाढ़ी को सहलाकर सीधा किया और फिर पलकें बन्द कर जोर-जोर से बोलने लगा–"मेरे मौला,

ये मेरे खुदा! मैं तुम्हारा बन्दा मुल्ला नसीरुद्दीन तुमसे अपनी पगार माँगता हूँ! घर में अनाज का एक दाना भी नहीं है—मुझे मेरी पगार भेज दे।"

ये बातें कहने से मुल्ला नसीरुद्दीन को एक अजीब-सी तसल्ली हुई। उसका बेचैन मन शान्त होने लगा। इस सुखद अहसास को समेटने के लिए मुल्ला नसीरुद्दीन पलकें बन्द किए कहने लगा—"मेरे खुदा! मेरे मौला, मैं भूखा हूँ, मेरी बेगम भूखी है। कुछ खाने को दे और मेरे लिए महीने भर की पगार भेज दे।"

जिस समय मुल्ला नसीरुद्दीन खुदा से फरियाद कर रहा था, उसी समय उधर से एक सौदागर गुजर रहा था। सौदागर ने नदी के किनारे रुककर अपने घोड़े को पानी पिलाया और थकान मिटाने के लिए एक पेड़ के तने से टिक कर बैठ गया। अभी थोड़ा समय ही बीता था कि उसके कानों में आवाज आई—'या मेरे खुदा! मेरे मौला...मैं भूखा हूँ। मेरी बेगम भूखी है। कुछ खाने को दे और मेरे लिए महीने भर की पगार भेज दे।'

इस अजीब से लिबास वाले मुल्ला नसीरुद्दीन की गुजारिश सुनकर सौदागर को मजाक सूझा। उसने मुल्ला नसीरुद्दीन को चौंकाने के लिए अपने पास से मठरियों की थैली निकाली और दो-चार मठरियाँ अपने लिए रखकर, पूरी थैली मुल्ला नसीरुद्दीन के लिए बाँधकर एक किनारे रख दी। फिर उसने अशर्फियों की अपनी थैली निकाली और एक हाथ में अशर्फियों की थैली और दूसरे हाथ में मठरियों की थैली लेकर मुल्ला नसीरुद्दीन के पास गया और उसके सामने धीरे से दोनों थैलियाँ रख दीं फिर दबे पाँव वहाँ से चलकर अपनी जगह आकर बैठ गया। वह देखना चाहता था कि अब मुल्ला नसीरुद्दीन क्या करता है।

मठरियों से उठती सोंधी गन्ध जब मुल्ला नसीरुद्दीन ने महसूस की तो अनायास ही उसकी आँखें खुल गईं। उसने अपने सामने रखी दोनों थैलियों को देखा। फिर आस-पास दृष्टि दौड़ाई। कहीं कोई नजर नहीं आया। तब उसने थैली खोली और एक थैली में झाँकती मठरियाँ दिखीं और दूसरी में अशर्फियाँ। मुल्ला नसीरुद्दीन ने अपनी दोनों बाँहें आकाश की ओर फैला दीं और कहा—"खुदा, तुम बड़े रहम-दिल हो! तुमने मेरी पुकार सुन ली।"

मठरियाँ देखकर मुल्ला नसीरुद्दीन की भूख जाग गई। उसकी इच्छा हुई कि वह मठरियाँ खा ले मगर तभी उसे याद हो आया कि उसकी बेगम

भी तो भूखी है। उसने मठरियों की थैली और अशर्फियों की थैली उठाई और अपने गदहे पर सवार होकर घर की ओर चल पड़ा—यह सोचकर कि घर पहुँचकर मियाँ-बीवी चैन से मठरियाँ खाएँगे।

सौदागर मुल्ला नसीरुद्दीन को गदहे पर सवार होकर जाते हुए देखता रहा। उसने सोचा कि कोई बात नहीं, थोड़ी देर यह आदमी खुशी के कुछ लम्हें जी ले फिर वह उसे अशर्फियों की सच्चाई बताकर उससे अशर्फियाँ माँग लेगा। गदहे से वह जा रहा है—घोड़ा तो गदहे से तेज चलता है। पलक झपकते ही पकड़ में आ जाएगा...अभी जाने दो! मुल्ला नसीरुद्दीन अपने घर की राह पर मुड़ गया तब सौदागर ने अपना घोड़ा दौड़ाना शुरू किया।

अपने घर पहुँचकर मुल्ला नसीरुद्दीन ने देखा—बेगम झरोखे पर बैठी अपनी सूनी नजर से राह ताक रही थी। मुल्ला को देखकर बेगम भागी-भागी आई और दरवाजा खोला। उसकी आँखें डबडबा गईं और वह मुल्ला से लिपटकर बोली—"कहाँ चले गए थे मुझे छोड़कर?"

मुल्ला नसीरुद्दीन ने दोनों थैलियाँ अपनी बेगम को थमाते हुए कहा—"तुम्हें छोड़कर कहाँ जाऊँगा? मैं तो खुदा से अपनी पगार माँगने गया था। जब पगार मिली तब तुम्हारे पास आ गया। पहले मठरियाँ खाओ। भूखी होगी। मैंने भी कुछ नहीं खाया है। मुझे भी भूख लगी है।...फिर अशर्फियाँ गिन लेना।"

बेगम तुरन्त रसोई में गई और वहाँ से एक थाल उठाकर ले आई। थैली से मठरियाँ निकालकर थाल में रखी। बाहर वाले कमरे में, जिसका उपयोग प्रायः बाहर से आए अतिथियों के लिए ही होता था, दोनों ने बैठकर मठरियाँ खाईं। पानी पीया। तृप्त हुए। फिर बेगम ने अशर्फियों की थैली खोली और अशर्फियाँ गिनकर बताया—"पूरे ढाई सौ अशर्फियाँ हैं—ढाई सौ!"

तभी वह सौदागर मुल्ला नसीरुद्दीन के बारे में पता लगाते हुए उसके घर पहुँचा। हुआ यह था कि उसने घोड़े को दूसरी राह पर घुमा लिया था और राह भटक जाने के कारण गदहे पर बैठे आदमी की तलाश में मारा-मारा फिर रहा था। उसने एक ग्रामीण से पूछा—"भाई! तुमने इधर से किसी गदहे पर सवार आदमी को जाते देखा है?"

तपाक उस ग्रामीण ने कहा—"गदहा सवार? कौन, मुल्ला नसीरुद्दीन? इस गाँव में तो केवल एक ही शख्स ऐसा है जो गदहे की सवारी करता है!"

"मैं उसका नाम नहीं जानता!" विवश स्वर में सौदागर ने ग्रामीण से कहा–"हाँ, वह शख्स नोकदार रंग-बिरंगी टोपी पहने है और उसकी पतली लम्बी दाढ़ी है।"

"हाँ-हाँ, आप मुल्ला नसीरुद्दीन की बात कर रहे हैं!" उस ग्रामीण ने कहा। फिर सौदागर की ओर देखकर उसने कहा–"आप गलत रास्ते से जा रहे हैं। इस सड़क के बाद वाली सड़क से इसी दिशा में थोड़ी दूर चलने पर ही आपको एक बड़ी सी तीन मंजिलों वाली इमारत मिलेगी। वही इमारत मुल्ला नसीरुद्दीन की है। वह वहीं रहता है।"

इस तरह भटकता हुआ और लोगों से पूछता-पाछता सौदागर मुल्ला नसीरुद्दीन के घर पहुँचा और दरवाजे पर दस्तक दी।

बेगम ने जैसे ही दस्तक की आवाज सुनी तो वह भीतर चली गई।

मुल्ला नसीरुद्दीन ने दरवाजा खोला। सामने एक अजनबी को देखकर उसने उस पर प्रश्नवाचक दृष्टि डाली।

सौदागर ने झेंपते हुए कहा–"आप मुल्ला नसीरुद्दीन हैं? देखिए जवाब! हम दोनों एक-दूसरे से परिचित नहीं हैं। दरअसल मैं अपनी अशर्फियों की थैली की वापसी के लिए आया हूँ।...आप जब खुदा से पगार के लिए गुजारिश कर रहे थे उसी वक्त मैं उधर से गुजर रहा था। मैंने मजाक में अपनी अशर्फियों की थैली आपके सामने रख दी थी। आप उसे लेकर चले आए। अब आप मुझे वह थैली लौटा दें।"

मुल्ला नसीरुद्दीन ने सौदागर की बात ध्यान से सुनी, फिर कहा–"मैं खुदा का नेक बन्दा हूँ। खुदा ने जो पगार मेरे लिए भेजी है, वह मेरी है। उस पर किसी का भी दावा अब गलत है। आप लौट जाएँ।"

ढाई सौ अशर्फियों की बात थी। सौदागर ऐसे ही कैसे चला जाता? सौदागर और मुल्ला नसीरुद्दीन के बीच अशर्फियों के लिए चखचख शुरू हो गई। अन्त में हार कर सौदागर ने कहा–"आप ऐसे नहीं मानते तो काजी के पास चलें। काजी जो फैसला करेगा, मैं मान लूँगा।"

"काजी के पास मैं चलूँ, मुझे इसमें कोई एतराज नहीं है मगर तुम मेरे लिबास की हालत देखो। इस हालत में तो मैं किसी भी सूरत में काजी के पास नहीं जाऊँगा।" मुल्ला नसीरुद्दीन ने सख्ती से कहा।

दरअसल रात में अपने लिबास पहने हुए ही मुल्ला नसीरुद्दीन जमीन

पर सो गया था। नदी किनारे की नमीयुक्त जमीन होने के कारण उसके कपड़े मिट्टी में सन गए थे।

सौदागर ने मुल्ला नसीरुद्दीन के कपड़ों को देखा और मन-ही-मन कुछ सोचकर कहा–"कोई बात नहीं है जनाब! आपको मैं अपनी शेरवानी और सलवार निकाल कर दे देता हूँ। आप इन्हें पहन लीजिए!" सौदागर ने अपनी शेरवानी उतारी और सलवार का नाड़ा खोला और मुल्ला नसीरुद्दीन को दोनों कपड़े देकर कहा–''बस! जनाब, आप एक मेहबानी करें–एक लुंगी मुझे दे दें ताकि उसे पहनकर मैं आपके साथ काजी के पास चल सकूँ!''

मुल्ला नसीरुद्दीन ने तुरन्त एक लुंगी सौदागर को दे दी। सौदागर ने लुंगी लपेट ली और मुल्ला नसीरुद्दीन ने शेरवानी और सलवार पहन ली।

सौदागर ने कहा–''अब आप अशर्फियों की थैली लेकर मेरे साथ काजी के पास चलें!"

''ऐसे कैसे चलें? तुमने मेरी जूती देखी है? कैसी लग रही है? कीचड़ से लथपथ बदरंग और मैली! क्या मैं वह जूती पहनकर काजी के पास चलूँ? हरगिज नहीं!'' मुल्ला नसीरुद्दीन ने आँखें तरेरते हुए कहा।

''अच्छा, कोई बात नहीं, आप नाराज न हों। मेरी जूती ले लें।'' सौदागर ने अपनी जूती उतारकर मुल्ला नसीरुद्दीन के सामने रख दी–''लीजिए जनाब! यह जूती पहन लीजिए।''

मुल्ला नसीरुद्दीन ने जूती पहन ली। सौदागर ने कहा–''अब तो चलेंगे काजी के पास! अब तो कोई समस्या नहीं है?''

''समस्या कैसे नहीं है! समस्या तो है ही। नहीं, मैं नहीं जाऊँगा, इस तरह काजी के पास!'' मुल्ला नसीरुद्दीन ने पाँव पटकते हुए कहा।

''अब क्या समस्या रह गई जनाब? कुछ कहें तो!'' परेशान होते हुए सौदागर ने पूछा।

"अरे भाई! तुम्हारे पास दिमाग है या नहीं?...मेरे पास सवारी के लिए सिर्फ एक गदहा है। क्या समझते हो...मुल्ला नसीरुद्दीन गदहे पर सवार होकर जाएगा काजी से मिलने? कतई नहीं!" मुल्ला नसीरुद्दीन ने पाँव पटकते हुए कहा।

''ठीक है जनाब!" सौदागर ने खुशामदी लहजे में कहा–''आप मेरा घोड़ा से लीजिए। आप घोड़े पर बैठकर चलिए और मैं पाँव-पैदल आपके

साथ काजी के पास चलूँगा।''

मुल्ला नसीरुद्दीन ने ऐसा दिखाया जैसे वह विवश होकर काजी के पास चलने को तैयार हुआ हो...और कहा—''ठीक है, चलिए!''

मुल्ला नसीरुद्दीन ने अशर्फियों की थैली अपने हाथ में उठा ली और घर से बाहर आकर सौदागर के सफेद शानदार घोड़े पर सवार हो गया। शेरवानी, सलवार और शानदार जूती के साथ ही उसके सिर पर उसकी शानदार नोकदार टोपी थी। घोड़े पर जाता हुआ मुल्ला नसीरुद्दीन किसी सुल्तान से कम नहीं दिख रहा था...और घोड़े के साथ-साथ लुंगी-गंजी में चलता सौदागर, जो नंगे पाँव भी था, किसी सिरफिरे से कम नहीं लग रहा था।

चलते-चलते आखिर दोपहर तक दोनों काजी के पास पहुँच ही गए। काजी को देखकर मुल्ला नसीरुद्दीन ने काजी को सलाम किया और कहा—"हुजूर! मुझे इस सिरफिरे से बचा लो!"

काजी ने ऊपर से नीचे तक सौदागर को देखा। अपनी अशर्फियों की चिन्ता में सौदागर बावला-सा दिख रहा था। उसने मुल्ला नसीरुद्दीन को अशर्फियों की थैली देने की कहानी सविस्तार काजी से कह सुनाई।

काजी हैरत में पड़ गया और मुल्ला नसीरुद्दीन की तरफ एक बार देखने के बाद सौदागर से पूछा—"तुमने बताया कि तुम सौदागर हो! और तुमने मजाक में अपनी अशर्फियों की थैली मुल्ला नसीरुद्दीन को दे दी! कौन विश्वास करेगा तुम्हारी बात पर..." ऐसा कहते हुए काजी ने फिर सौदागर को ऊपर से नीचे तक देखा।

मौका ताड़कर मुल्ला नसीरुद्दीन ने तुरन्त कहा—"काजी साहब! बात सिर्फ अशर्फियों की थैली की ही होती तो कोई बात नहीं थी। यह शख्स तो अब यह भी कहेगा कि यह शेरवानी भी उसकी है, यह सलवार भी उसकी है, यह जूती भी उसकी है और बाहर खड़ा वह घोड़ा भी उसी का है जिससे मैं आया हूँ।''

मुल्ला नसीरुद्दीन की बात सुनकर सौदागर घबरा गया—"अरे, यह क्या! यह आदमी तो अचानक बदल गया...पहले तो मेरी अशर्फियों पर कब्जा कर लिया...अब मेरी शेरवानी, सलवार, जूती और घोड़े पर भी दावा कर दिया! वह बौखलाकर बोला—''काजी साहब! काजी साहब...अशर्फियाँ

जो मुल्ला नसीरुद्दीन के हाथ की थैली में हैं, सलवार, शेरवानी व जूती जो उसने पहन रखी है...और वह घोड़ा भी जिससे वह आया है...सचमुच सब मेरे हैं।" काजी के सामने बावला-सा, सौदागर बार-बार गिड़गिड़ाता हुआ अपनी बात दुहरा रहा था।

सौदागर की हरकतों पर गौर करते हुए काजी ने मुल्ला नसीरुद्दीन की तरफ देखा। उसके चेहरे पर निश्चिन्तता का भाव था और आँखों में विश्वास-भरी चमक।

काजी ने अपना फैसला सुनाया—"खुद को सौदागर बताने वाले बावले को चिकित्सा के लिए अस्पताल भेजा जाए और मुल्ला नसीरुद्दीन को उसकी अशर्फियों, घोड़े एवं अन्य सभी असवाबों, जो उससे ताअल्लुक रखते हैं, के साथ बाइज्जत बरी किया जाए!"

बादशाह से दूरी भली

मुल्ला नसीरुद्दीन को अपनी दिलचस्प हरकतों से अच्छी ख्याति मिल गई थी। असल में उसकी मशहूरियत की असली वजह उसके काम करने के अटपटे अन्दाज के प्रति गहरी रुचि ही थी वरना मुल्ला नसीरुद्दीन था तो एक अदना इनसान ही। कोई कहता—मुल्ला नसीरुद्दीन रोशन-दिमाग शख्स है तो कोई मानता कि मुल्ला नसीरुद्दीन के काम करने का अन्दाज अनोखा है। कुछ लोग मुल्ला नसीरुद्दीन के लम्बे, बूटेदार चोगे, नोकदार टोपी और नक्काशीदार जूती में उसके मशहूर होने का रहस्य तलाशते और इस तरह किसी न किसी बहाने मुल्ला नसीरुद्दीन चर्चा में रहता। सचमुच इस मशहूरियत में सबसे दिलचस्प बात यह थी कि मुल्ला नसीरुद्दीन को पता ही नहीं था कि वह मशहूर है। वह तो अपने काम में ही मशगूल रहता और मेहनत-मजदूरी कर अपना घर चलाता। मुल्ला नसीरुद्दीन को शहर के अमीर-उमराँ जान गए थे इसलिए उसके पास काम की कमी नहीं रहती। वह ईमानदारी के साथ अपना काम करता। एक अच्छी बात मुल्ला नसीरुद्दीन में यह थी कि वह अपने खर्च की सीमाएँ जानता था और कभी भी अपनी इच्छापूर्ति के लिए, भावनाओं के अतिरेक में आकर कूवत से अधिक खर्च नहीं करता था। अपनी इच्छाओं को काबू में रखना मुल्ला नसीरुद्दीन खूब जानता था। कई बार उसकी पत्नी ने उसे उकसाया भी कि शहर के सभी नामचीन लोग तुम्हें जानते हैं, तुम उनसे सहायता लेकर अपना कोई रोजगार शुरू कर लो। इससे तुम्हारे पास भी दौलत हो जाएगी और हम लोग चैन की जिन्दगी जी सकेंगे। अपनी पत्नी के ऐसे उकसावे पर मुल्ला नसीरुद्दीन हँस देता और प्यार से उसके बाल सहलाता हुआ कहता—"बेगम! जब मुझे कोई नामचीन आदमी चैन में दिख जाएगा तब मैं उसके सामने सहयोग का मुद्दा रखूँगा...अभी तो जितने भी ऐसे लोगों को मैं जानता हूँ, जिन्हें दुनिया

नामचीन और दौलतमन्द कहती है, उन्हें मैंने दिन-रात बेचैन ही देखा है। ये ऐसे लोग हैं जो धन के पीछे इस कदर भागते हैं कि इन्हें दीन और दुनिया की फिक्र ही नहीं रहती।''

ऐसे ही दिन गुजर रहे थे। शहर में जब भी किसी बड़े आदमी के घर कोई जश्न या जलसा होता या महफिल जमती तो वहाँ से मुल्ला नसीरुद्दीन के लिए बुलावा अवश्य आता।

एक दिन मुल्ला नसीरुद्दीन के नाम बादशाह के दरबार से बुलावा आया कि दरबार में दूसरे दिन शास्त्रीय संगीत का एक शानदार कार्यक्रम है, उसमें मुल्ला नसीरुद्दीन अवश्य आएँ।

बादशाह का पैगाम मुल्ला नसीरुद्दीन की बेगम के हाथों में पड़ गया। वह उस आमंत्रण पत्र को अपनी किस्मत का ताला खोलने वाली चाबी समझ बैठी और मन-ही-मन सोचने लगी कि जब वह मुल्ला नसीरुद्दीन को यह पैगाम देगी तो कुछ ऐसा जरूर कहेगी कि मुल्ला इस संगीत के कार्यक्रम में अवश्य जाए। उस दिन उसे मुल्ला नसीरुद्दीन पर बहुत प्यार आ रहा था। वह सोच रही थी कि जिस पति को वह अब तक नाकाबिल इनसान समझ रही थी उसकी इतनी कद्र है कि बादशाह भी उसे अपने पास बुलाता है। उसकी जिस सादगी, निश्छलता और कपटहीन प्रवृत्ति के कारण वह उसे निखट्टू समझती रही है, उसे अपने इन्हीं गुणों की बदौलत बादशाह की नजर में एक उम्दा इनसान बनने में मदद मिली है। जब मुल्ला नसीरुद्दीन लौटा तब उसकी बेगम ने उसे बादशाह का पैगाम दिया और उसे प्रेरित किया कि वह बादशाह के पास अवश्य जाए और संगीत के इस आयोजन का लुत्फ उठाए।

दूसरे दिन, जब मुल्ला नसीरुद्दीन बादशाह के दरबार में आयोजित सांगीतिक कार्यक्रम में भाग लेने जाने के लिए सजधज कर तैयार हुआ तब उसकी बेगम ने बहुत प्यार से कहा–"संगीत के कार्यक्रम में बादशाह के इर्द-गिर्द बैठे लोगों को भी देखना, समझना और यह जानने की कोशिश करना कि ऐसी क्या बातें हैं जिन्हें बादशाह पसन्द करते हैं। क्या पता उस तरह की बातें थोड़े से अभ्यास के बाद तुममें भी पैदा हो जाएँ और तुम्हें भी बादशाह की पसन्द के लोगों में शुमार किया जाने लगे! इससे हमारी शानो-शौकत बढ़ेगी। तुम एक काबिल इनसान हो मगर अब तक तुम्हारी

काबिलीयत का लाभ परिवार को नहीं मिल पाया है। क्या पता इस बार खुदा तुम्हें बादशाह की नजरों में बस जाने का ही मौका दे दे!"

बेगम की इन प्यार-भरी बातों का मुल्ला पर सीधा असर हुआ। वह अपनी नोकदार टोपी ठीक करते हुए बोला–"हाँ, बेगम, तुम ठीक कहती हो। इस बार मैं गौर करूँगा कि किन बातों से बादशाह अधिक प्रभावित होता है।" इतना कहकर वह बादशाह के दरबार की ओर चल पड़ा।

जिस समय मुल्ला नसीरुद्दीन दरबार में पहुँचा, उस समय कार्यक्रम आरम्भ नहीं हुआ था। मुल्ला को दरबार में प्रवेश के समय सलाम करने वालों की कमी नहीं थी। मुल्ला नसीरुद्दीन को ले जाकर आगे के तख्त पर बैठाया गया। मुल्ला के तख़्त के पास ही बादशाह के बैठने की जगह बनी हुई थी। बादशाह के तख्त के ठीक सामने वह मंच बना था जहाँ संगीत का कार्यक्रम होना था। थोड़ी देर में ही दरबार खचाखच भर गया और मंच पर कलाकार भी आ गए और अपने साजो-सामान के साथ साजिन्दे भी। सबसे अन्त में बादशाह आए और अपने लिए निर्धारित स्थान पर बैठ गए।

कार्यक्रम प्रारम्भ हुआ। एक गायक ने तान छेड़ी। उसके पार्श्व में सारंगी, तबला और तानपूरा लेकर बैठे कलाकारों की उँगलियाँ थिरकने लगीं। संगीत की स्वर-लहरियों में दरबार में बैठे लोग डूबने-उतराने लगे। मुल्ला नसीरुद्दीन ने इससे पहले कभी शास्त्रीय संगीत नहीं सुना था जिसके कारण मंच से आ रही की ध्वनि में उसकी कोई रुचि नहीं थी। उसे तो यही लग रहा था कि गायक एक ही पंक्ति को तोड़ता-मरोड़ता हुआ कई भिन्न तरीकों से गा रहा है–आ...आ...आ करके! मुल्ला की रुचि बादशाह को देखने में अधिक थी। बादशाह आँखें बन्द किए झूम रहा था। उसकी गर्दन गायकी के साथ-साथ ऊपर-नीचे, दाएँ-बाएँ झटके ले रही थी। मुल्ला ने समझ लिया कि बादशाह संगीत की लय में डूब गया है और संगीत की मस्ती में ही खोया हुआ है। गायक इस राज्य का मशहूर शास्त्रीय संगीत गायक था और उसकी गायकी बादशाह को मस्त कर चुकी था। देखना था कि–महफिल में बादशाह किस तरह के लोगों की बातों से प्रभावित होता है।

वह जब से बादशाह पर गौर कर रहा था तब से ही उसे इस बात का इल्म था कि बादशाह की लोगों में कोई रुचि नहीं है। वह आँखें बन्द किए गायकी के साथ-साथ गर्दन हिला रहा है। तबले की तरंग से उसकी उँगलियाँ

भी थिरक-थिरक उठती हैं।...सोचते-सोचते मुल्ला ने निष्कर्ष निकाला कि बादशाह को प्रभावित करना है तो शास्त्रीय संगीत गाना सीखना होगा। शास्त्रीय संगीत का दौर समाप्त हुआ। भोजन का दौर आरम्भ हुआ। मुल्ला नसीरुद्दीन ने देखा–बादशाह आगंतुकों के सलाम पर भी तवज्जो नहीं दे रहे–बस, उस शास्त्रीय संगीत गायक से ही बात करने में मशगूल हैं। इससे मुल्ला का वह निष्कर्ष और पुख्ता हो गया कि यदि वह शास्त्रीय संगीत सीख ले तब बादशाह के लिए वह भी बहुत महत्त्वपूर्ण प्राणी बन जाएगा।

बादशाह के पास से लौट आने के बाद मुल्ला ने अपनी बेगम को बताया कि बादशाह शास्त्रीय संगीत का दीवाना है। यदि संगीत चल रहा हो तो उसे दुनिया की कोई परवाह नहीं रहती।...मैंने सोचा है कि मैं भी शास्त्रीय गायकी सीख कर अपने फन से बादशाह का दिल जीत लूँ ताकि तुम्हारी हसरतें पूरी हो सकें।

मुल्ला की बातें सुनकर उसकी बेगम बहुत खुश हुई। पहली बार उसे मुल्ला समझदार इनसान की तरह बात करने वाला शख्स दिखा।

पत्नी के चेहरे पर प्रसन्नता की चमक देखकर मुल्ला बोला–"बेगम, मैं जल्दी ही शास्त्रीय गायकी करना सीख लूँगा। मैं गायकी के सबसे बड़े उस्ताद के पास जा रहा हूँ गायकी सीखने," और इस तरह मुल्ला नसीरुद्दीन गायकी के सबसे बड़े उस्ताद के पास गायकी सीखने के इरादे से पहुँच गया।

उसने उस्ताद को अपना परिचय बताते हुए कहा–"मुझे उम्मीद है कि मुझमें आप एक अच्छा शिष्य अवश्य पाएँगे।"

उस्ताद ने मुल्ला की बातें सुनकर मुस्कुराते हुए कहा–"यह तो ठीक है, मगर मैं गायकी सिखाने के लिए पैसे लेता हूँ।"

"कितना पैसा?" उलझन में पड़ते हुए मुल्ला नसीरुद्दीन ने रुआँसे स्वर में पूछा।

"पहले छह माह तक सौ रुपए प्रति माह। छह महीने बाद से दस रुपए प्रति माह।" उस्ताद ने उत्तर दिया।

मुल्ला नसीरुद्दीन ने मन-ही-मन संगीत सीखने का गणित समझा और पाया कि अभी संगीत सीखना उसके लिए आर्थिक संकट मोल लेना है। तुरन्त उसने कहा–"तब ठीक है उस्ताद! मैं छह माह बाद ही आऊँगा।" और उसके बाद मुल्ला नसीरुद्दीन विजयी भाव से अपने घर की तरफ चल पड़ा।

घर पहुँचकर उसने बेगम से कहा—"बेगम! बादशाह से दूर रहना ही बेहतर है, कम-से-कम इससे मैं तुम्हारे पास तो रह पाऊँगा! इसलिए अब गायक बनने का इरादा त्याग रहा हूँ।"

बेगम पहली बार मुल्ला के मुँह से ऐसी बातें सुन रही थी। उसे मुल्ला का यह कथन अच्छा लगा और वह शरमाकर अपने कमरे में चली गई।

बुखारा की शान

बात उन दिनों की है जब मुल्ला नसीरुद्दीन बुखारा में रहता था। एक बार अरब के तीन विद्वान बुखारा आए और बुखारा के बादशाह से मिलकर अपनी विद्वत्ता का बखान किया। बादशाह उन तीनों विद्वानों से बहुत प्रभावित हुआ और उन्हें कुछ इनाम देना चाहा मगर उन विद्वानों ने बादशाह से कहा–"बादशाह सलामत! हम पुरस्कार पाने की लालसा नहीं रखते हैं। हम तो यहाँ आपके राज्य के विद्वानों से तीन सवाल पूछने आए हैं। जिस दिन हमें अपने सवालों का जवाब मिल जाएगा, उस दिन हम वापस चले जाएँगे...आपसे हमारी यही इल्तिजा है कि जब तक हमें हमारे प्रश्नों का उत्तर नहीं मिले तब तक आप हमारे रहने की व्यवस्था करवा दें।"

बादशाह ने तीनों विद्वानों के ठहरने का इन्तजाम कर दिया और दूसरे दिन ही उन्हें अपने दरबार में बुलवाया ताकि वे दरबारियों से अपना सवाल पूछ सकें। दरबारियों से तीनों विद्वानों ने एक-एक सवाल पूछे मगर किसी भी विद्वान के प्रश्न का उत्तर कोई दरबारी नहीं दे सका।

बादशाह को बड़ी लज्जा महसूस हुई। वह यह सोचकर दुखी था कि ये विद्वान जब अपने मुल्क लौटेंगे तब कहेंगे कि बुखारा में कोई भी आदमी ऐसा नहीं मिला जो उनके सवालों का जवाब दे सके।

बादशाह यह सोचकर पश्चात्ताप कर रहा था तभी उसे एक दरबारी ने सलाह दी–"हुजूर! आप इन विद्वानों के सवालों का जवाब देने के लिए मुल्ला नसीरुद्दीन को दरबार में बुलवाएँ। वह एक जहीन इनसान है। उस पर कुदरत का करिश्मा काम करता है। वह ऐसे तीन तो क्या तीन हजार सवालों का जवाब दे सकता है।"

अन्धे को क्या चाहिए–दो आँखें! जब बादशाह को मालूम हुआ कि बुखारा में मुल्ला नसीरुद्दीन नाम का एक ऐसा आदमी है जो इन विद्वानों

के सवालों का जवाब दे सकता है तब उसने चैन की साँस ली तथा दूसरे दिन मुल्ला नसीरुद्दीन के पास दरबार में आने का आमंत्रण भेज दिया।

मुल्ला नसीरुद्दीन को जब बादशाह का पैगाम मिला तब हैरत में पड़ गया कि बादशाह को उसकी ऐसी क्या जरूरत आन पड़ी कि उसे बुलाने के लिए इस तरह पैगाम भेजा है? उसने पैगाम लाने वाले व्यक्ति से अपने बुलावे का कारण जानना चाहा। तब उसने कहा–''आपको क्यों बुलाया गया है, यह बात तो बादशाह के सिवा कोई नहीं जानता मगर मैं यह जनता हूँ कि अरब से तीन विद्वान बुखारा आए हुए हैं। आज उन विद्वानों के सवालों का जवाब कोई नहीं दे पाया। भरे दरबार में उनके सवालों से सन्नाटा छा गया। हो सकता है कि बादशाह ने इस सिलसिले में ही अपना पैगाम भेजा हो!''

मुल्ला नसीरुद्दीन को बात समझ में आ गई। उसने पैगाम देने वाले से कहा–"ठीक है, मैं कल दरबार में अपने गदहे पर बैठकर आऊँगा और गदहे पर बैठकर ही बातें करूँगा। यह शर्त यदि मंजूर हो तो बादशाह से कहना–मुल्ला नसीरुद्दीन उनकी सेवा में हाजिर है!"

मुल्ला नसीरुद्दीन का पैगाम लेकर बादशाह का आदमी चला गया। बादशाह को जाकर उसने मुल्ला नसीरुद्दीन की शर्त बता दी।

बादशाह करता भी तो क्या! उसे मुल्ला नसीरुद्दीन की जरूरत थी। बुखारा की इज्जत का सवाल था। उसने द्वारपालों को सूचना भिजवा दी कि कल दरबार में एक व्यक्ति गदहे पर सवार होकर प्रवेश करेगा, उसे रोका न जाए!

दूसरे दिन मुल्ला नसीरुद्दीन अपने अजीबोगरीब लिबास में, गदहे पर सवार होकर बादशाह के दरबार में हाजिर हुआ। वह विद्वान कम, मसखरा ज्यादा लग रहा था। उसे देखकर दरबार में उपस्थित लोग हँसने लगे। मगर उनकी हँसी से अप्रभावित मुल्ला नसीरुद्दीन ने बादशाह से कहा–"अपने मन के बादशाह का सलाम, बुखारा के बादशाह स्वीकार करें!"

बुखारा के बादशाह के लिए यह अभिवादन नया और दिलचस्प था। उसने गर्दन हिलाकर सलाम कबूल किया। फिर मुल्ला ने कहा–"फरमाइए जनाब! मुझे दरबार में हाजिर होने का सन्देश किन कारणों से भिजवाना पड़ा?''

बादशाह ने कहा–"मुल्ला नसीरुद्दीन के जहीन इनसान होने की खबर मुझे मिली थी! हमारे दरबार में तीन विदेशी विद्वान आए हैं। उनके तीन सवालों का जवाब हमारे दरबारी नहीं दे पाए। अब आपको बुखारा की तरफ से उन सवालों का जवाब देना है।"

"सवाल पूछा जाए!" मुल्ला नसीरुद्दीन ने बादशाहों जैसे अन्दाज में, गदहे पर बैठे-बैठे ही कहा।

बादशाह ने विद्वानों की ओर इशारा किया।

विद्वानों में से एक ने पूछा–"पृथ्वी गोल है, यह सभी जानते हैं। हमें बताएँ कि इस पृथ्वी का केन्द्र कहाँ पर है?"

मुल्ला नसीरुद्दीन ने बेझिझक कहा–''जिस गदहे पर मैं बैठा हूँ उसकी आगे की दाहिनी टाँग के ठीक नीचे।''

"आपके कथन का प्रमाण क्या है?" उस विद्वान ने नसीरुद्दीन से पूछा।

मुल्ला नसीरुद्दीन ने कहा–''प्रत्यक्ष ही प्रमाण होता है। आप पैमाना ले लो और पृथ्वी को मापकर देख लो। मेरी बात गलत निकलेगी तो मैं फाँसी पर चढ़ जाऊँगा।''

वह विद्वान चुपचाप अपने स्थान पर बैठ गया।

उसके बाद दूसरा विद्वान उठा और मुल्ला नसीरुद्दीन से पूछा–"आसमान में कितने तारे हैं?"

"मैं जिस गदहे पर बैठा हूँ उसके शरीर पर जितने बाल हैं!" मुल्ला ने तपाक से जवाब दिया।

"इस गदहे के शरीर के बाल आपने कब गिन लिये?" विद्वान ने मुल्ला से पूछा।

"जब आपने आसमान के तारे गिने।" मुल्ला ने सहज-सा उत्तर दिया।

दूसरा विद्वान भी अपने स्थान पर जाकर बैठ गया।

अब तीसरे विद्वान की बारी थी। तीसरे विद्वान ने पूछा–"मेरी दाढ़ी में कितने बाल हैं?"

"मेरे गदहे की दुम में जितने बाल हैं।" मुल्ला ने मुस्कुराते हुए कहा।

"आपके कथन की सच्चाई का क्या प्रमाण हो सकता है?" उस विद्वान ने पूछा।

मुल्ला नसीरुद्दीन ने अपने चिर-परिचित शान्त अन्दाज में कहा—"बहुत सरलता से मैं अपनी बात की सच्चाई प्रमाणित कर दूँगा। अपने गदहे के दुम का एक बाल खींचकर मैं रखता हूँ, आप अपनी दाढ़ी का एक बाल नोच कर रखें। यदि अन्त में दोनों तरफ कोई बाल नहीं बचे तो मैं सच्चा और बच जाए तो मैं झूठा।...कहें तो गिनती शुरू करूँ?"

"अरे! नहीं, नहीं...आपने ठीक कहा...अब प्रमाण की कोई जरूरत नहीं।" यह कहते हुए वह विद्वान भी अपनी जगह पर जाकर बैठ गया।

बादशाह अभी तक कुछ समझ नहीं पाया था। वह कभी मुल्ला नसीरुद्दीन को देखता और कभी तीनों विदेशी विद्वानों को।

तभी तीनों विद्वान अपनी जगह से उठे और बादशाह से बोले—"बादशाह सलामत, अब हमें जाने की इजाजत दीजिए। बुखारा में बुद्धिमान लोग हैं, इसका प्रमाण हमें मिल गया है। ऐसे लोगों के कारण बुखारा की विशेष पहचान बनी रहेगी, ऐसा विश्वास हमें है!"

तीनों विद्वानों की बात सुनकर दरबारियों को माजरा समझ में आ गया कि मुल्ला नसीरुद्दीन ने उनके सवालों का जवाब जिस अन्दाज में दिया है उससे उन विद्वानों का हौसला पस्त हो चुका है। पूरे दरबार में हर्ष ध्वनि की अनुगूँज पैदा होने लगी। तीनों विद्वान बादशाह का अभिवाद करके लौट गए।

विद्वानों के जाने के बाद मुल्ला नसीरुद्दीन ने बादशाह से पूछा—"अब मुझे भी जाने की आज्ञा मिलेगी जनाब?"

बादशाह ने मुल्ला को ढेर सारा इनाम देकर अपने गले लगा लिया और कहा—"मुल्ला नसीरुद्दीन, आप हमारे बुखारा की शान हैं। आज इस दरबार में आपने जिस तरह से बुखारा की इज्जत को बुलन्दियों पर पहुँचाया है, उसे हम कभी नहीं भूल पाएँगे!"

इसके बाद मुल्ला नसीरुद्दीन ने अपने गदहे को घुमा लिया और उसका गदहा दरबार के बाहर जाने लगा—ठक-ठक-ठकाक, ठक-ठक-ठकाक! मुल्ला अपने गदहे पर सवार था।

मुल्ला की हकीमी

जिस तरह मुल्ला नसीरुद्दीन को चाहने वालों की कमी नहीं थी, उसी तरह उससे जलने वालों की भी कमी नहीं थी। उससे ईर्ष्या रखने वाले हमेशा ऐसे अवसर की ताक में रहते थे जिसमें उन्हें उसकी खिल्ली उड़ाने का मौका मिल जाए।

एक दिन मुल्ला नसीरुद्दीन सुबह की सैर करने निकला था। हमेशा की तरह उसने लम्बा चोगा और सलवार पहन रखा था। पाँव में नक्काशीदार जूती थी और सिर पर नोकदार लम्बी टोपी। अपनी दाढ़ी सहलाता हुआ मुल्ला अपनी गली में लम्बे डग भर रहा था कि उसका एक पड़ोसी, जो कहीं से आ रहा था, रास्ते में ठोकर लगने के कारण गिर पड़ा। मुल्ला नसीरुद्दीन उस समय उसके पास ही था इसलिए बिना समय गँवाए उसने उसे उठाया और उसके कपड़ों की गर्द झाड़ने लगा तो देखा, उस व्यक्ति के पाजामे से घुटने के पास खून रिस रहा है। मुल्ला को यह समझते देर नहीं लगी कि उस व्यक्ति का घुटना गिरने के कारण जख्मी हो गया है।

मुल्ला नसीरुद्दीन ने उस व्यक्ति से कहा–"अपना पाजामा घुटने तक उठा लो। मैं गेंदा के पौधे के पत्ते तोड़ लाता हूँ। उसका रस लगा देने से तुम्हारा जख्म भर जाएगा। खून गिरना तो तुरन्त बन्द हो जाएगा।" इतना कहकर मुल्ला नसीरुद्दीन बिना किसी की इजाजत लिये एक घर के आगे सजावट के लिए लगाए गए गेंदे के पौधों से कुछ पत्तियाँ तोड़ने लगा।

यह अहाता जिसमें गेंदा के पौधे लगाए गए थे रहमत खान का था। रहमत खान मुल्ला नसीरुद्दीन से बैर रखता था। उसे इस बात की रंजिश थी कि एक ही मुहल्ले में रहते हुए मुल्ला नसीरुद्दीन को दूर-दूर तक लोग जानते और मानते हैं जबकि मुल्ला नसीरुद्दीन की माली हैसियत उसके आगे कुछ भी नहीं है और उसे कोई नहीं जानता। मानने की तो बात ही जुदा है।

जब रहमत खान ने मुल्ला नसीरुद्दीन को गेंदा के पत्ते तोड़ते देखा तो उसके तन-बदन में आग लग गई। जलन से वह सुलग उठा और झल्लाई आवाज में बोला–"मियाँ नसीर! यह क्या कर रहे हो? गेंदा के पौधे मैंने घर की शोभा के लिए लगाए हैं और तुम उसके पत्ते नोच रहे हो? वह भी बिना इजाजत?"

मुल्ला नसीरुद्दीन जानता था कि रहमत खान उससे खार खाए रहता है, किन्तु अभी वह वाकई बिना इजाजत उसके लगाए गेंदे पौधों के पत्ते तोड़ रहा है। यह खयाल आते ही कि रहमत का टोकना उचित है, उसने मासूमियत से कहा–"माफ करना रहमू! इस आदमी के घुटने छिल गए हैं। उस रिसते खून को देखकर मुझे कुछ भी खयाल नहीं रहा सिवा इसके कि इसके जख्म से खून बहना बन्द हो जाए। मैंने यहाँ गेंदे के पौधे देखे तो याद आया कि इसके रस से खून का बहना बन्द हो सकता है। बस, मैं गेंदा के पत्ते बेखयाली में तोड़ने लगा।" ऐसा कहते हुए मुल्ला नसीरुद्दीन गेंदे के पत्तों को अपनी तलहथी पर मसलता भी रहा।

रहमत खान मुल्ला नसीरुद्दीन को नीचा दिखाने पर आमादा था। उसने उससे कहा–"हाँ, ठीक है, पहले तुम इस आदमी का ठीक से इलाज कर लो। मैं भी एक हकीम की तलाश में था। अब तुम पास में हो तो क्या गम है! तुमसे ही अपना भी इलाज करवा लूँगा। दरअसल मुझे मालूम नहीं था कि तुम हकीमी भी करते हो!"

मुल्ला नसीरुद्दीन रहमत खान की बातों में छुपे व्यंग्य को समझ रहा था मगर उसकी बातों पर ध्यान दिए बिना ही उसने उस चोटिल व्यक्ति के जख्म पर गेंदे के पत्तों का रस टपकाया। वाकई खून का बहना रुक गया। वह व्यक्ति मुल्ला नसीरुद्दीन को धन्यवाद कहता हुआ विदा हो गया। तब तक रहमत खान अपने दरवाजे पर खड़ा रहकर मुल्ला नसीरुद्दीन की हकीमी देख रहा था।

जब मुल्ला नसीरुद्दीन अपने काम से मुक्त हुआ तब रहमत खान ने मुल्ला नसीरुद्दीन को व्यंग्य भरी दृष्टि से देखते हुए कहा–"हाँ, तो हकीम साहब! मुझे भी आपसे इलाज करवाना है, आप तो खुदाई खिदमतगार हैं, मेरा भी भला करें..."

मुल्ला नसीरुद्दीन समझ रहा था कि रहमत खान उसका मजाक उड़ा

रहा है मगर अपनी शैली में जीने का आदी मस्तमलंग मुल्ला अपने पड़ोसी रहमत खान की व्यंग्य-बुझी बातों से अप्रभावित रहा और मुस्कुराते हुए पूछा–''बताओ तो सही, तकलीफ क्या है? जितना तजुर्बा है उतनी मदद तो मैं किसी की भी करूँगा... ।''

रहमत खान ने मुल्ला नसीरुद्दीन के सामने खड़े होकर अपनी तोंद सहलाते हुए कहा–''कल रात एक अजीब वाकया हुआ। वह भी तब, जब मैं गहरी नींद सोया हुआ था। नींद में ही मुझे अकबकाहट महसूस हुई। मेरी आदत है कि मैं मुँह खोलकर सोता हूँ...अकबकाहट के मारे मुझे जम्हाई आई और जम्हाई के कारण मेरा मुँह पूरा खुल गया। मेरे घर में बहुत चूहे हैं। जिस वक्त मैं जम्हाई ले रहा था उसी वक्त एक चूहा तेजी से दौड़ता हुआ आया और मेरे मुँह में घुसकर गले की नली के रास्ते मेरे पेट में पहुँच गया और वहीं ऊधम मचाए हुए है। कोई ऐसा उपाय बताइए कि यह चूहा मरे और मेरे पेट में शान्ति हो।''

"बस, इतनी सी बात?...यह तो कोई ऐसी समस्या नहीं है कि चिन्तित हुआ जाए!" मुस्कुराते और अपनी दाढ़ी सहलाते हुए मुल्ला नसीरुद्दीन ने कहा–"देखो रहमू! तुम बड़ा-सा मुँह खोलकर जम्हाई लेना जानते ही हो... बस, कहीं से एक छोटी- सी बिल्ली पकड़ लाओ और मुँह बड़ा-सा करके बिल्ली को गटक जाओ और दो-तीन बार बाएँ से दाएँ, दाएँ से बाएँ करवटें लो और इसके कुछ देर बाद एक कटोरा ठंडा दूध पी लो। फिर देखो कमाल! बिल्ली चूहे को निगल जाएगी और तुम्हारे पेट में चल रहा चूहे का ऊधम बन्द हो जाएगा।...और हाँ, यह समस्या तो केवल सामान्य ज्ञान से हल हो जाने वाली समस्या थी, इसमें हकीमी की कोई जरूरत ही कहाँ थी!"

इतना कहकर मुल्ला नसीरुद्दीन फिर से लम्बे डग भरने लगा। वह अपनी दाढ़ी भी सहलाता जा रहा था और मस्त चाल से चल भी रहा था।

और रहमत खान कभी मुल्ला नसीरुद्दीन को तो कभी अपने अहातें में गेंदे के पौधों को देख रहा था–ठगा सा!

मुल्ला नए मकान में

मुल्ला नसीरुद्दीन अपनी बेगम के साथ अपने पुश्तैनी मकान में रहता था। मकान बहुत पुराना था और जीर्ण-शीर्ण अवस्था में पहुँच चुका था। बरसात के दिन थे। आसमान में बादल छाए हुए थे। हलकी बूँदाबाँदी हो रही थी। बुजुर्गों का अनुमान था कि कभी भी घनघोर वर्षा हो सकती है।

बारिश के दिनों में मुल्ला नसीरुद्दीन की पत्नी परेशान रहा करती थी। छत से रिसाव होता रहता था। घर की चीजें बारिश के पानी से गीली होकर खराब होने लगती थीं। वह हर बरसात में मुल्ला नसीरुद्दीन को मकान की मरम्मत कराने के लिए कहती मगर मुल्ला नसीरुद्दीन की कमाई इतनी नहीं थी कि वह अपने मकान की मरम्मत करा सके। इधर छत के रिसाव को लेकर मुल्ला और उसकी पत्नी के बीच रोज चखचख हो रही थी। जितनी जोर से वर्षा होती उतनी जोर से मुल्ला की पत्नी चीखती-चिल्लाती। आज सुबह सायबान में उसका पाँव फिसल गया तब उसने मुल्ला नसीरुद्दीन को खब्ती और निठल्ला कहकर कोसा।

मुल्ला नसीरुद्दीन के लिए खब्ती और निठल्ला सम्बोधन असह्य हो गया और वह बारिश की परवाह किए बगैर अपने घर से बाहर निकल गया। बहुत देर तक मुल्ला नसीरुद्दीन गाँव की गलियों में बेचैन-सा घूमता रहा। गाँव के एक कोने में उसने एक मकान बनता देखा तो यह जानने के लिए उत्सुक हो उठा कि आखिर एक मकान बनाने के लिए कितने पैसों की जरूरत होगी। वह मन-ही-मन कुछ सोचता हुआ निर्माण स्थल के पास चला आया। उस समय भी हलकी बारिश हो रही थी। मुल्ला नसीरुद्दीन पानी से तर-बतर हो रहा था। मुल्ला निर्माणाधीन मकान के अहाते में घुस आया और छज्जे के नीचे आकर खड़ा हो गया मानो वह पानी से बचने के लिए वहाँ आ गया हो! थोड़ी देर के बाद उसे पीछे से किसी ने टोका—"तुम मुल्ला

नसीरुद्दीन हो न?"

मुल्ला नसीरुद्दीन पीछे से आई आवाज सुनकर चौंक गया और पीछे मुड़कर देखा। उसकी आँखों के सामने एक सम्भ्रान्त वृद्ध मुस्कुराता हुआ खड़ा था। उसकी सफेद-शफ्फाफ दाढ़ी में अजीब-सी चमक थी। बाल भी सफेद थे और भौंहें भी सफेद थीं। वह चमकीला सफेद रेशमी लिबास पहने हुए था। मुल्ला नसीरुद्दीन ने गौर किया तो उसे उस वृद्ध की मुस्कान जानी-पहचानी लगी। जेहन पर जोर देने पर उसके मुँह से बेसाख्ता निकला– "अरे आप कलीमुल्लाह चाचा?"

बूढ़े ने हँसते हुए हाँ की मुद्रा में गर्दन हिलाई और अपनी बाँहें फैला दीं। मुल्ला नसीरुद्दीन भी दौड़कर उस वृद्ध से लिपट गया।

यह इत्तफाक मुल्ला नसीरुद्दीन और कलीमुल्लाह दोनों के लिए सुखद था। कलीमुल्लाह उसके पिता के मित्र थे। जिस साल उसके पिता का निधन हुआ था उसी साल कलीमुल्लाह अपने बेटे के पास अरब चले गए थे। उनका इकलौता बेटा अरब में जाकर बस गया था और वहीं लकड़ियों के कारोबार में लगा हुआ था। कलीमुल्लाह के साथ उनकी बेगम भी अरब चली गई थीं। इस गाँव में उनकी इफरात सम्पत्ति लावारिश पड़ी थी। तीन साल पहले कहीं से मुल्ला नसीरुद्दीन को खबर मिली कि कलीमुल्लाह चाचा की बेगम का निधन हो गया है। उस दिन वह बहुत उदास हो गया था। वह कलीमुल्लाह साहब की बेगम को चाचीजान कहा करता था। वे उसको बहुत प्यार करती थी। अपने बेटे और उसमें वे कोई फर्क नहीं करती थीं। लेकिन कलीमुल्लाह चाचा कब आए और यहाँ क्या कर रहे हैं, इसके बारे में वह कुछ नहीं जानता था। कलीमुल्लाह उसे बाँहों के घेरे में लिये उसका ललाट चूम रहे थे।

अपनी तलहथियों में उसके चेहरे को समोकर कलीमुल्लाह ने कहा– "खुदा का लाख-लाख शुक्र है बेटे कि उसने तुम्हें मेरे पास भेज दिया...तुमसे मुलाकात करने की ख्वाहिश थी मगर आते ही अपने तीनों मकानों को दुरुस्त कराने में लग गया। रहने वाला कोई नहीं, मगर क्या करूँ, बाप-दादाओं की अर्जित सम्पत्ति को बरबाद होता भी तो नहीं देख सकता।...और यह काम ऐसा है कि अपनी नजर के सामने कराई जाए तो उसकी बात ही कुछ और होती है। अब इसी मकान को देखो। तीन महीने में बनकर तैयार हो

गया। बस, रंग-रोगन का काम बचा है। आज बारिश नहीं हो रही होती तो आज ही रंग-रोगन का काम हो जाता। एक साथ पच्चीस-तीस मजदूर खट रहे हैं। सारी सामग्री मौजूद है। अब जिस दिन बारिश थमेगी उस दिन यह काम भी पूरा हो जाएगा। मैं रहूँगा तो वहीं, अपनी पुरानी हवेली में। यह मकान खाली पड़ा रहेगा। कभी कोई आगन्तुक आ गया तो उसे यहाँ ठहरा दिया करूँगा!...'' कलीमुल्लाह बोल रहे थे। मुल्ला नसीरुद्दीन उनकी बाँहों में लिपटा उनकी बातें सुन रहा था। उसे अपने अब्बू की याद आ रही थी। तभी कलीमुल्लाह ने पूछा—"अच्छा बेटे, मुझे बताओ! तुम यहाँ क्या कर रहे थे? कुछ परेशान से भी दिख रहे हो। बताओ, क्या बात है?"

मुल्ला नसीरुद्दीन ने मासूमियत से अपनी बेगम की नाराजगी और पुश्तैनी मकान की बदहाली का जिक्र करते हुए कहा—"जब बेगम का बोलना बन्द नहीं हुआ तब सकून के लिए मैं खुद निकल गया और बेखयाली में चलता रहा। जब इस नए मकान पर मेरी नजर पड़ी तो मैं यहाँ के मिस्तरी से यह जानने के खयाल से अहाते में आ गया कि एक साधारण मकान बनाने में कितना खर्चा आएगा।"

कलीमुल्लाह हैरत से मुल्ला नसीरुद्दीन को देखने लगे। कितना मासूम और ईमानदार शख्स है! इस जमाने में ऐसे भी शख्स हो सकते हैं इसका खयाल तो कभी तसव्वुर में भी नहीं आया। उन्होंने मुल्ला नसीरुद्दीन से कहा—''बेटा! तुम्हें खुदा ने मेरे पास भेजा है। तुम्हारे आने से पहले मैं यही सोच रहा था कि इस घर में रहेगा कौन? बेटा अरब में बस गया है। इसी साल मैं अट्ठासी वर्ष का हुआ हूँ। पकी हड्डी है, न जाने कब टपक जाए! तू इस मकान की चाबी अपने साथ लेता जा और अपना सामान लाकर यहाँ रहना शुरू कर दे। मैं जब तक यहाँ हूँ, तुम्हारे पास आता-जाता रहूँगा।''

मुल्ला नसीरुद्दीन ने जब आनाकानी शुरू की तो कलीमुल्लाह ने उसे डाँट दिया। इस डाँट में अपनापन था। प्यार था। लगाव था। इसके बाद मुल्ला नसीरुद्दीन ने कुछ भी नहीं कहा...बस, चाबी ले ली।

कलीमुल्लाह ने उसकी पीठ थपथपाते हुए कहा—"बेटा! मैं किसी भी सूरत में मकान के भीतरी भाग में आज ही रंग-रोगन करवा दूँगा। बाहरी भाग के लिए बस हमें बारिश रुकने का इन्तजार करना होगा। तुम जिस वक्त चाहो, अपना सामान लाकर यहाँ रहना शुरू कर दो।"

मुल्ला नसीरुद्दीन खुशी-खुशी अपने घर गया। बेगम गुस्से में बिस्तर पर पड़ी थी। उसे गीले कपड़ों में देखकर चिढ़कर बोली—"कर आए मटरगश्ती? यहाँ एक मुफ्त की लौंड़ी पड़ी हूँ मैं...तुम कपड़े चिथाड़कर लाओ और मैं उनकी सफाई करती रहूँ!"

मुल्ला नसीरुद्दीन ने बेगम की बात का जवाब नहीं दिया। अपने कपड़े उतारकर उन्हें खुद खँगालकर अलगनी पर फैला आया। तहमद लपेटकर कमरे में बेतरतीब पड़े कपड़ों को तरतीब देकर उसकी गठरियाँ बनाने लगा।

मुल्ला नसीरुद्दीन की इन हरकतों को उसकी बेगम कुछ देर तो हैरत से देखती रही फिर उसके सब्र का बाँध टूट गया। उसने रुआँसे स्वर में पूछा—"आखिर तुम कर क्या रहे हो?"

मुल्ला नसीरुद्दीन ने बहुत शान्त लहजे में कहा—"अपने नए घर में जाने की तैयारी!"

"अपना नया घर?" हैरत में पड़ी बेगम ने मुल्ला से पूछा—मानो उसने जो सुना हो उस पर उसे विश्वास नहीं हो रहा हो!

"हाँ! बेगम, अपना नया घर!" इस बार मुल्ला नसीरुद्दीन की आवाज में शोखी थी। उसने कलीमुल्लाह चाचा से मुलाकात का सारा वाकया अपनी बेगम को कह सुनाया और अपनी जेब से मकान की चाबी निकालकर दिखाई। अब बेगम के पास सन्देह करने का कोई कारण नहीं रहा। दोनों मियाँ-बीवी लग गए घर का असबाब जुटाने में।

पूरा दिन निकल गया लेकिन घर का सारा सामान तरतीब के साथ सजा-सँवारकर बाँध लिया गया। एक-दो तश्तरियाँ बाहर रख ली गईं, भोजन करने के लिए। मुल्ला नसीरुद्दीन ने बरसों बाद अपनी बेगम के चेहरे पर आत्मविश्वास की चमक देखी।

घर का सामान बाँधने का काम जब पूरा हो गया तब बेगम ने मुल्ला नसीरुद्दीन से पूछा—"वह घर कैसा है? कितना बड़ा है?"

मुल्ला नसीरुद्दीन ने हँसकर कहा—"महल जैसा होता है, वैसा है। चाचा ने हर कमरे में जरूरत के मुताबिक फर्नीचर भी लगवाए हैं। समझो कि अलग से कुछ भी नहीं लेना है।''

"मैं तो उस घर को सजाकर रखूँगी।" कल्पना में डूबती-सी उसकी बेगम बोली।

"ठीक है! जैसे रखना है, वैसे रखना, मगर अभी यह सोचो कि सामान तो हमने बाँध लिया है...आखिर यह सामान जाएगा कैसे?" मुल्ला नसीरुद्दीन ने पूछा।

"क्यों, सामान ले जाने में क्या दिक्कत है?" बेगम ने पूछा।

"दिक्कत ही दिक्कत है बेगम। आखिर सामान ले जाने वाले को कुछ मजदूरी तो देनी पड़ेगी...जेब में तो एक धेला भी नहीं है...खैर, कल दिन साफ रहा, बारिश नहीं हुई तब बाजार में जाकर किसी से कुछ काम माँग लूँगा... ।"

और इसके बाद दोनों मियाँ-बीवी भोजन करके सो गए।

मध्य रात्रि के बाद कुछ खट-पट की आवाज से मुल्ला नसीरुद्दीन की नींद खुल गई। उसने बिस्तर पर पड़े-पड़े देखा कि चार-पाँच आदमी घर में बाँधकर रखे गए सामानों के गट्ठरों को उठाकर बाहर ले गए और उसी सड़क पर जाने लगे जिसके अन्त में कलीमुल्लाह चाचा का वह निर्माणाधीन मकान था। चोर इत्मीनान से सिर पर गट्ठर उठाए तेज गति से बढ़े जा रहे थे। कुछ देर के बाद वह निर्माणाधीन मकान आ गया तब मुल्ला नसीरुद्दीन ने बुलन्द आवाज में चोरों से कहा–"हाँ, तो भाइयो, अब ये गट्ठर बाईं तरफ वाले मकान में ले चलो!"

मुल्ला की आवाज सन्नाटे में गूँजी और चोर डर के मारे सड़क पर ही सामान पटककर वहाँ से भागने लगे। मुल्ला ने चीखकर कहा–"अरे भागते क्यों हो...अपनी मजदूरी तो लेते जाओ!"

मगर चोर रुके नहीं, भागते ही रहे और मुल्ला की नजरों से ओझल हो गए।

मुल्ला नसीरुद्दीन ने जेब से चाबी निकाली। घर का फाटक खोला और बारी-बारी से सारे गट्ठर उठाकर घर में रखकर फिर मकान के फाटक पर ताला लगाया और अपने घर आ गया।

सबेरा हो चला था। बेगम जग गई थी। मुल्ला को देखते ही उसने पूछा–"कहाँ चले गए थे?"

मुल्ला ने हँसते हुए कहा–"सामान नए घर में रखने गया था। अब तुम भी चलो। वहीं हाथ-मुँह धोना।"

बेगम आश्चर्य से मुल्ला नसीरुद्दीन को देखे जा रही थी।

मुल्ला की सीख

मुल्ला नसीरुद्दीन का हर काम लाजवाब होता था। उसने एक बार अपने घर के काम-काज के लिए एक नौकर रखा। नौकर रखने के बाद मुल्ला नसीरुद्दीन ने सोचा—यह नौकर अभी से अपने काम के प्रति सतर्क रहे, यह जरूरी है। जरूरी यह भी है कि यह मुस्तैदी से काम करे और अपने काम के प्रति कभी लापरवाह नहीं हो। वह सोचने लगा—ऐसा क्या किया जा सकता है जिससे यह नौकर आज से, अभी इसी वक्त से ऐसा हो जाए कि इससे कभी कोई गलती न हो!

सोचते-सोचते मुल्ला को कुछ खयाल आया और उसने फौरन नौकर को बुलाया।

नौकर सकुचाता हुआ उसके पास आया तो उसने कहा—"देखो! सामने मिट्टी का घड़ा रखा है। उस घड़े में पानी भरकर ले आओ।"

आदेश मिलते ही नौकर घड़ा लेने के लिए मुड़ा। तभी मुल्ला नसीरुद्दीन ने कहा—"अबे ठहर! पहले मेरी बात अच्छी तरह सुन ले। मुझे काम में कोई भी गड़बड़ी बर्दाश्त नहीं होती।"

मुल्ला यह बात बहुत तैश में बोल रहा था। उसके बोलने का ढंग ऐसा था मानो नौकर ने कोई गलती कर दी हो! गुस्से से तिलमिलाते हुए मुल्ला नसीरुद्दीन ने नौकर से कहा—"खबरदार! यदि घड़ा फूटा तो तेरा सिर फोड़ दूँगा! समझा? गदहा कहीं का!"

इतना कहते हुए मुल्ला नसीरुद्दीन ने नौकर के गाल पर एक जोरदार तमाचा जड़ दिया।

अभी नौकर ने घड़ा छुआ भी नहीं था और उसके फूटने के एवज में उसके गाल पर तमाचा पड़ चुका था। उसकी समझ में कुछ नहीं आया कि किस कसूर की सजा उसे मालिक ने दी है। उसने सोचा—इस सिरफिरे

आदमी के पास काम करना तो मुश्किल है! मगर वह जरूरतमन्द था इसलिए काम छोड़ने की बात सोच भी नहीं सकता था। उसने सहमते हुए मुल्ला नसीरुद्दीन से पूछा—''मगर, मालिक! मैंने तो अभी घड़ा छुआ भी नहीं है! आखिर आपने मुझे क्यों मारा?''

"अबे मूर्ख," मुल्ला नसीरुद्दीन ने नौकर से कहा—''मैं भी जानता हूँ कि घड़ा सही-सलामत है। मैं तो तुम्हें यह बता रहा था कि तुम्हारी लापरवाही के कारण कोई चूक हो जाए तब तुम्हारे साथ कैसा सलूक किया जाएगा। तू ही बता, जब घड़ा टूट ही जाता तब तुम्हें सजा देकर मुझे क्या हासिल होता? तुम्हें सजा देने से तो यह घड़ा फिर से काम का नहीं हो जाता न, इसलिए पहले ही थप्पड़ का स्वाद चखाकर तुम्हें सावधान कर दिया है कि यदि तुमसे कोई चूक हुई तो तुम्हें किस अंजाम से गुजरना होगा। और सुन ले नामुराद, अब मुझे मालूम हो चुका है कि भले ही तुमसे कैसी भी गलती हो जाए...मगर तुमसे कभी भी और कहीं भी मिट्टी का घड़ा नहीं टूटेगा। जाओ, जाकर पानी लाओ।"

बेचारा नौकर मुल्ला नसीरुद्दीन की ओर देखे बगैर सीधे घड़े के पास पहुँचा और घड़े को इस सतर्कता से उठाया मानो वह संसार की सबसे बेशकीमती चीज उठा रहा हो!

मुल्ला की लिखावट

मुल्ला नसीरुद्दीन की अपने गाँव में बड़ी ख्याति थी। उसे लोग विद्वान मानते थे। मुल्ला कितना पढ़ा-लिखा था, यह कोई नहीं जानता था मगर उसकी हाजिरजबाबी के कायल थे—उसके गाँव के लोग। बचपन में मदरसे से गायब रहने के लाख बहाने होते थे उसके पास। मदरसे के मौलवी के प्रश्नों का जिस कुशलता से उत्तर देकर वह कक्षा से गायब रहने का दंड भुगतने से बच जाता था, उसकी दूसरी मिसाल खोजने से भी नहीं मिलेगी। बस, अपनी कुशाग्र बुद्धि और हाजिरजवाबी के कारण वह बचपन में ही होनहार मान लिया गया था और उसी के बूते जवानी में विद्वान कहा जाने लगा।

मुल्ला नसीरुद्दीन पढ़ता-लिखता न भी हो मगर पढ़ने-लिखने वाला दिखता अवश्य था। उसकी नुकीली दाढ़ी और नोकदार टोपी उसके बुद्धिजीवी होने की गवाही देते थे। बचपन से ही वह बुद्धिबल के सहारे जीता रहा। गाँव में उसकी साख ऐसी हो गई कि अगर किसी को बुद्धि की बातें समझने की जरूरत होती या किसी उलझन से निकलने के लिए तरकीब की जरूरत होती तो वह मुल्ला नसीरुद्दीन के पास आ जाता और वह भी बड़े सूफियाना अन्दाज में समस्याओं का निदान सुझा देता। भोले-भाले ग्रामीणों को इस बात से मतलब नहीं था कि कितना पढ़ा है। उन्हें जरूरत तो केवल इस बात की थी कि वक्त-जरूरत उनकी समस्याओं का निदान बताता रहे। गाँव में मुल्ला नसीरुद्दीन की बुद्धि और ज्ञान की प्रसिद्धि ऐसी थी कि अगर किसी से पूछा जाता कि इस गाँव में सबसे विद्वान कौन, तो जवाब मिलता—मुल्ला नसीरुद्दीन! और यदि यह पूछा जाता—सबसे बुद्धिमान कौन? तब भी जवाब होता—मुल्ला नसीरुद्दीन।

एक दिन मुल्ला नसीरुद्दीन अपने दरवाज़े पर बैठा कुछ पुश्तैनी

दस्तावेज देख रहा था। तभी उसके पास गाँव का एक बुजुर्ग आदमी आया। उस बुजुर्ग को आया देख मुल्ला नसीरुद्दीन ने उससे पूछा—"क्यों सुभान दादा, कैसे आए? घर में तो सब ठीक-ठाक है न...मेरी दादी जी कैसी हैं?"

"हाँ, बेटा! मैं ठीक हूँ। घर में अमन-चैन है। तुम्हारी दादी जी भी ठीक हैं...मगर अब बूढ़ी हड्डियों का क्या कहना...अभी ठीक हैं...तो ठीक हैं—दो पल के बाद क्या होगा, कौन जाने!" बुजुर्ग ने कहा।

"कहिए सुभान दादा...आपकी क्या खिदमत करूँ?" मुल्ला नसीरुद्दीन ने शालीनतापूर्वक सुभान दादा से पूछा।

"खिदमत क्या करोगे बेटा, बस एक खत मेरे कलीमुल्लाह के नाम लिख दो। वह आबुधाबी गया हुआ है—कमाने! यहाँ घर की जरूरतें पूरी कर पाना उसके लिए मुश्किल हो रहा था। किसी तरह उसने आबूधाबी जाने का रास्ता तैयार किया और वहाँ काम करने चला गया। मजदूरी यहाँ भी करता था और वहाँ भी करता है। अन्तर बस यह है कि अब उसे तनख्वाह अच्छी मिल जाती है। डेढ़ साल हुए उसे वहाँ गए। तब से हर महीने उसका भेजा पैसा हमें मिल जाता है मगर कुशल-क्षेम नहीं मिलता। कभी वह हमें अपने बारे में दो हर्फ नहीं लिखता। मन बेचैन हो जाता है।...तू एक बढ़िया-सा खत लिख दे। ऐसा खत जिसमें यहाँ का हाल-समाचार तो लिख ही दे कि...सब राजी-खुशी है और बाद में यह जरूर लिख देना कि उसके लिए हमारा दिल हमेशा बेचैन रहता है। एक बार आकर अपने अब्बू-अम्मी से मिल जाओ...हम लोग तो पेड़ में लगे पके फल की तरह हैं—न जाने कब टपक जाएँ!"

मुल्ला नसीरुद्दीन ने बुजुर्ग की बातें बहुत मुतमईन होकर सुनी। जब बुजुर्ग का बोलना रुका तब वह बहुत शान्त स्वर में बोला—"दादा! तुम्हारे लिए चिट्ठी तो मैं लिख दूँगा मगर फायदा क्या? मुझे आबूधाबी तो अभी जाना ही नहीं है।"

"हाँ, बेटा, मैं जानता हूँ कि तुम्हें आबूधाबी नहीं जाना है।...मैं तो चाहता हूँ कि तुम चिट्ठी लिख दो। ऐसी चिट्ठी जिसमें बूढ़े माँ-बाप की अपने बेटे से मिलने की आरजू हो जिसे पढ़ते ही मेरा बेटा हमसे मिलने के लिए तड़प उठे। रही बात खत भेजने की तो मेरे पड़ोसी जुमनू का बेटा भी आबूधाबी जा रहा है। वहाँ एक कारखाने में उसे कपड़ा काटने का काम

मिल गया है। मैं उसी के हाथ से खत भिजवा दूँगा।'' बुजुर्ग ने कहा!

मुल्ला नसीरुद्दीन ने बुजुर्ग की बातें सुनने के बाद फिर कहा—''लेकिन सुभान दा, खत पढ़ने के लिए तो मुझे वहाँ जाना ही पड़ेगा...यदि खत मैंने लिखा तो...तो...दूसरा पढ़ेगा कौन?''

''अरे बेटा! मेरा कलीमुल्लाह खुद पढ़ा-लिखा और बेहद समझदार नौजवान है। तुम बस खत लिख दो, मैं जुमनू के बेटे के हाथ से वह खत भेज दूँगा...वह खुद पढ़ लेगा तुम्हारा लिखा खत!'' सुभान दादा ने मुल्ला नसीरुद्दीन की चिरौरी सी करते हुए कहा।

''अरे सुभान दा! मैं जानता हूँ, तुम्हारा बेटा पढ़ा-लिखा और होनहार है। मुझे उसके पढ़े-लिखे होने पर जरा भी सन्देह नहीं है। मजबूरी यह है कि मेरा लिखा कुछ ऐसा होता है कि दूसरे उसे पढ़ ही नहीं सकते। अपना लिखा, केवल खुद मैं पढ़ सकता हूँ। इसीलिए तुम्हें बता रहा हूँ कि यदि मैंने खत लिखा तो उसे पढ़ने के लिए मुझे ही आबूधाबी जाना पड़ेगा। इसके अलावा कोई चारा नहीं है।...और फिलहाल मुझे आबूधाबी जाने की कोई जरूरत नहीं है...!'' मुल्ला नसीरुद्दीन ने सुभान दादा से कहा और फिर गम्भीरता से अपने पुश्तैनी दस्तावेज देखने लगा।

वह बुजुर्ग कुछ देर तक मुल्ला नसीरुद्दीन के पास खड़ा रहा फिर बुदबुदाता हुआ वहाँ से चल दिया कि ऐसी लिखावट का फायदा ही क्या जिसे दूसरा पढ़ ही नहीं सके।

मुल्ला नसीरुद्दीन और सनकी बादशाह

मुल्ला नसीरुद्दीन अपने गदहे पर सवार होकर एक लम्बी यात्रा पर निकल पड़ा। वह यूँ ही देश-दुनिया की पहचान के इरादे से एक दिन अपनी बेगम को यह समझाकर अपने घर से निकला था कि एक साल पूरा होते-होते वह लौट आएगा। तीन महीने की अनथक यात्रा के बाद मुल्ला नसीरुद्दीन दस कोस में फैले मरुस्थल वाले इलाके में चला आया। इस मरुस्थल के उस पार से एक नया राज्य शुरू होता था। अगर मरुस्थल पूरी तरह सीधे रास्ते से पार कर लिया जाए तो उस राज्य की राजधानी में पहुँचा जा सकता था। मरुस्थल कहने को तो दस कोस चौड़ाई वाला था मगर उसे पार करने में सात दिन लगते थे। वैसे ऊँट की सवारी की जाए तब सफर आसान और कम समय लेने वाला हो जाता।

मरुस्थल के किनारे पहुँचकर मुल्ला नसीरुद्दीन ने पता किया कि उसके पार जाने का सबसे आसान तरीका क्या हो सकता है। उसके किनारे एक छोटा-सा गाँव बसा हुआ था। उस गाँव के लोग मुल्ला नसीरुद्दीन की नुकीली दाढ़ी और नोकदार टोपी देखकर उसे बताने लगे—"भाई मेरे! मरुस्थल के पार जाने का तुम अपना इरादा त्याग दो। और अगर तुम्हें किसी कारण मरुस्थल के पार जाना ही है तो पहले अपनी दाढ़ी कटा लो, नोकदार टोपी उतारकर झोले में रख लो, फिर मरुस्थल के पार जाने की राह तलाशना।"

मुल्ला नसीरुद्दीन ने उस गाँव के लोगों से पूछा—"आखिर क्यों? मेरी दाढ़ी तो मेरे गाल से लटकी है, इससे किसी को क्या परेशानी?"

"परेशानी पूछते हो! परेशानी ही परेशानी है क्योंकि दाढ़ी रखकर मरुस्थल के पार जाना नादानी है। उस पार का बादशाह सनकी है। किसी के चेहरे पर दाढ़ी देखने से वह भड़क उठता है। वह जितना सनकी है उतना

ही अन्धविश्वासी भी। शकुन-अपशकुन का विचार करके चलता है। उस बादशाह की अकड़ भी ऐसी है कि छोटी-छोटी गलतियों पर सजा देता रहता है। सबसे छोटी सजा वह पाँच कोड़े की देता है। सजा देने वाला एक मुस्टंडा आदमी हाथ में कोड़े लिये बादशाह के पास हमेशा बना रहता है। बादशाह जिस दिन राजधानी में निकल गया उस दिन वहाँ सौ-पचास लोगों को कोड़ों की सजा मिलनी तय है।"

गाँव वाले की बात सुनकर मुल्ला नसीरुद्दीन बहुत उलझन में पड़ गया। उलझन इस बात की नहीं थी कि उसे सनकी बादशाह के राज्य में जाना था, उलझन इस बात की थी कि बादशाह को उसकी सनक से दूर कैसे किया जाए! तीन महीने से लगातार यात्रा करने पर मुल्ला नसीरुद्दीन के वस्त्र मैले हो गए थे। बाल और दाढ़ी बेतरतीब हो चुके थे, नाखून बढ़ गए थे। अजीब बेनूर चेहरा हो गया था उसका। ऊपर से मुल्ला नसीरुद्दीन मरुस्थली गाँव में पहुँच गया था जहाँ हवा के साथ बालू के कण शरीर बेधते प्रतीत हो रहे थे।

मुल्ला नसीरुद्दीन ने सोचा–अच्छा हुआ कि वह इस गाँव में चला आया। अब दो-चार दिन यहीं रुककर सनकी बादशाह के बारे में पता लगा लिया जाए। इसके बाद फिर आगे की यात्रा आरम्भ होगी। मुल्ला नसीरुद्दीन ने उस गाँव वाले से रात्रि विश्राम के लिए ठिकाना तलाशने में मदद करने की गुजारिश की।

गाँव वाले ने मुल्ला नसीरुद्दीन से कहा–"यहाँ, हमारे गाँव में, रात्रि विश्राम के लिए तो क्या पूरी जिन्दगी के लिए ठिकाना मिलना आसान भी है और कठिन भी। यदि गाँव के मुखिया को तुम्हारा सरोकार समझ में आ जाएगा तब तुम जब तक चाहो यहाँ रह सकते हो। यदि मुखिया को तुम्हारा सरोकार समझ में नहीं आया या उचित नहीं लगा तो समझो कि तुम्हें किसी भी हालत में उस गाँव में पनाह नहीं मिल सकती है। तुम चाहो तो तुम्हारी मुलाकात मैं गाँव के मुखिया से करवा सकता हूँ।"

"ठीक है! ऐसा ही सही।" मुल्ला नसीरुद्दीन ने उस गाँव वाले से कहा।

"मतलब?" गाँव वाले ने पूछा।

"मतलब यह कि तुम मुझे अपने मुखिया से मिला दो। बाकी मुखिया मुझे देख-समझकर क्या निर्णय लेता है, उस पर निर्भर करेगा।"

वह गाँव वाला मुल्ला नसीरुद्दीन को लेकर सीधे अपने मुखिया के पास गया।

मुखिया उस समय जमीन पर पड़ा था। उसके आस-पास भीड़ थी। लोग आशंकित स्वरों में आपस में बातें कर रहे थे।

मुल्ला नसीरुद्दीन वहाँ पहुँचकर ठगा-सा रह गया। वह समझ नहीं पा रहा था कि माजरा क्या है। उसने साथ चल रहे गाँव वाले युवक से पूछा– "अरे भाई, अब तक हम लोग एक दूसरे का नाम नहीं जान पाए, मेरा नाम मुल्ला नसीरुद्दीन है। तुम्हारा नाम क्या है?"

"जी, मेरा नाम साजिद है। आप मुझे सज्जो भी बुला सकते हैं। मेरे अब्बू-अम्मी मुझे लाड़ से सज्जो ही बुलाते हैं।'' उस गाँव वाले आदमी ने कहा।

"अच्छा, सज्जो, जरा देखकर बताओ कि माजरा क्या है? यहाँ इतनी भीड़ क्यों लगी है?"

थोड़ी देर के लिए वह युवक, जिसका नाम साजिद था, भीड़ में खोया सा गया और जब वह भीड़ से बाहर निकला तो हाँफता हुआ सीधे मुल्ला नसीरुद्दीन के पास पहुँचकर कहने लगा–"गजब हो गया...मुल्ला साहब, गजब हो गया! मुखिया को खेत में मचान बाँधते समय साँप ने काट लिया है और वह दर्द से छटपटाते हुए बेदम-सा हो गया है।''

इतना सुनना था कि मुल्ला नसीरुद्दीन ने बिजली जैसी तेजी दिखाई और भीड़ को चीरता हुआ उस स्थान पर पहुँच गया जहाँ मुखिया जमीन पर पड़ा कराह रहा था।

मुल्ला नसीरुद्दीन ने भीड़ को तुरन्त मुखिया से दूर हो जाने के लिए कहा–''भाइयो, हटो, हवा आने दो। अभी मुखिया को साफ-स्वच्छ वायु की जरूरत है।'' मुल्ला नसीरुद्दीन ने अपने कन्धे से टँगी झोली में से एक डोरी निकाली और मुखिया के पाँव पर जहाँ साँप काटे का निशान था, उससे कुछ ऊपर डोरी बाँधते हुए कहा–''आप घबराएँ नहीं मुखिया जी, साँप का विष मैं निकालूँगा आपके शरीर से! ऐसे भी सभी साँप जहरीले नहीं होते..बस, आप हिम्मत न हारें।"

मुखिया अब तक सवालिया निगाहों वाले लोगों की भीड़ से घिरा हुआ था। काफी देर से उससे लोग यही पूछ रहे थे–'क्या हुआ मुखिया जी' मगर

किसी के पास कोई निदान नहीं था। इतनी देर में ऐसा पहली बार हो रहा था कि कोई आदमी उससे कुछ ऐसा कह रहा था जिससे उसे यह भरोसा हो कि उसके जीवन की रक्षा हो सकती है।

मुखिया ने मुल्ला नसीरुद्दीन को देखकर याद करने की कोशिश की कि वह कौन है किन्तु वह उसे याद नहीं कर पाया और सोचा कि साँप काटे का मंत्र जानने वाला होगा...उसे साँप काट लेने की खबर फैलने के कारण किसी दूसरे गाँव से आया होगा...।

उसी समय मुल्ला नसीरुद्दीन ने गाँव वालों से एक चाकू और आग जलाने के लिए लकड़ी मँगवाई। गाँव के लोग उत्सुकता से मुल्ला नसीरुद्दीन की कारगुजारियों को देख रहे थे। उसने पहले आग जलाई फिर उसमें चाकू के फाल को लाल होने तक तपाया और फिर मुखिया के पाँव में पड़े साँप के दाँत के निशान के पास एक गहरा चीरा लगा दिया।

चीरा लगने से मुखिया तड़प उठा। मुखिया को चीखता देखकर मुल्ला नसीरुद्दीन ने कहा–"मुखिया जी। खुदा का शुक्र है कि आपके शरीर में जहर नहीं फैला है। आपकी आँखें चमक रही हैं। साँसें सही ढंग से चल रही हैं। मैंने साँप काटे के स्थान पर लम्बा चीड़ा लगा दिया है–खून रिसने दें..."

फिर खुद अपने हाथ से घाव वाले स्थान पर दबाव डालकर मुखिया के पाँव से खून निकालने की कोशिश करने लगा।

उसकी इस कोशिश से मुखिया दर्द से बिलबिला गया।

थोड़ी देर के बाद मुल्ला नसीरुद्दीन मुखिया के पास से उठ गया और खेत के किनारे-किनारे थोड़ी दूरी तक गया तथा एक पौधे के पत्ते तोड़ने लगा। जल्दी ही मुल्ला वहाँ से मुट्ठी भर पत्ते लेकर लौट आया और अपनी तलहथी पर उसको मसलने लगा। जब उसे अच्छी तरह मसल चुका तब उसका रस मुखिया के घाव पर टपकाना शुरू किया। मुखिया का कराहना रुक गया। मुल्ला नसीरुद्दीन ने देखा–घाव से खून का रिसाव भी रस के प्रभाव से रुक गया है। उसने साफ कपड़ा मँगाकर मुखिया के पाँव की पट्टी कर दी और मुखिया को सहारा देकर उठाया। फिर उसने मुखिया से कहा–"मुखिया जी! अब कोई खतरा नहीं है। खतरा होना होता तो अब तक हो गया होता। दो-तीन घंटे का समय साँप का विष चढ़ने के लिए काफी होता

है। यह घाव भी जल्दी ही भर जाएगा।"

मुखिया मुल्ला नसीरुद्दीन से प्रभावित था। उसने मुल्ला नसीरुद्दीन के कन्धे का सहारा लेकर कहा–"चलो, मेरी झोंपड़ी तक छोड़ दो।"

"लेकिन मैं आपकी झोंपड़ी कहाँ है, यह जानता ही नहीं, मुझे आप बताएँ, किधर चलना है–मैं आपको, जहाँ कहें, पहुँचा आऊँगा!' मुल्ला नसीरुद्दीन ने कहा।

मुखिया ने मुल्ला नसीरुद्दीन का चेहरा देखा फिर उसे भरपूर दृष्टि से सर्वांगीण निहारा और पूछा–"परदेसी हो?"

"जी हाँ, मुखिया जी! परदेसी हूँ और साजिद के साथ आपके पास इस गाँव में दो-चार रोज ठहरने की इजाजत लेने के लिए आया था।" मुल्ला नसीरुद्दीन ने कहा।

"साजिद! साजिद!...अच्छा वो...सज्जो! तुम उसे कैसे जानते हो?" मुखिया ने मुल्ला नसीरुद्दीन से पूछा।

"जैसे आपको जानता हूँ। कोई परिचय नहीं है फिर भी परिचय है, कोई सरोकार नहीं है, फिर भी सरोकार है!" मुल्ला नसीरुद्दीन ने सरलता से कहा। उसके चेहरे पर मासूमियत विराज रही थी।

मुखिया मुल्ला नसीरुद्दीन का कन्धा थामे अपनी झोंपड़ी की ओर चल रहा था। थोड़ी ही देर में वह अपनी झोंपड़ी के सामने था। उसने मुल्ला नसीरुद्दीन से पूछा–"परदेसी, तुम्हारा नाम क्या है?"

"मेरा नाम मुल्ला नसीरुद्दीन है।"

"मुल्ला नसीरुद्दीन!" मुखिया कई बार यह नाम उच्चरित किया और अचानक चौंक कर पूछने लगा–"मुल्ला नसीरुद्दीन! कहीं बुखारा वाला मुल्ला नसीरुद्दीन तो नहीं?"

"हाँ, वही।" मुल्ला नसीरुद्दीन ने कहा।

"अरे! मुल्ला नसीरुद्दीन...आप मेरी झोंपड़ी में मेहमान बनकर जब तक चाहे रहें। यह तो हमारा सौभाग्य है कि आप हमारे घर मेहमान होंगे!"

मुल्ला नसीरुद्दीन को उस गाँव में रहने की इजाजत मिल गई और मरुस्थल के उस पार के राज्य और वहाँ के सनकी बादशाह के बारे में सटीक जानकारियाँ देने के लिए मुखिया की आत्मीयता प्राप्त हो गई।

दूसरे दिन मुल्ला नसीरुद्दीन ने मुखिया के घाव की पट्टी बदली। उस

समय वह मुखिया को देवदूत की तरह लग रहा था। पट्टी बदल देने के बाद उसने मुखिया से कहा–''दो-तीन दिन में ही घाव भर जाएगा, आप चिन्ता न करें।"

"मुझे अब कोई चिन्ता नहीं हो रही है। तुम अब मेरे पास हो, यही मेरे लिए बहुत है।"

मुखिया शाम तक पूरी तरह खुद को स्वस्थ महसूस करने लगा तब उसने साजिद को बुलवाया। साजिद के आने पर मुखिया ने उससे कहा–"सज्जो! जानते हो, तुम जिस अजनबी को लेकर आए, वह अजनबी बुखारा की जानी-मानी हस्ती है। एक बहुत बड़ा विद्वान और समझदार व्यक्ति! आज से तुम उसकी सेवा और सहयोग के लिए उसके साथ रहो। वह जिधर जाना चाहे, ले जाओ और जो कुछ भी देखना चाहे, उसे दिखाओ!''

मुल्ला नसीरुद्दीन उस समय झोंपड़ी के बाहर टहलते हुए मुखिया के पाँव के घाव के लिए औषधीय पौधे की तलाश कर रहा था। वह दो मुट्ठी औषधीय पत्ते तोड़कर मुखिया की झोंपड़ी में आया। तब मुखिया ने उससे कहा–''मुल्ला नसीरुद्दीन! अभी से आपकी सेवा-सहायता के लिए मैंने साजिद को तैनात किया है। आपको जिस चीज की जरूरत हो, निःसंकोच उससे कहना।''

''मुझे शायद किसी चीज की जरूरत नहीं पड़े। भोजन और शयन की व्यवस्था आपने कर दी है। इससे ज्यादा मुझे कुछ चाहिए नहीं। आपके पाँव के घाव भर जाएँ तब तक मैं यहाँ रुकूँगा। इसके बाद मरुस्थल पार के राज्य में जाऊँगा। सुना है वहाँ के लोग अपने बादशाह से परेशान हैं और उसे सनकी मानते हैं।'' मुल्ला ने मुखिया से कहा।

''...अच्छा तो इस गाँव में रुकने का तुम्हारा यह मकसद था!'' मुखिया ने मुल्ला नसीरुद्दीन की आँखों में झाँकते हुए कहा।...थोड़ी देर तक मुखिया चुप रहा और फिर मुल्ला नसीरुद्दीन से कहने लगा–''मुल्ला नसीरुद्दीन! मेरी समझ से बादशाह अन्धविश्वासी हो गया है। उसका अन्धविश्वास ही उसकी सनक का कारण है।"

"अन्धविश्वास! कैसा अन्धविश्वास है बादशाह को?"

''बादशाह को अन्धविश्वास है कि दाढ़ी वाले व्यक्ति मनहूस होते हैं। अगर कोई दाढ़ी वाला सुबह-सुबह दिख जाए तो पूरा दिन व्यर्थ हो जाता

है।...उसे यह अन्धविश्वास उस दिन से है जिस दिन सुबह-सुबह उसके पिता से एक दाढ़ी वाला सौदागर मिलने आया। उस दिन ही उसके पिता घोड़े से गिर पड़े और उन्हें अन्दरूनी चोटें आईं। उसके बाद उसके पिता लम्बे समय तक बीमार रहे और एक दिन बिस्तर पर ही प्राण त्याग दिया। उस समय ज्योतिषी, नजूमी वगैरह की खूब चली। यह नजूमियों की ही कारस्तानी है कि बादशाह के दिमाग में कूट-कूटकर अन्धविश्वास भर दिया गया है। अब तो बादशाह घर से बाहर निकलता है तो पहले उसके लिए अनुकूल माहौल तैयार किया जाता है और उसके सुरक्षाकर्मी सख्त ताकीद करते हैं कि सड़क पर कोई दाढ़ी वाला दिखे तो उसे सड़क से हटा दिया जाए।'' मुखिया ने मुल्ला नसीरुद्दीन को बताया।

यह जानकारी मुल्ला नसीरुद्दीन के लिए काफी थी। मुल्ला नसीरुद्दीन तीन दिनों तक मुखिया के साथ उसकी झोंपड़ी में रहा। उसकी तीमारदारी की और जब मुखिया का घाव सूख गया तब मरुस्थल पार करने की राह उसने मुखिया से पूछी। मुखिया ने उसे वह राह बता दी जिससे आसानी से सनकी राजा के राज्य की राजधानी में पहुँचा जा सकता था।

मुल्ला नसीरुद्दीन अपने गदहे पर सवार हुआ और सनकी राजा के राज्य की राजधानी की तरफ चल पड़ा। उसका गदहा पूरे एक हफ्ते तक आराम कर चुका था इसलिए मस्ती में दौड़ रहा था–ठप-टप-टपाक, ठप-टप-टपाक।

दूसरे दिन सबेरे-सबेरे वह सनकी राजा की राजधानी में प्रवेश कर रहा था।

जिस समय मुल्ला नसीरुद्दीन सनकी राजा की राजधानी के मुख्य मार्ग पर पहुँचा, ठीक उसी समय सनकी राजा भी शिकार खेलने जाने की तैयारी में अपने सहयोगियों के साथ मुख्य मार्ग पर आया। सनकी बादशाह की नजर मुल्ला नसीरुद्दीन पर पड़ गई। गन्दे कपड़े, जिस पर कई जगह पैबन्द लगे थे, बेतरतीब बिखरे हुए बाल और उलझी हुई दाढ़ी...मुल्ला पर नजर पड़ते ही बादशाह क्रोध से चीख पड़ा–"अरे, कोई है? हटाओ इस मनहूस को मेरी आँखों के सामने से! लगाओ इसको पाँच कोड़े कि फिर कभी मेरी राह के बीच में आने की यह कोशिश भी न करे।"

मुल्ला नसीरुद्दीन ने चीख-चीखकर कहा–''बादशाह सलामत! मेरे

कपड़े गन्दे हैं और बेशक मेरे बाल व मेरी दाढ़ी बेतरतीब है मगर मेरा विश्वास करें, मैं मनहूस नहीं हूँ।''

मगर तब तक बादशाह का मुस्टंडा आकर मुल्ला नसीरुद्दीन को पाँच कोड़े लगा गया। कोड़े की मार से मुल्ला नसीरुद्दीन बेदम होकर उस सड़क के किनारे गिर पड़ा और देर तक वहीं पड़ा रहा।

सनकी बादशाह अपने कुनबे के साथ भुनभुनाता हुआ चल पड़ा शिकार के लिए। जंगल में प्रवेश करते ही बादशाह के सामने अपने झुंड से बिछड़ा हुआ एक हिरण आ गया। बादशाह ने धनुष पर बाण चढ़ाया और निशाना साधकर छोड़ दिया। हिरण बाण से बिंधकर वहीं ढेर हो गया। बादशाह को स्मरण हो आया कि पाँच कोड़े खाने वाले शख्श ने कहा था, वह मनहूस नहीं है। बादशाह ने सोचा—वाकई वह आदमी मनहूस नहीं है। मैं बरसों से जंगल आता रहा हूँ शिकार खेलने के लिए मगर ऐसा संयोग कभी नहीं हुआ कि जंगल में प्रवेश करते ही शिकार मिल जाए। बादशाह ने उस दिन बाघ के शिकार का कार्यक्रम बनाया था। जंगल से गुजरने वाली नदी के किनारे एक पेड़ पर बादशाह के लिए पहले से मचान बना हुआ था। बादशाह के आने के बाद एक मेमना वहाँ बाँधा गया। बादशाह अपने सहयोगियों के साथ मचान पर चढ़ गया। अभी बादशाह को मचान पर चढ़े कुछ देर ही हुआ था कि मेमना में-में करता हुआ पूरी ताकत से रस्सी तोड़कर भागने की कोशिश करने लगा। बादशाह ने देखा, एक बाघ पानी पीने के लिए नदी किनारे आ रहा था और मेमने पर नजर पड़ते ही वह वहीं घात लगा कर ठहर गया। बाघ अपने शिकार को देख रहा था और बादशाह और उसके सहयोगी अपने शिकार को। बादशाह ने धनुष पर बाण चढ़ाया और उसके सहयोगियों ने भी। बादशाह के इशारा करते ही एक साथ कई बाणों से बिंध गया बाघ और देखते ही देखते वहीं ढेर हो गया। बादशाह ने सोचा—'वह आदमी ठीक ही कह रहा था कि वह मनहूस नहीं है...बेकार ही उसे कोड़े पड़े! यहाँ तो यह सिद्ध हो रहा है कि उसका चेहरा अपशकुनी कतई नहीं बल्कि उसे देखकर आने के कारण जंगल में बिना प्रयास के शानदार शिकार मिल गया।'

बादशाह और उसके सहयोगी हिरण और बाघ के शिकार को अपने साथ घोड़े पर लादकर राजधानी की तरफ बढ़ने लगे। इतनी जल्दी शिकार

मिल जाने का उन्हें उत्साह था। वे खुश-खुश लौट रहे थे। जब वे लोग राजधानी के मुख्य मार्ग पर आए तब बादशाह को याद आ गया कि इसी सड़क के मुहाने पर उसके कहने से एक निर्दोष, गदहा सवार को कोड़ों से मारा गया। इस समय भी मुल्ला नसीरुद्दीन बेदम सा उसी स्थान पर पड़ा था। बादशाह अपने सहयोगियों के साथ जब उस स्थान पर पहुँचा तो अचानक उसने अपना घोड़ा रोक लिया और घोड़े से उतरकर उसने मुल्ला नसीरुद्दीन से कहा–''मुसाफिर! तुमने ठीक कहा था–तुम मनहूस नहीं हो। देखो, आज तुम्हें देखकर जंगल जाने से हमें कितना शानदार शिकार मिला!''

मुल्ला नसीरुद्दीन ने कराहते हुए बादशाह से कहा–''बादशाह सलामत, आप मेरे चेहरे नहीं अपने चेहरे के बारे में सोचिए कि वह कैसा है जिसे सुबह-सुबह पहली बार देखने के बाद मुझे अकारण कोड़े खाने पड़े...और मेरी हालत यह हो गई कि जमीन से उठ पाना भी मुश्किल हो गया है।''

मुल्ला नसीरुद्दीन की बात सुनकर बादशाह बहुत लज्जित हुआ और मुल्ला नसीरुद्दीन को वहाँ से उठवाकर अपने महल में ले आया, जहाँ बादशाही चिकित्सक के इलाज से वह जल्दी ही ठीक हो गया।

जब उस राज्य से मुल्ला नसीरुद्दीन अपने गाँव की ओर लौटने लगा तब तक बादशाह अपनी सनक से आजाद हो चुका था।

मुल्ला की नसीहत

मुल्ला नसीरुद्दीन की पत्नी एक दिन सुबह-सुबह घर के मैले कपड़े धोने बैठी। मुल्ला सुबह की सैर के लिए निकल गया। उन दिनों मुल्ला को सेहत सुधारने के लिए कुछ न कुछ करने का चस्का लग गया था। वह समय-समय पर अपनी पत्नी को नसीहत देता रहता–खाली मत बैठो, हमेशा कुछ न कुछ करती रहो। इससे शरीर चुस्त-दुरुस्त, दिमाग तरोताजा और मन शान्त रहता है। खुदा की यही तीन नियामतें हैं। इन्हें जिसने पा लिया, वही खुशकिस्मत है। मुझे देखो, हमेशा सक्रिय रहता हूँ जिससे मेरा मन मेरे नियंत्रण में रहता है। मेरा शरीर मेरी चेष्टाओं की अवहेलना नहीं करता। मेरे कदम नपे-तुले होते हैं और दिमाग हमेशा तरोताजा बना रहता है जिससे मुझसे गलतियाँ नहीं होतीं।

हाँ, तो मुल्ला नसीरुद्दीन सुबह की सैर के लिए निकल गया। घंटे भर बाद लौटा : उस समय भी उसकी गोल-मटोल बेगम कपड़े धोने में लगी हुई थी। मुल्ला को सैर करके वापस आया देख उसकी बेगम ने उसे आवाज लगा दी–"जरा इन धुले कपड़ों को छत पर फैला आइए।"

मुल्ला को पत्नी का यह निर्देश पसन्द नहीं आया। उसने तुरन्त कहा–"अरे क्या आधा-अधूरा काम करती हो? कपड़े धोने का मतलब कपड़े की धुलाई करना, उन्हें सुखाना, सुखाने के बाद शिकन हटाने के लिए उन पर इस्तरी करना और तह लगाकर उन्हें करीने से अलमारी में रखना भी होता है। मगर तुम्हें कौन समझाए! इतने दिनों से गृहस्थी सँभाल रही हो मगर अब तक तुममें कपड़े धोने तक का शऊर नहीं आया!"

मुल्ला की तकरीर सुनकर उसकी पत्नी जल-भुन गई, मगर वह करती भी क्या! उसने मुल्ला के मुँह लगने से बेहतर यही समझा कि खुद उठकर कपड़ों को फैला आए। सुबह से लगातार कपड़े धोते रहने के कारण वह

थक भी गई थी। इसलिए वह उठी और कपड़ों को बटोरकर ले जाने लगी कि आँगन में एक स्थान पर काई होने के कारण उसका पाँव फिसल गया और सँभलने की कोशिश में उसके हाथ से छिटककर धोए कपड़े दूर जा गिरे। कपड़ों में जगह-जगह मिट्टी लग गई। मुल्ला की पत्नी ने कपड़े उठाए और उन्हें लेकर फिर से खँगालना शुरू किया।

मुल्ला यह नजारा देख रहा था, उसे पत्नी पर बोलने का फिर अवसर मिल गया। उसने पत्नी से कहा–"देखा बेगम! मन और शरीर में सन्तुलन नहीं होने से ऐसा ही होता है। जरूर तुम्हारा दिमाग कहीं और था और मन में किसी बात को लेकर उथल-पुथल हो रही थी जिसके कारण तुमने अपने शरीर का नियंत्रण खो दिया!...सोचो, तुम गिर भी सकती थीं...इसी से तो कहता हूँ कि..."

मुल्ला की पत्नी ने बीच में ही टोकते हुए कहा–"नसीहतें देने के स्थान पर यदि तुमने मेरे काम में थोड़ा हाथ बँटाया होता तो ऐसा कतई नहीं होता। सुबह से कपड़े धोते-धोते मैं थक गई हूँ। इसलिए ही तुमसे कहा था कि कपड़े छत पर फैला आओ मगर तुम मेरी सुनते कब हो!"

मुल्ला नसीरुद्दीन को लगा कि अब नसीहत देने के स्थान पर उसे खुद कपड़े सूखने के लिए छत पर ले जाकर फैला देना चाहिए। वह उठा और कपड़े लेकर छत पर चला गया और उन्हें सूखने के लिए फैला दिया। वापस लौटने पर उसने अपनी पत्नी को रसोई की तरफ जाते देखा। उसकी चाल में थोड़ी लँगड़ाहट थी।

मुल्ला नसीरुद्दीन को यह बात समझ में आते देर नहीं लगी कि फिसलने के कारण बेगम के पाँव में मोच आ गई है। मोच खाए पाँव के बावजूद उसकी पत्नी ने खाना तैयार किया और उसके लिए भोजन परोस दिया। उस समय तक उसने कुछ भी नहीं खाया था। उसने भोजन पर बैठते समय उससे कहा भी–"बेगम, तुम भी खा लो!"

मगर उसने यह कहते हुए उस समय भोजन करने से इनकार कर दिया कि 'अभी कमरों में झाड़ू लगाना है और बिस्तर ठीक करने हैं, चादर बदलना है। इन कामों को निपटाकर स्नान करूँगी तब भोजन करूँगी, आप खा लीजिए!'

मुल्ला नसीरुद्दीन ने भोजन किया और बगीचे में जाकर टहलने लगा।

लगभग घंटे भर बाद जब वह अपने कमरे में आया तो देखा, बेगम सारे कामों से फारिग होकर आराम फरमा रही है। उसने बेगम से पूछा–"तुमने खाना खा लिया?"

"हाँ!" संक्षिप्त सा उत्तर दिया बेगम ने।

"तो कुछ और करतीं! दिन का वक्त इनसान को सक्रियता के लिए मिला है बेगम...सक्रिय रहने से मन प्रफुल्लित रहता है...तन में खून का संचार सही रहता है जिससे सेहत दुरुस्त रहती है।" मुल्ला नसीरुद्दीन ने अपनी बेगम को फिर से अच्छी सेहत का पाठ पढ़ाना शुरू कर दिया।

मगर बेगम ने मुल्ला को बीच में ही टोक दिया–"यह क्या? तुम समझ रहे हो कि मैं बिस्तर पर आराम करने के लिए लेटी हूँ...सुबह से तो मैं लगातार काम करती रही हूँ मगर फिसलने के बाद से पाँव में दर्द है...अब तो खड़ा भी नहीं हुआ जाता...और तुम हो कि मुझे अच्छी सेहत का राज बताने में लगे हो!"

मुल्ला ने कुछ देर पहले अपनी पत्नी को लँगड़ाकर चलते हुए देखा था, अब दर्द की शिकायत मिलने पर उसे सन्देह हुआ कि बेगम के पाँव में मोच आ गई है। तुरन्त उसने बेगम के पाँव देखे। पाँव में सूजन आ चुकी थी। वह तुरन्त बेगम की तीमारदारी में लग गया। हल्दी-चूने की पट्टी लगाई और पाँव सीधे करके लेटे रहने का निर्देश दिया। यह सब कर चुकने के बाद उसने फिर से कहा–"इसीलिए कहता हूँ बेगम, मन और तन में सामंजस्य बनाना जरूरी है...तुम्हारे मन में बेचैनी नहीं होती तो दिमाग पे काबू रहता और दिमाग पे काबू रहता तो शरीर पर नियंत्रण रहता तो पाँव फिसलने की नौबत ही नहीं आती!"

उसकी बेगम इस नसीहत से परेशान हो उठी और बात बदलने के लिए बोली–"हाँ, तुम ठीक कहते हो...देखो, कपड़े सूख गए होंगे, उन्हें ले आओ। बिस्तर पर बैठे-बैठे ही तह लगा दूँ!"

मुल्ला नसीरुद्दीन तुरन्त उठकर छत की ओर चला गया। थोड़ी देर के बाद एक जोरदार आवाज उभरी–'धड़ाम!' जैसे कोई भारी चीज ऊँचाई से गिरी हो! बेगम ने बिस्तर से ही आवाज लगाई–"क्या गिरा?"

"कुछ नहीं बेगम! मेरी शेरवानी गिर गई छत से!" मुल्ला की दर्द-भरी आवाज बेगम को सुनाई पड़ी!

उसने पूछा—"मगर आवाज तो किसी भारी चीज के गिरने की थी।"

"कुछ नहीं बेगम! शेरवानी में मैं भी हूँ न!" मुल्ला नसीरुद्दीन की कराहती हुई आवाज सुनकर बेगम बिस्तर से उतरकर आँगन की ओर चल पड़ी।

मुल्ला से शास्त्रार्थ

मुल्ला नसीरुद्दीन के गाँव में कहीं से एक मौलवी आ गया। गाँव वालों ने मौलवी की बड़ी इज्जत की और उसे गाँव की मस्जिद में ठहरा दिया। गाँव वाले समय-समय पर मौलवी का हाल-चाल लेते रहते। इस तरह वह मौलवी गाँव के प्रायः हर शख्स से परिचित हो गया।

मौलवी प्रायः मस्जिद की छत से सड़क पर आते-जाते लोगों को देखा करता था। अमूमन हर रोज उसे एक पतली लम्बी दाढ़ी वाला आदमी सिर पर नोकदार टोपी लगाए, एक गदहे पर बैठा मस्जिद के आगे से गुजरता हुआ दिखाई पड़ता था। इस आदमी को देखकर मौलाना के मन में यह सवाल पैदा होता—आखिर यह शख्स कौन है? गाँव का हर रसूखदार आदमी उससे मस्जिद में आकर भेंट कर चुका है। गाँव वालों के जेहन में यह बात भी बैठ गई है कि मौलवी बहुत ज्ञानी है। मगर यह शख्स तो उससे कभी मिलने नहीं आया।

एक दिन नमाज के बाद जब लोग मस्जिद से जाने लगे उसी वक्त मुल्ला नसीरुद्दीन अपने गदहे पर सवार होकर उधर से गुजरा। संयोग से मौलवी की नजर उस पर पड़ गई। उसने नमाजियों से पूछा—''जरा कोई बताना, यह गदहे पर सवार होकर इधर से कौन गुजरा?''

''मौलवी साहब! इस गाँव में गदहे की सवारी केवल एक आदमी करता है। वह है मुल्ला नसीरुद्दीन!'' एक नमाजी ने उत्तर दिया।

"बड़ा अटपटा-सा आदमी लगता है।" मौलवी ने तुरन्त टिप्पणी की।

"अटपटा नहीं जनाब! बहुत समझदार और ज्ञानी आदमी है मुल्ला नसीरुद्दीन।" एक अन्य नमाजी ने जवाब दिया।

''ज्ञानी तो घमंडी नहीं होते...मगर यह मुल्ला नसीरुद्दीन तो बहुत घमंडी लगता है।'' मौलवी ने कहा।

"घमंडी? अरे नहीं, तौबा! मुल्ला नसीरुद्दीन तो बहुत मासूम इनसान है।

उसके लिए कोई दूसरी बात कही ही नहीं जा सकती।" पहले नमाजी ने कहा।

"...देखो, इस गाँव के हर आदमी ने मुझसे मिलकर अपनी खुशी जाहिर की। मगर यह मुल्ला नसीरुद्दीन मेरे पास कभी नहीं आया। यह उसके घमंड की निशानी नहीं तो और क्या है?" असली बात मौलवी की जुबाँ पर अन्ततः आ ही गई।

तब उस नमाजी ने मौलवी से कहा—"मौलवी साहब! मुल्ला बिना वजह कहीं आता-जाता नहीं। इतना विद्वान और रसूख वाला इनसान होकर भी मेहनत-मजदूरी कर अपने परिवार का पेट पालता है...इसलिए आपसे मिलने नहीं आया तो इसमें कोई बात नहीं!"

"ठीक है, मगर तुम लोग उससे मेरी मुलाकात करवाओ। देखूँ तो सही, कितना ज्ञानी है...!" मौलवी ने कहा।

"हाँ...मुलाकात तो होनी ही चाहिए। बहुत मजा आता है जब दो ज्ञानियों के बीच बातें होती हैं।" एक नमाजी ने उत्साहित होकर कहा।

दूसरे नमाजी ने दूने उत्साह में कहा—"चलिए मौलवी साहब, मेरे साथ बाजार। मैं जानता हूँ कि इस वक्त मुल्ला नसीरुद्दीन कहाँ गया होगा!"

मौलवी तुरन्त तैयार हो गया। उस पर जुनून सवार हो गया था—यह प्रमाणित करने के लिए कि वह मुल्ला नसीरुद्दीन से बड़ा ज्ञानी है।

दोनों नमाजियों के साथ मौलवी बाजार पहुँचा। वहाँ एक सेठ के गोदाम में बोरे में चावल भरने के काम में मुल्ला नसीरुद्दीन लगा हुआ था। मौलवी के साथ गए नमाजियों ने उसका परिचय मौलवी से कराया। मुल्ला नसीरुद्दीन मौलवी की ओर देखकर मुस्कुराया और कहा—"मौलवी साहब! आप हमारे गाँव में रहते हैं, इसकी जानकारी मुझे पहले से ही है मगर यह इत्तफाक आज हुआ है कि हम मिल रहे हैं!"

मौलवी ने मन-ही-मन कुढ़कर सोचा—कितना दम्भी है यह इनसान, मुझे सलाम तक नहीं किया! और गम्भीर आवाज में कहा—"मुल्ला नसीरुद्दीन! मैंने सुना है कि तुम बहुत ज्ञानी आदमी हो। मैं चाहता हूँ कि तुम्हारे साथ शास्त्रार्थ करूँ ताकि अन्दाज लग सके कि तुम सचमुच ज्ञानी हो या ज्ञानी होने का आडम्बर रचते हो!"

मुल्ला नसीरुद्दीन मौलवी की बात सुनकर हँस पड़ा—बच्चों जैसी मासूम और निर्दोष हँसी। फिर कहा—"जनाब! मैंने कभी नहीं कहा कि मैं ज्ञानी हूँ।

पता नहीं, आप से किसने कहा है! रही बात शास्त्रार्थ की तो मैं आपसे बात करने के लिए तैयार हूँ। अभी तो मैं काम में लगा हूँ वरना अभी ही आपके साथ बैठ गया होता। आप ऐसा करें, जुम्मे की शाम को मेरे घर आ जाएँ। वहीं बैठकर बातें होंगी।"

मौलवी वहाँ से चल दिया यह कहते हुए—"ठीक है, जुम्मे की शाम! याद रहे!" अजीब चुनौती का भाव था उसकी आवाज में।

जुम्मे तक मौलवी गाँव के लोगों को बताता रहा कि जुम्मे की शाम को मुल्ला नसीरुद्दीन के साथ वह शास्त्रार्थ करके परखेगा कि वाकई मुल्ला है कितने पानी में! जुम्मे की शाम को मौलवी गाँव के चुनिन्दा लोगों को साथ लेकर मुल्ला नसीरुद्दीन के घर पहुँचा तो यह देखकर चकित रह गया कि उसके घर पर ताला लटका हुआ है। उसने आस-पास के लोगों से जानकारी की तो पता चला कि आज सुबह ही मुल्ला अपनी बेगम को साथ लेकर अपनी ससुराल गया है। यह सुनकर मौलवी का खून खौल उठा। उसने दीवार पर सफेदी चढ़ाने के लिए बनाया गया गाड़ा मुल्ला के दरवाजे के पास देखा। उसने तुरन्त एक कूँची बनाई और मुल्ला नसीरुद्दीन के दरवाजे पर लिख दिया—'बेवकूफ!' बड़े-बड़े हर्फ में लिखा गया यह शब्द दूर से ही पढ़ा जा सकता था। इसके बाद मौलवी मस्जिद की ओर लौट गया।

शाम ढलने के बाद मुल्ला नसीरुद्दीन अपने घर लौटा और दरवाजे पर 'बेवकूफ' लिखा देखा तो समझ गया कि माजरा क्या है। उसने अपनी बेगम को चाबी थमाई और कहा—"तुम चलो, घर के दरवाजे खोलो! मैं अभी आया।" बेगम कुछ कहती उससे पहले नसीरुद्दीन तेज कदमों से चलता हुआ मस्जिद पहुँच गया और मौलाना से जाकर कहा—"माफ कीजिए जनाब! मैं भूल गया था कि आज आप मेरे गरीबखाने पर शास्त्रार्थ के लिए आने वाले हैं वरना मैं ससुराल नहीं जाता।"

"मगर मुझे याद था और मैं गया भी था। आपके दरवाजे से लौट आया।" मौलवी ने कहा।

"हाँ, जवाब! दरवाजे पर आपका नाम बड़े हर्फों में देखकर मैं समझ गया और आपसे माफी माँगने चला आया...अच्छा, अब चलता हूँ।"

मौलवी अकचकाया सा मुल्ला को देखने लगा और मुल्ला अपनी दाढ़ी सहलाता हुआ मस्जिद से बाहर आ गया।

रही बात कपड़ों की

मुल्ला नसीरुद्दीन को बुखारा में रहते हुए काफी समय बीत चुका था। वह बुखारा के हर वर्ग के लोगों के बीच एक समझदार और जहीन इनसान समझा जाता था। उसके दुर्दिन दूर हो चुके थे। अब तो बुखारा में बिना उसके किसी कार्यक्रम की कल्पना भी नहीं की जा सकती थी। जश्न हो या जलसा, उसमें नसीरुद्दीन को अवश्य आमंत्रण मिलता था।

एक शाम मुल्ला नसीरुद्दीन के पास बुखारा के एक रईस के घर से भोजन करने का बुलावा आया। मुल्ला नसीरुद्दीन की पत्नी ने उसे भोज में जाने के लिए प्रेरित किया क्योंकि उसे यह अरमान था कि समाज में उसके परिवार को प्रतिष्ठा मिले। उसके परिवार का रसूख हो, शानोशौकत हो। इसलिए जब कभी भी ऐसा अवसर आता तब वह मुल्ला नसीरुद्दीन को उसके लिए मानसिक रूप से तैयार करती और खास तौर से उसके कपड़ों का इन्तजाम करती। वह देखती कि किस तरह के लोगों के बीच मुल्ला को जाना है। वह अवसर और परिवेश के अनुरूप मुल्ला के लिए वस्त्र निकालती और उन्हें पहनाकर मुल्ला को मुस्कुराकर विदा करती।

रईस को दावत में शरीक होने के लिए बेगम ने मुल्ला के लिए शानदार कपड़े निकाले और उसे पहनकर वह रईस के घर जाने के लिए चल पड़ा। रास्ते में उसे बचपन का दोस्त मुस्तफा सामने से आता हुआ दिखा। मुस्तफा को आता हुआ देख मुल्ला बहुत खुश हुआ। उसे अपने गाँव की याद हो आई...अपने अब्बू-अम्मी याद आए और याद आए बचपन के संगी-साथी। नजदीक आने पर मुल्ला अपने दोस्त से लिपट गया और मुदित मन से बोला–"खूब मिले मुस्तफा! मुझे तो उम्मीद भी नहीं थी कि बुखारा में तुम्हें देख भी सकूँगा!"

मुल्ला की आवाज सुनने के बाद मुस्तफा ने उसे पहचाना और बोला–

"अरे! नसीरुद्दीन, तुम! मुझे अन्दाज भी नहीं था कि बुखारा आकर तुम इतनी तरक्की कर लोगे। मुझे अब यह अहसास है कि बुखारा का बच्चा-बच्चा तुम्हें जानता है और तुम्हारी इज्जत करता है। बुखारा आकर मैंने जिससे भी पूछा तुम्हारे घर के बारे में, उसने मुझे बहुत इज्जत बख्शी और तुम्हारे घर का पता बताया।" थोड़ा रुककर मुस्तफा ने मुल्ला से पूछा–"तुम कहीं जा रहे हो नसीरुद्दीन, तुम्हारे लिबास से ऐसा ही लगता है!"

"हाँ, दोस्त! तुम भी चलो। एक परिचित के घर दावत है। तुम्हारे साथ जाने पर उसे खुशी ही होगी, कोई एतराज नहीं होगा।" उससे मुल्ला नसीरुद्दीन ने कहा।

मुस्तफा ने अपने मित्र की भावुकता पर हँसते हुए कहा–"तू नहीं बदला नसीर! आज भी तू बच्चे की तरह भोला-भाला है। मुझे तुम्हारे साथ कहीं भी जाने में कोई एतराज नहीं है मगर तू देख रहा है, बुखारा पहुँचते-पहुँचते मेरे कपड़ों की क्या हालत हो गई है। शरीर में बार-बार पसीना सूखता रहा है। सारा बदन चिट-चिट कर रहा है। ऐसे में किसी जलसे या दावत में मेरा जाना ठीक नहीं होगा।"

मुल्ला नसीरुद्दीन उस समय बचपन के दोस्त के मिलने से उमंग से भरा था। उसने बच्चों की तरह लरजते हुए मुस्तफा से कहा–"अरे मुस्तफा! इसमें क्या परेशानी है? तू घर चल। नहा-धो ले। कपड़े हैं मेरे पास। मैं तुम्हारे लिए ढंग के कपड़े निकलवा देता हूँ। तुम उन्हें पहन लेना। फिर दोनों दोस्त साथ चलकर दावत का लुत्फ उठाएँगे।"

मुस्तफा को लेकर मुल्ला नसीरुद्दीन अपने घर आया। मुस्तफा ने स्नान किया। अपनी बेगम से कहकर मुल्ला नसीरुद्दीन ने मुस्तफा के लिए अपनी शानदार शेरवानी और चूड़ीदार पाजामा मँगाया और नक्काशीदार जूती भी।

मुस्तफा जब उन कपड़ों को पहनकर मुल्ला के पास आया तब मुल्ला उसे देखकर चकित रह गया। मुस्तफा उन कपड़ों में शानदार लग रहा था। उसका व्यक्तित्व उन कपड़ों में ऐसा निखर रहा था मानो वह कहीं का सुल्तान हो!

मुल्ला अपने दोस्त के शानदार व्यक्तित्व से इतना प्रभावित हुआ कि उसे लगने लगा कि मुस्तफा के व्यक्तित्व के आगे उसका कोई वजूद ही नहीं है।

मुस्तफा यह देखकर हैरान हो रहा था कि मुल्ला उसे लगातार देखे ही जा रहा है। न कुछ बोल रहा है और न ही चल रहा है। आजिज आकर उसने मुल्ला को टोका–"क्या बात है नसीर! तू मुझे देखता ही रहेगा या दावत खाने चलेगा भी?"

मुस्तफा की आवाज सुनकर नसीरुद्दीन की तन्द्रा टूटी और वह सजग होते हुए बोला–"सच कहूँ मुस्तफा, तुम इन कपड़ों में बहुत फब रहे हो। ऐसा लगता है, जैसे तुम कहीं के बादशाह हो...वल्लाह, कितना जलाल आ गया है तुम्हारे चेहरे पे!"

"अच्छा, रहने भी दे यह कशीदाकारी! चल, कहाँ चलना है दावत खाने? मुझे तो भूख लग रही है।" मुस्तफा ने कहा।

मुल्ला नसीरुद्दीन मुस्तफा को साथ लेकर रईस के घर की तरफ चल पड़ा। रास्ते में एक सेठ से भेंट हो गई। सेठ ने बहुत अदब से पेश आते हुए मुल्ला नसीरुद्दीन से पूछा–'क्यों! मुर्तुजा अली के घर दावत पर तो नहीं जा रहे?"

"हाँ, सेठ साहब! वहीं जा रहा हूँ। ऐसे मौकों पर इनकार करते बनता ही नहीं है। जाना ही पड़ता है।" मुल्ला नसीरुद्दीन ने उत्तर दिया।

सेठ ने बातों का सिलसिला आगे बढ़ाते हुए कहा–"और जनाब, आपके साथ ये कौन हैं?"

"अरे, मैं आपका परिचय ही नहीं करा पाया! ये मेरे बचपन के दोस्त हैं। मेरे अजीज! मुस्तफा अली! रही बात इनके कपड़ों की तो वे मेरे ही हैं।" मुल्ला नसीरुद्दीन ने बड़ी मासूमियत से कहा।

सेठ दुआ-सलाम के बाद विदा हो गया और मुल्ला नसीरुद्दीन दावत के लिए मुतुर्जा अली के घर की तरफ चलने लगा तो मुस्तफा उसके साथ आगे जाने को तैयार नहीं हुआ। उसने नाराज होते हुए मुल्ला से कहा–"मैं तुम्हारे साथ हरगिज नहीं जाऊँगा। मैं जा रहा हूँ तुम्हारे घर। तुम्हारे कपड़े उतारकर अपने वही कपड़े पहन लूँगा...और वहीं तुम्हारा इन्तजार करूँगा।"

मुल्ला नसीरुद्दीन भी समझ चुका था कि उससे गलती हुई है। परिचय कराते वक्त उसे कपड़ों की चर्चा नहीं करनी चाहिए थी। उसने मुस्तफा को मनाते हुए कहा–"दोस्त! मैं समझ गया हूँ कि परिचय कराते समय मुझसे भूल हो गई और मैं कपड़ों की हकीकत बयाँ कर गया। मैं मानता हूँ कि मुझे

ऐसा नहीं कहना चाहिए था...मगर मेरा विश्वास करो, मैं नहीं जानता कि कैसे यह बात मेरे मुँह से निकल गई? मैं तुम्हें विश्वास दिलाता हूँ कि अब ऐसी गलती नहीं होगी। अपनी नाराजगी थूक दो और मुझे माफ कर दो!"

मुस्तफा ने मुल्ला की बात पर यकीन कर लिया।

वे लोग फिर दावत खाने के लिए निकल पड़े...कुछ रास्ता तय हुआ कि रास्ते में एक साहूकार ने मुल्ला नसीरुद्दीन को टोका–"अस्सलाम वालेकुम मुल्ला नसीरुद्दीन साहब! अरसे बाद जनाब को देख रहा हूँ। कहिए, सब खैरियत तो है न?''

'वालेकुम अस्सलाम इदरीस मियाँ! सब खैरियत है। इनसे मिलिए...ये मेरे बचपन के दोस्त! मेरे अजीज! मुस्तफा! पहली बार बुखारा आए हैं मुझसे मिलने! रही बात कपड़ों की तो वे उनके ही हैं!"

मुस्तफा भीतर ही भीतर खौल उठा–यह भी कोई परिचय कराने का तरीका है! मुल्ला ने तो कहा था कि वह कपड़ों के बारे में कोई जिक्र नहीं करेगा, फिर यह कहने की जरूरत क्या थी कि कपड़े उनके ही हैं? अब तो मैं इसके साथ कहीं जाने वाला नहीं। कुछ भी कहता रहे...अब मैं इसके घर जाकर इसके कपड़े उतार दूँगा...बड़ा आया कपड़ा दिखाने वाला!

इदरीस मियाँ के जाते ही मुस्तफा ने अपने तेवर दिखाए मगर मुल्ला नसीरुद्दीन उसके आगे भीगी बिल्ली बन गया और अपनी गुस्ताखी के लिए मुस्तफा से बार-बार माफी माँगने लगा।

अन्ततः मुस्तफा उसके साथ आगे जाने के लिए राजी हो गया।

थोड़ी ही देर में मुल्ला नसीरुद्दीन अपने दोस्त मुस्तफा के साथ रईस मुतुर्जा अली के दौलतखाने पर पहुँचा। वहाँ उन दोनों का गर्मजोशी से स्वागत हुआ। मुतुर्जा अली के घर पर दावत में जितने भी मेहमान आए थे, वे सबके सब बुखारा के नामी-गिरामी लोग थे। मुस्तफा को यह देखकर आश्चर्य हुआ कि अधिकांश लोग उसके दोस्त मुल्ला नसीरुद्दीन को जानते भी हैं और उसकी कद्र भी करते हैं क्योंकि जो भी मुतुर्जा अली के घर पर मुल्ला नसीरुद्दीन से मिला, वही उसके साथ अदब से पेश आया।

भोजन कर चुकने के बाद जब मुल्ला नसीरुद्दीन वापसी की सोच रहा था तभी उसे खयाल आया कि मुतुर्जा अली से अपने मित्र को मिलाया ही नहीं। वह मुस्तफा को लेकर मुतुर्जा अली के पास गया और मुस्तफा से

उसका परिचय कराते हुए बोला–''मुतुर्जा साहब! ये मेरे बचपन के दोस्त हैं मुस्तफा! मेरे अजीज! रही बात कपड़ों की तो मैं उसके बारे में कुछ नहीं बोलूँगा।''

मुस्तफा ने जब यह सुना तो मन मसोसकर रह गया। वह उस पल को कोस रहा था जब उसने मुल्ला नसीरुद्दीन के कपड़े पहनने का निर्णय लिया था।

मुतुर्जा अली के घर से निकलते समय मुल्ला नसीरुद्दीन ने मासूमियत के साथ मुस्तफा से पूछा–"क्यों, इस बार परिचय कराने में मुझसे कोई भूल तो नहीं हो गई?"

मुस्तफा समझ नहीं पाया कि वह मुल्ला नसीरुद्दीन से कहे तो कहे क्या!

लोग क्या कहेंगे?

मुल्ला नसीरुद्दीन बूढ़ा हो चुका था। जीवन जीने के उसके निराले अन्दाज के कारण उसके पास लोगों की भीड़ लगी रहती थी। ये ऐसे लोग थे जिन्हें लगता था कि मुल्ला नसीरुद्दीन में कोई करिश्माई ताकत है जो उसे हर तरह की मुसीबत से महफूज रखती है।

मुल्ला इन लोगों को समझाता रहता था कि उसमें कोई करिश्माई ताकत नहीं है बल्कि और लोगों से उसमें केवल इतना फर्क है कि वह कुछ करने से पहले यह नहीं सोचता कि लोग क्या कहेंगे और करता वही है जो उचित हो, न्यायसंगत हो।

ये लोग जो उसके आस-पास बने रहते थे, वे गर्व से कहा करते थे–'हम मुल्ला नसीरुद्दीन के शिष्य हैं!'

मुल्ला नसीरुद्दीन के बार-बार कहने पर जब उसके ये शिष्य यह स्वीकार करने को तैयार नहीं हुए कि उसमें कोई करिश्माई ताकत नहीं है तब एक दिन बहुत विचार करने के बाद उसने अपने शिष्यों को अपने पास बुलाया। फिर एक शिष्य को निर्देश दिया–"जाओ रहमत खान! मेरा गदहा लेकर आओ।"

रहमत खान तुरन्त गदहा लेकर उपस्थित हुआ।

मुल्ला नसीरुद्दीन गदहे पर उलटा बैठा यानी गधे के दुम की तरफ अपना मुँह करके बैठा।

मुल्ला नसीरुद्दीन को उसके एक शिष्य ने टोका–"मुल्ला साहब! मुल्ला साहब! आप गदहे पर उलटा बैठे हैं...ऐसे बैठा देखकर लोग आपको क्या कहेंगे?"

"अरे, अभी से इतनी बेसब्री क्यों? वक्त आने पर तुम्हें तुम्हारे प्रश्न का उत्तर अवश्य मिल जाएगा। बेसब्र मत हो। थोड़ा इन्तजार करो।" मुल्ला

नसीरुद्दीन ने उस शिष्य को जवाब दिया। फिर मुल्ला ने अपने गदहे को एड़ लगाई, गदहा चल पड़ा–ठप-टप-टपाक्! ठप-टप-टपाक्!

अब एक अजीब नजारा था गाँव की सड़कों पर! गदहे पर उलटा बैठे मुल्ला और मुल्ला की ओर मुँह कर चलते उसके शिष्य। गदहा गाँव की हर गली से परिचित था इसलिए वह हर उस राह से गुजरा जिससे प्रायः मुल्ला नसीरुद्दीन गुजारा करता था।

जो भी इस नजारे को देखता, हँसे बिना नहीं रहता। मुल्ला के गदहे के साथ अब मुल्ला के शिष्यों के अलावा गाँव के लोग भी चलने लगे थे। धीरे-धीरे उस हुजूम को देखकर ऐसा लगने लगा कि गाँव में मुल्ला नसीरुद्दीन को गदहे पर उलटा बैठाकर उसका जुलूस निकाला गया है। जुलूस में शामिल लोग मुल्ला नसीरुद्दीन का मखौल उड़ाने लगे। ही-ही, हा-हा का दौर शुरू हो गया।

यह देखकर मुल्ला नसीरुद्दीन का एक शिष्य मुल्ला के पास पहुँच गया और मुल्ला से कहने लगा–"जनाब! अब आप गदहे पर सीधा बैठकर चलें। जुलूस में शामिल लोग आपका मजाक उड़ा रहे हैं...मुझसे सहन नहीं हो रहा है।"

''सहन नहीं हो रहा है? क्यों? मैं तो मजे से अपने गदहे पर बैठा हूँ!'' मुल्ला नसीरुद्दीन ने हँसते हुए अपने शिष्य से पूछा। शिष्य मौन रहा। तब मुल्ला ने उससे कहा–"देखो! मैं तेरे जज्बात की कद्र करता हूँ मगर मैं यह सोचकर अपना इरादा कैसे बदल लूँ कि लोग क्या कहते हैं, या लोग क्या कहेंगे? अब देखो न! गदहे पर मैं सीधा बैठकर चलूँ तब भी तो जितने मुँह उतनी बातें होंगी...लोग कहेंगे–गुरु की ओर पीठ करके चल रहे हैं शिष्य सारे! जब तुम लोग गदहे के आगे चलोगे!...और जब तुम लोग मेरे पीछे-पीछे चलने लगो तो मैं उस सुख से वंचित हो जाऊँगा जो मुझे अभी मिल रहा है। मैं बस गदहा पर उलटा बैठने के कारण यह सुख प्राप्त कर पा रहा हूँ। मैं उलटा बैठा हूँ और तुम लोग मेरे पीछे-पीछे चल रहे हो फिर भी मुझे तुम लोगों का चेहरा देखना नसीब हो रहा है। हँसता, खिलखिलाता, मस्ती भरा चेहरा! कितना आनन्द है इस तरह तुम लोगों को देखने में, यह बताना भी आसान नहीं है।"

"...लेकिन ये लोग आपको मूर्ख कह रहे हैं।" शिष्य ने खीजकर कहा।

मुल्ला नसीरुद्दीन ने पूछा—"तुम यही चाहते हो न कि ये लोग मुझे मूर्ख नहीं कहें तो यह भी बहुत आसान बात है। मैं चीखता हूँ—'मुल्ला', तुम लोग नारा लगाओ—'मूर्ख है।' मैं पुकारूँ-'मुल्ला के शिष्य', तुम लोग चीखो—'मूर्खाधिराज!' देखो, तंग करने वाली जमात खुद-बखुद इस भीड़ से निकल जाएगी।"

इसके बाद मुल्ला—'मूर्ख है' और मुल्ला के शिष्य—'मूर्खाधिराज' की जबर्दस्त नारेबाजी होने लगी। देखते-देखते उस भीड़ से तंग करने वाले लोग निकल गए। फिर मुल्ला के शिष्यों ने तय किया कि अब वे काम करेंगे—उचित और न्यायसंगत काम! इस बात की परवाह नहीं करेंगे कि लोग क्या कहेंगे।

सचमुच, खुदा रहम-दिल है

एक बार मुल्ला नसीरुद्दीन की पत्नी उससे झगड़ पड़ी। मुल्ला नसीरुद्दीन नहीं चाहता था कि उससे उसकी पत्नी खफा हो। मगर हर रोज कोई न कोई ऐसी बात हो ही जाती कि दोनों में तकरार हो जाती। कोई ऐसा उनके घर में था ही नहीं कि उनके बीच सुलह करा दे इसलिए मुल्ला नहीं चाहता था कि उसकी पत्नी के साथ कोई अनबन हो।

उस दिन भी तैश में आकर मुल्ला नसीरुद्दीन की पत्नी ने मुल्ला को खूब खरी-खोटी सुना दी। गुस्से में बेगम ने मुल्ला को 'निखट्टू' भी कह दिया।

मुल्ला नसीरुद्दीन ने जब अपने लिए 'निखट्टू' सम्बोधन सुना तो उसके तन-बदन में आग लग गई। और दिन होता तो वह भी अपनी बेगम को ऐसे ही हजार शब्दों से नवाजता मगर अब वह समझ चुका था कि बेगम से पंगा लेने में नुकसान ही नुकसान है। जब तक वह घर में रहता है तब तक हर बात के लिए बेगम को आवाज लगानी पड़ती है। जब झगड़े के बाद दोनों के बीच 'मुँहा फुल्ली' हो जाती है तब सुलह कराने वाला कोई नहीं रहता। इसलिए अपने क्रोध की तरंग को अपने सीने में साधकर मुल्ला नसीरुद्दीन ने कमरे में रखा हुआ धनुष-बाण उठा लिया और पाँव पटकता हुआ घर से बाहर आ गया।

बार-बार उसके जेहन में पत्नी की धिक्कार भरी आवाज कौंध-कौंध जाती और वह अपने अहाते में क्रोध से तिलमिलाता टहलने लगता। उसकी इच्छा हो रही थी कि अभी घर में घुसकर अपनी बेगम को वैसे ही दो-चार जुमले सुना दे जिससे वह भी समझ ले कि बुरा कहने से बुरा ही सुनने को मिलता है। मगर फिर, अपने पर काबू पाते हुए खुद को समझाता–इससे तो अपना ही बेड़ा गर्क होगा। अभी दो पल बाद उसी बेगम को आवाज लगानी

पड़ेगी—'बेगम! एक बदना पानी तो लेके आओ!' या 'बेगम, मेरी शेरवानी कहाँ है?' अगर झगड़ा बढ़ा तो ऐसे छोटे-छोटे कामों में भी घंटों जाया होंगे और ढंग से काम भी नहीं हो पाएगा। मगर 'निखट्टू' सम्बोधन की याद आते ही उसका खून खौल उठा। क्रोध सातवें आसमान पर जा पहुँचा।

बेगम अपने कमरे में पाँव पटकती हुई जा चुकी थी। मुल्ला नसीरुद्दीन ने तेजी से दरवाजों को बन्द करने से उत्पन्न खट की आवाज सुनी थी और यह सोचकर उसका गुस्सा बेकाबू हो रहा था कि कहाँ तो बेगम बाहर निकलकर उसे समझाती कि 'गुस्सा करना ठीक नहीं है। हम दो ही जन तो हैं परिवार में, कभी कुछ ऊँचा- नीचा हो भी जाए तो बर्दाश्त करना चाहिए। यही दुनिया का दस्तूर है।'...और कहाँ बेगम, गुस्सा त्यागने की बजाय आग में घी डालने का काम दरवाजा बन्द करके कर रही है।

कुछ देर तक क्रोध में चहलकदमी करने के बाद जब मुल्ला का गुस्सा शान्त नहीं हुआ तो उसने अहाते की अरगनी पर सूखने के लिए फैलाए गए गीले कपड़ों को देखा। उन कपड़ों में मुल्ला नसीरुद्दीन की शेरवानी भी थी। अचानक मुल्ला ने अपने धनुष पर बाण चढ़ाया और कान तक खींचकर बाण चलाया। सनन् करता हुआ वह बाण शेरवानी को वेध कर थमा। बाण से बिंधी हुई शेरवानी को देखकर मुल्ला ने अपने हाथ का धनुष एक किनारे फेंक दिया और आसमान की तरफ दोनों हाथ फैलाकर जोर-जोर से बोलने लगा—"या अल्लाह! या परवरदिगार! तू सचमुच दयावान है...यह तुम्हारा ही करिश्मा है कि मैं शेरवानी में नहीं था। मेरे मौला...तुम्हारा लाख-लाख शुक्र है कि मैं शेरवानी में नहीं था।"

जब मुल्ला नसीरुद्दीन की बेगम ने अपने पति के मुँह से खुदा की शान में निकल रहे कशीदों को सुना तो वह यह जानने के लिए बाहर निकली कि हुआ क्या है—उस वक्त भी मुल्ला नसीरुद्दीन आसमान की तरफ दामन फैलाए कहे जा रहा था—"सच है मेरे खुदा! तुम्हारा करिश्मा तुम ही जानो! मुझ नासमझ बन्दे पर तुम्हारी नजर है—यही बहुत है।"

मुल्ला नसीरुद्दीन की पत्नी से जब रहा नहीं गया तो उसने मुल्ला से पूछा—"क्या हुआ है जी?"

मुल्ला नसीरुद्दीन ने शेरवानी की तरफ इशारा करते हुए अपनी बेगम से कहा—"खुदा का शुक्र है कि मैं शेरवानी में नहीं था।"

शेरवानी पर नजर जाते ही मुल्ला की पत्नी का गुस्सा जाता रहा और वह भी आसमान की तरफ दामन फैलाकर कहा–"सचमुच खुदा रहम-दिल है! या खुदा! मेरे शौहर की हिफाजत करना! आमीन!" और वह मुल्ला नसीरुद्दीन का हाथ थामकर उसे घर में ले गई और उसके सीने से लगकर फूट-फूटकर रो पड़ी।

मुल्ला ने महसूस किया कि उसकी पत्नी भी उसे बहुत प्यार करती है।

सारस की सीख

मुल्ला नसीरुद्दीन समय भाँपकर बोलने की क्षमता रखने वाला ऐसा इनसान था जिसकी बातों में रोतों को हँसा देने की क्षमता थी। दम्भियों पर उसकी बातें कहर से भारी थीं और असहायों के लिए वरदान! अपने इस गुण के कारण मुल्ला नसीरुद्दीन के कद्रदानों की कमी नहीं थी। जानने-पहचानने वालों की तादाद बढ़ी तो मुल्ला नसीरुद्दीन के दावत पर बुलाने वालों की भी कमी न रही। दो-चार दिन पर कहीं न कहीं से बुलावा आ जाता और मुल्ला नसीरुद्दीन को दावत खाने जाने की विवशता आ घेरती।

एक बार राजधानी के एक रईस के घर जलसा हुआ। जलसे का सन्देश और आमंत्रण मुल्ला नसीरुद्दीन को भी मिला। आमंत्रण पत्र भेजने वाले का नाम उसमें मोहम्मद रसूख जिलानी लिखा हुआ था। वह दुविधा में पड़ गया–'आखिर कौन है यह मोहम्मद रसूख जिलानी? आमंत्रण पत्र तो इस ढंग से लिख रखा है मानो मेरा सगा हो!'

इस तरह के बुलावों के प्रति मुल्ला नसीरुद्दीन बहुत संवेदनशील था। आमंत्रण देने वाला चाहे गरीब हो, चाहे अमीर, आमंत्रण किसी के जन्मोत्सव का हो या मरने के बाद किए जाने वाले कर्मकांड का, वह हर बुलावे पर उपस्थित अवश्य होता था। यह उसके जनसम्पर्क का दायरा बढ़ाने और लोक-व्यवहार का तरीका था। मगर वह मोहम्मद रसूख जिलानी की याद भी नहीं आ रही थी। राजधानी से आए आमंत्रण को नजरअन्दाज भी नहीं किया जा सकता था। उसकी उलझन बनी हुई थी–आखिर यह मोहम्मद रसूख जिलानी है कौन?...आमंत्रण पत्र की भाषा ऐसी थी जिससे शुबहा होता था कि पत्र किसी करीबी रिश्तेदार ने लिखा है...मुल्ला सोच में पड़ा था–आखिर राजधानी में मेरा रिश्तेदार कौन है?

मुल्ला इसी गुनधुन में था कि उसकी बेगम ने ताड़ लिया कि मुल्ला

आज किसी उलझन में है। उसने पूछा–''क्या बात है? सुबह से ही देख रही हूँ, कुछ परेशान नजर आ रहे हो?''

''क्या करोगी जानकर? तुम्हारे बस की बात नहीं...।'' मुल्ला नसीरुद्दीन ने लम्बी साँस लेते हुए कहा।

''मैंने कब कहा कि मेरे बस की बात है? अरे, उलझन बताने से ही सुलझती है! क्या पता मैं तुम्हारी उलझन ही दूर कर दूँ!'' बेगम ने कहा।

मुल्ला नसीरुद्दीन थोड़ी देर तक अपनी बेगम का मुँह ताकता रहा फिर यह सोचकर कि क्या पता इसे ही कुछ याद आ जाए, उसने कहा–"दरअसल मैं राजधानी वाले मुहम्मद रसूख जिलानी के बारे में सोच रहा था...।''

"अरे, क्या हुआ मामूजान को?" बेगम ने चौंकते हुए पूछा।

"मामूजान? क्या मुहम्मद रसूख जिलानी तुम्हारे मामूजान हैं?"

"...और नहीं तो क्या तुम्हारे मामूजान हैं?...अरे इतना भी याद नहीं, वे हमारे बगदाद वाले मामूजान...जो शादी के बाद ही बगदाद जा बसे थे। अब दो साल से राजधानी में रह रहे हैं। वहाँ अपना मकान बनाया है। सुना है, बगदाद से बहुत दौलत लेकर लौटे हैं! मगर बात क्या हुई? यह अचानक तुम मामूजान के खयालों में क्यों पड़ गए? जरा मैं भी तो सुनूँ?''

''अरे, कुछ नहीं! बस, उनके घर से बुलावा आया है। दावत है उनके यहाँ, पूर्णमासी के दिन। मैं उनका आमंत्रण पत्र पढ़ के समझ नहीं पा रहा था कि मुहम्मद रसूख जिलानी हैं कौन! शादी के बाद एक-आध बार ही तो मिलना हुआ है और जब भी मिला तो उन्हें मामूजान ही कहा इसलिए मुहम्मद रसूख जिलानी नाम से उन्हें पहचान नहीं पाया।'' मुल्ला नसीरुद्दीन ने झेंपते हुए कहा।

''हाँ-हाँ! मेरे मायके वालों के नाम तुम्हें क्यों याद रहने लगे? अरे, तुम्हें मेरे अब्बू का नाम मुहम्मद मनसुख जिलानी की याद होती तो मुहम्मद रसूख जिलानी की भी याद आ जाती...खैर, लाओ, जरा वह आमंत्रण पत्र मुझे भी दिखाओ, क्या लिखा है मामूजान ने...जरा मैं भी तो देखूँ!''

बेगम ने मुल्ला नसीरुद्दीन की तरफ अपना हाथ बढ़ाया और मुल्ला नसीरुद्दीन ने बेगम के हाथ में मुहम्मद रसूख जिलानी का खत रख दिया। बेगम ने उस खत को पढ़ा तो खुशी से उछल पड़ी–"अरे! तुमने तो मुझे बताया ही नहीं था–मामूजान ने तो खास तौर से मुझे भी बुलाया है–देखो,

इसमें कितने प्यार से लिखा है–'मेरी प्यारी बिटिया को भी लेते आना!' ''

मुल्ला नसीरुद्दीन ने आमंत्रण पत्र फिर से देखा तो पूरे खत से अलग एक जगह पर यह बात घेरकर लिखी गई थी...इस पंक्ति पर खास तवज्जो दिलाने के लिए इसे चारों तरफ से घेरा गया था लेकिन मुल्ला नसीरुद्दीन था कि उस पंक्ति पर उसने ध्यान ही नहीं दिया था।

बेगम को खुशी से उछलते देखकर मुल्ला नसीरुद्दीन ने सोचा– राजधानी जाना है। एक ही गदहा मेरे पास है। बेगम उस पर मेरे साथ बैठ नहीं पाएगी। घोड़े से जाऊँ तो घोड़ा किसी से माँगना पड़ेगा। एक-दो दिन की बात होती तो चलो कोई बात नहीं थी...राजधानी जाने में दो दिन लग जाएँगे, और दो दिन लौटने में। दो दिन मामूजान के घर! मतलब कि पूरे सप्ताह भर की बात है। यानी सात दिनों के लिए एक घोड़ा सहित दो जनों की खुराक का इन्तजाम करना होगा!...मुल्ला नसीरुद्दीन चिन्ता में पड़ गया। उसने सोचा, यदि बेगम मामूजान से मिलने जाने का इरादा छोड़ दे तो उसका काम आसान हो जाएगा। मगर बेगम थी कि किसी भी तरह मानने को तैयार नहीं हुई। अन्ततः मुल्ला नसीरुद्दीन ने अपना लम्बा चोगा धारणा किया, नोकदार टोपी पहनी और गदहे पर सवार होकर बाजार पहुँच गया।

और दिनों की अपेक्षा उस दिन बाजार में भीड़ अधिक थी। मुल्ला ने जानना चाहा कि कारण क्या है–बाजार में इतनी गहमा-गहमी क्यों है? पता चला कि आज सुल्तान अपने चुनिन्दा साथियों के साथ बाजार में खरीदारी करने आ रहे हैं। मुल्ला नसीरुद्दीन को उम्मीद बँध गई कि कोई अच्छा काम इस बाजार में मिल जाएगा। और ऐसा ही हुआ। जेवर की एक दुकान में मुल्ला नसीरुद्दीन को ग्राहकों को जेवर दिखाने का काम मिल गया।

सुल्तान की सवारी बाजार में आई, उस समय अफरा-तफरी मच गई। मुल्ला नसीरुद्दीन ने साहूकार को गद्दी पर बैठा दिया और आनन-फानन में उसने जेवर की दुकान की भीड़ हटाकर दुकान में प्रवेश की जगह खाली करा दी और बिना सेठ से पूछे ही दुकान में लगे झाड़-फानूस को रौशन करवा दिया। देखते ही देखते दुकान की रौनक कई गुना बढ़ गई और सुल्तान बाजार की दुकानों को बाहर-बाहर ही देखते-झाँकते उस दुकान में प्रवेश कर गए। मुल्ला नसीरुद्दीन ने अपनी नोकदार टोपी उतारकर और कमर तक झुककर सुल्तान का स्वागत किया। दुकान के लगभग सभी

सदस्यों ने सुल्तान का अभिवादन किया। दुकानदार तो सुल्तान की खिदमत में बिछा-सा जा रहा था मगर सुल्तान इन तमाम बातों से बेपरवाह मुल्ला नसीरुद्दीन से ही बातें किए जा रहा था। मुल्ला नसीरुद्दीन का अन्दाजे-बयाँ रोचक, मनोरंजक और जानकारी-भरा था। सुल्तान ने उस दुकान से काफी जवाहरात खरीदे और वहाँ से जाने से पहले मुल्ला नसीरुद्दीन से बोला– "मेरा वक्त अच्छा कटा। तुमसे काफी जानकारी भी हासिल हुई। मुझे इस गाँव का यह बाजार हमेशा याद रहेगा। तुम मुझे अपना नाम बताओ। क्या पता कभी तुमसे कोई काम ही पड़ जाए!"

मुल्ला नसीरुद्दीन ने बहुत विनम्रतापूर्वक सुल्तान को अपना नाम-पता बताया और सुल्तान को दुकान से बाहर तक छोड़ने आया।

सुल्तान ने जाते समय कहा–"मुल्ला नसीरुद्दीन! मैंने तुम्हारा नाम तो पहले भी सुना था मगर आज देख भी लिया। सचमुच तुम एक दिलचस्प इनसान हो! मैं तुम्हें याद रखूँगा।"

सुल्तान को दुकान से बाहर तक छोड़ने दुकान का मालिक भी आया था और दुकान में काम करने वाले उसके स्थायी कर्मचारी भी किन्तु सुल्तान ने उनके अभिवादन की ओर ध्यान नहीं दिया।

सुल्तान के जाने के बाद दुकानदार और उसके कर्मचारी मुल्ला नसीरुद्दीन की बुद्धिमत्ता की तारीफ करने लगे। दुकानदार ने सभी कर्मचारियों के सामने स्वीकार किया कि मुल्ला नसीरुद्दीन ने दुकान में बिना कोई नई व्यवस्था के वहाँ उपलब्ध संसाधनों का ऐसा और ऐसी तत्परता से उपयोग किया कि सुल्तान बाजार की बड़ी दुकानों को छोड़कर इस दुकान में आ गए। सुल्तान को मुल्ला नसीरुद्दीन ने अपनी बातों से मुग्ध कर लिया। दुकानदार यह समझ रहा था कि उसकी दुकान में आकर सुल्तान ने खरीदारी की, इससे उसकी दुकान की साख बढ़ गई है। उसने मुल्ला नसीरुद्दीन को दुकान का सामान बिकवाने के एवज में बड़ी रकम दी और कहा–"मुल्ला नसीरुद्दीन! इस दुकान को अपनी दुकान समझना और जब कभी भी तुम्हें काम की आवश्यकता हो, बेहिचक मेरे पास आ जाना।"

मुल्ला नसीरुद्दीन को दुकानदार से उम्मीद और जरूरत से कई गुना अधिक रकम हासिल हो गई थी। इस रकम से वह घोड़ा किराए पर तो क्या, खरीदकर ले जा सकता था। बहरहाल रकम लेकर मुल्ला नसीरुद्दीन ने उस

दुकान से विदा ली और बाजार की सैर करता हुआ वह कपड़ों की एक दुकान में गया। वहाँ उसने अपनी बेगम के लिए कुछ कपड़े खरीदे फिर वहाँ से अपने घर वापस आ गया।

मुल्ला नसीरुद्दीन के घर आने पर जब बेगम ने देखा कि उसके लिए मुल्ला ने शानदार कपड़े खरीदे हैं तब वह खुशी से झूम उठी। मन-ही-मन वह इस बात के लिए शर्मिन्दा थी कि इतने समझदार व्यक्ति को वह निठल्ला मानती रही। यह तो समय के अनुरूप आश्चर्यजनक ढंग से काम करने वाला इनसान है। मुँह से मकान का नाम लिया तो कुछ घंटों में मकान हासिल कर लेने वाले इस इनसान पर खुदा की मेहरबानी है। दोपहर तक यह शख्स सोच रहा था कि दावत में जाए तो जाए कैसे? और रात होते ही इतना कीमती लिबास लेकर आ गया है...!

अपनी बेगम को इस तरह मुग्ध नजरों से देखते हुए मुल्ला नसीरुद्दीन ने उससे कहा–"बेगम! कपड़े पसन्द आए?"

"हाँ; बहुत महँगे लगते हैं। असली सोना-चाँदी के सलमा-सितारों का इन पर काम है। भारी भी है। बरसों काम आएँगे।"

''हाँ, बेगम! यही सोचकर लिया भी। कल सुबह मैं घोड़ा मँगवा लूँगा। उस पर सवार होकर हम पहले तो बाजार चलेंगे और तुम्हारी पसन्द की कोई अच्छी-सी जूती खरीदेंगे। उसके बाद लौटकर तुम्हारे मामूजान के घर जाने की तैयारी की जाएगी।'' मुल्ला नसीरुद्दीन ने कहा।

बेगम उसकी बातें सुनकर चकित रह गई...और आश्चर्य से पूछने लगी–''क्या कहा, मेरे लिए जूती लोगे?...अरे मेरे पास कई जोड़ी जूतियाँ पड़ी हैं, उनमें से ही कोई झाड़-पोंछकर पहन लूँगी। तुम मेरे लिए नहीं, अपने लिए कपड़े और जूते ले लो। यह ज्यादा जरूरी है।'' फिर बेगम को खयाल आया कि इस तरह की खरीदारी के लिए तो पैसों की आवश्यकता होगी! मुल्ला नसीरुद्दीन के पास पैसे कहाँ हैं कि वह ये खरीदारियाँ करेगा...इस विचार के आते ही वह संकुचित-सी होती हुई पूछ बैठी–''मगर इन सबके लिए तो पैसे चाहिए! हमारे पास पैसे है कहाँ?''

"बेगम! पैसे हैं। आज अच्छी कमाई हुई है। पैसों की चिन्ता मत करो! यह भी सोचो कि मामूजान के लिए कुछ खरीदना है तो उसे भी हम खरीद लेंगे।"

मुल्ला नसीरुद्दीन की बातों से सन्तुष्ट होकर उसकी बेगम ने भोजन परोसा। दोनों ने भोजन करने के बाद बिस्तर की शरण ली।

दूसरे दिन सुबह ही मुल्ला नसीरुद्दीन एक शानदार अरबी घोड़ा किराए पर ले आया। बेगम को साथ लेकर वह बाजार पहुँचा तो बाजार में एक ही चर्चा होने लगी—आज मुल्ला नसीरुद्दीन घोड़े की सवारी कर रहा है। साथ में उसकी बेगम भी है।

मुल्ला नसीरुद्दीन अपनी बेगम के साथ एक जूते की दुकान में गया तो दुकानदार ने उसकी खूब खातिरदारी की और उसकी बेगम के लिए अपनी दुकान की सबसे खूबसूरत जूती उसे खरीद दाम पर ही दे दी। बेगम की जिद के कारण मुल्ला ने अपने लिए भी कपड़े लिये। मामाजी के लिए भी उन दोनों ने उपहार खरीदे और घर लौटकर मुल्ला नसीरुद्दीन और उसकी बेगम दोनों ही यात्रा की तैयारी में लग गए। धूप से बचने के लिए शाम होते ही वे लोग राजधानी के लिए रवाना हो गए।

दो दिनों के बाद मुल्ला नसीरुद्दीन पहुँच गए मुहम्मद रसूख जिलानी के मकान पर। आलीशान इमारत थी। सज्जा की भव्यता देखते ही बनती थी।

मुल्ला नसीरुद्दीन और उसकी बेगम के आने की खबर सुनकर मामूजान खुद बाहर आए और उन्होंने जमाई को अपने गले से लगाया। भानजी के कन्धे थपथपाए और घर में ले गए। दावत पूर्णमासी को होनी थी। पूर्णमासी आने में दो दिनों की देर थी।

वे दो दिन कैसे बीत गए, पता ही नहीं चला। दावत का इन्तजाम इमारत के अहाते में हो रहा था। अहाते में जगह-जगह पेड़ लगे थे—बड़े घेरों वाले छतनार पेड़! इन पेड़ों के नीचे ही आगन्तुकों के बैठने की व्यवस्था होनी थी। राजधानी के तमाम बड़े लोग इस दावत में शरीक होने वाले थे। खुले आकाश के नीचे बैठकर तफरीह का मजा लेते हुए भोजन करना—मुल्ला नसीरुद्दीन के लिए यह परिकल्पना बहुत प्यारी थी।

मुल्ला नसीरुद्दीन अपने नए कपड़ों में सज-धज कर तैयार हो गया और नए जूते डालकर अहाते में चहलकदमी करने लगा। इसी चहलकदमी के दौरान उसकी नजर आकाश में उड़ते पक्षियों पर गई। उसने देखा कि चिड़ियों का झुंड उड़ता हुआ आता है और अहाते के पेड़ों पर बैठकर विश्राम करता है और फिर उड़ जाता है। पेड़ों के नीचे की जमीन पर उसने

जगह-जगह पर सफेद चूने के ठोप जैसी आकृति का निशान देखा। उसके दिमाग में बात कौंधी कि अरे यह तो चिड़ियों की विष्ठा के निशान हैं! यदि किसी अतिथि की थाली में किसी चिड़िया ने विष्ठा कर दिया तब क्या होगा?

लेकिन यह खयाल आने में देर हो चुकी थी और अतिथियों का आना शुरू हो गया था। मुल्ला नसीरुद्दीन इमारत के प्रांगण में आने वालों को उचित स्थान पर बैठाता और जैसे ही अतिथि बैठते, उनके लिए दस्तरखान बिछा दिया जाता। बड़ी ही चुस्त व्यवस्था थी मामूजान की।

खाना परोसा जाने लगा। मुल्ला नसीरुद्दीन टहलता हुआ एक पेड़ के नीचे आकर खड़ा हो गया। उसी समय चिड़ियों का एक झुंड टिर्र-टिर्र करता हुआ आया और अहाते के पेड़ों पर बैठ गया। लगभग उसी समय एक अतिथि मुल्ला नसीरुद्दीन के पास आकर खड़ा हो गया और उससे पूछने लगा—"क्यों 'भाई! यहाँ तनहा क्यों खड़े हो?"

मुल्ला नसीरुद्दीन को मसखरी सूझी और उसने मजाक में कहा—"कुछ नहीं भाई! जरा इन चिड़ियों की बातचीत सुन रहा हूँ!"

"चिड़ियों की बातचीत सुन रहे हो? क्या तुम चिड़ियों की जुबान समझते हो?" उस आदमी ने संजीदगी से पूछा।

"हाँ भाई! चिड़ियों की भाषा समझता हूँ। एक अर्से तक मैंने चिड़ियों की भाषा पर काम किया है।"

उसी समय सामने के आम के पेड़ पर बैठा एक बड़ा-सा परिन्दा जोरों से शोर किया—'टें-टें-टें-टें...'

उस आदमी ने मुल्ला नसीरुद्दीन से पूछा—"इस परिन्दे ने क्या कहा—बताओगे?"

"हाँ, क्यों नहीं!" मुल्ला नसीरुद्दीन ने मजाक करते हुए कहा—"उस परिन्दे ने कहा है—देखो, मैं इस रईस की थाली में विष्ठा करूँगा क्योंकि यह परले दर्जे का कंजूस है। कभी चिड़ियों के लिए दाना नहीं डालता है।"

मुल्ला नसीरुद्दीन की बात समाप्त हुई और उस आदमी ने इस पेड़ के नीचे बैठे रईस की थाली पर टकटकी लगा दी। उसके आश्चर्य का तब कोई ठिकाना नहीं रहा जब उस पेड़ के नीचे बैठे रईस की थाली में वाकई उस परिन्दे ने विष्ठा कर दी।

रईस भिनभिनाकर दस्तरखान से उठ गया। मामूजान ने तुरन्त उसके लिए दूसरा दस्तरखान बिछवा दिया।

देखते ही देखते, दावत स्थल पर चर्चा होने लगी कि मुहम्मद रसूख जिलानी के घर एक ऐसा शख्स अतिथि बनकर आया है जो चिड़ियों की भाषा समझता है। मामूजान के घर पर जो दावत थी, उसमें सुल्तान के दरबार के कुछ वरिष्ठ लोग भी आए हुए थे। उन्होंने भी इस बात की सोदाहरण जानकारी हासिल की। अन्ततः यह चर्चा सुल्तान तक पहुँच गई।

सुल्तान ने जब सुना कि मुल्ला नसीरुद्दीन राजधानी में है और राजधानी के एक रईस मुहम्मद रसूख जिलानी का सम्बन्धी है तो तुरन्त उसने मुहम्मद रसूख जिलानी के घर, मुल्ला नसीरुद्दीन के लिए, पैगाम भेजा कि सुल्तान उनसे मिलना चाहते हैं। सुल्तान को मुल्ला नसीरुद्दीन की याद थी। इतना दिलचस्प और बेबाक इनसान उसने पहले कभी नहीं देखा था। जब उसने सुना कि मुल्ला नसीरुद्दीन चिड़ियों की भाषा समझता है तो वह उससे मिलने के लिए बेताब हो उठा।

उधर जब मुहम्मद रसूख जिलानी के पास सुल्तान का पैगाम आया तो वह चौंक गया। पैगाम में जो सम्मान और आत्मीयता छुपी थी, उससे भी मुहम्मद रसूख जिलानी चकित था। वह समझ नहीं पा रहा था कि उसके भगिनी-दामाद में ऐसी क्या बात है कि उसके आने की खबर सुल्तान को मिल गई और सुल्तान को ऐसी क्या जरूरत आ गई कि वह उसे इस तरह आत्मीय सम्बोधन से लैस पैगाम भेजने को विवश हुआ?

मुहम्मद रसूख जिलानी ने सुल्तान के हरकारे को मुल्ला नसीरुद्दीन से मिलाया। मुल्ला नसीरुद्दीन ने सुल्तान को सन्देश भेजा कि मामूजान मुहम्मद रसूख जिलानी के घर से अतिथियों के प्रस्थान के बाद वह सुल्तान के दर्शन के लिए अवश्य उपस्थित होगा।

दूसरी तरफ मुहम्मद रसूख जिलानी इस बात से खुश था कि उसके अतिथियों के सामने ही उसके घर सुल्तान का पैगाम आया। इससे उसकी प्रतिष्ठा बढ़ी। लोग अब यह भी कहेंगे कि मुहम्मद रसूख जिलानी को सुल्तान भी जानता है।

मुल्ला नसीरुद्दीन अपनी तरह का अकेला इनसान था। वह यह नहीं समझ पा रहा था कि सुल्तान के पास जाकर वह करेगा क्या? फिर भी बात

चूँकि सुल्तान की थी इसलिए वह अतिथियों के जाने के बाद तैयार हुआ और मुहम्मद रसूख जिलानी के पास यह बताने गया कि वह सुल्तान से मिलने जा रहा है लेकिन ठीक उसी समय सुल्तान के घर से कुछ प्यादे उसे लिवा लाने के लिए पहुँच गए। उस समय मुहम्मद रसूख जिलानी के घर जो भी अतिथि मौजूद थे वे सबके सब मुल्ला नसीरुद्दीन की ऐसी साख देखकर दंग रह गए। इसके बाद मुल्ला नसीरुद्दीन अपने मामूजान से आज्ञा लेकर सुल्तान के पास जाने के लिए रवाना हो गया।

सुल्तान ने मुल्ला नसीरुद्दीन का भरपूर स्वागत किया और उसे अपनी अतिथिशाला में ठहराया। मुल्ला नसीरुद्दीन को पूरी इज्जत बख्शी गई। सुल्तान ने उसके साथ रात्रि का भोजन करते हुए अपने मन की बात कही– ''मैं भी चिड़ियों की भाषा सीखना चाहता हूँ...मुल्ला नसीरुद्दीन, मुझे बताओ कि इसके लिए क्या करना होगा? मैंने सुना है कि तुम चिड़ियों की भाषा समझते हो!''

मुल्ला नसीरुद्दीन ने भोजन करते हुए ही बहुत सरलता से कहा– "चिड़ियों की भाषा सीखने के लिए चिड़ियों की सोहबत में बचपन के दिन बिताना जरूरी होता है...अब तो आप प्रौढ़ हो चुके हैं सुल्तान! आपमें यह ख्वाहिश बहुत देर से पनपी है। मैं तो चिड़ियों से भरे चमन में तन्हा खेला करता था जिसके कारण धीरे-धीरे उनकी बोली और व्यवहार को समझने लगा। कोई दूसरा उपाय मैं जानता नहीं, कि आपको बता सकूँ कि चिड़ियों की भाषा कैसे सीखी जा सकती है।"

सुल्तान आश्वस्त हो गया कि मुल्ला नसीरुद्दीन ठीक ही कह रहा है। उसने तुरन्त दूसरा प्रस्ताव दिया–"ठीक है। कल सुबह हम लोग राजधानी के पास के जंगल में चलेंगे। वहाँ तुम चिड़ियों के बोलने पर उसका अर्थ मुझे बताना कि वे क्या बातें कर रहे हैं।"

मुल्ला नसीरुद्दीन ने इसके लिए तुरन्त अपनी स्वीकृति दे दी।

दूसरे दिन सुबह ही सुल्तान तैयार होकर मुल्ला नसीम्द्दीन के पास पहुँच गया। मुल्ला नसीरुद्दीन भी तैयार था। दोनों घोड़े पर सवार होकर जंगल की ओर चल पड़े। रास्ते में एक पहाड़ी नदी आई जहाँ सारस के जोड़े विचर रहे थे और पारदर्शी पानी में मछलियों का शिकार कर रहे थे। तभी एक सारस ने टें-टें की जोरों की आवाज की। सुल्तान ने तुरन्त मुल्ला

नसीरुद्दीन से पूछा—''बताओ तो इस सारस ने क्या कहा?''

यह कह रहा था—"सावधान! इस राज्य का भाग्यशाली सुल्तान आया है।" मुल्ला नसीरुद्दीन की बात अभी पूरी नहीं हुई थी कि एक साथ कई सारसों का स्वर उभरने लगा—कर्कश स्वर। सारस आवाज करते हुए इधर-उधर उड़ने भी लगे थे। शायद सारस घोड़ों की टापों से उत्तेजित होकर ऐसा व्यवहार कर रहे थे।

सुल्तान ने पूछा—"बताओ मुल्ला नसीरुद्दीन! सारस इस तरह बेचैन होकर क्या बातें कर रहे हैं?"

"सुल्तान! ये सारस कह रहे हैं कि यह सुल्तान भाग्यशाली है लेकिन यह अपनी प्रजा के बारे में कुछ सोचता नहीं। वर्षा का पता नहीं है। आसमान में बादल नहीं हैं। पूरे राज्य में सूखे का आलम है। अकाल की सम्भावनाएँ सामने हैं। नदियों में पानी सूख चला है मगर यह सुल्तान! समय पर अपना लगान वसूल कर भी कभी सोचता नहीं कि प्रजा के लिए कुछ करे। वह चाहे तो नहरें खुदवा सकता है। समय रहते, अनावृष्टि की स्थिति से निजात पाने के लिए अपने राज्य में सिंचाई के उपाय कर सकता है। कहते हैं कि आसमान के बादल जब पानी न दें तो जमीन के भीतर का पानी काम आता है। मगर यह सुल्तान अपने भाग्यशाली होने के कारण सुख से जीवन बिता रहा है मगर अपना काम ठीक से नहीं कर रहा है...प्रजा के प्रति इसका व्यवहार ठीक नहीं है।'' मुल्ला नसीरुद्दीन ने कहा।

सुल्तान ने तुरन्त अपना घोड़ा मोड़ लिया और उसकी देखादेखी मुल्ला नसीरुद्दीन ने भी अपना घोड़ा मोड़ लिया।

सुल्तान ने घोड़े को राजधानी की ओर दौड़ाते हुए मुल्ला नसीरुद्दीन से कहा—"मुल्ला नसीरुद्दीन! मैं तुम्हारा शुक्रगुजार हूँ! तुमने मेरी आँखें खोल दीं। अब मैं वन विहार में समय नहीं गँवाऊँगा और प्रजा के हित के कार्यों में अपना समय लगाऊँगा...तुमने जो बातें कहीं हैं, वे सच हैं। मुझे पता है कि अकाल पड़ सकता है किन्तु मैं इसे कुदरत की बात मानकर सोच रहा था कि भला इसमें मैं क्या करूँगा? मगर तुमने मुझे राह बता दी। यह भी बता दिया कि मुझे क्या करना है।"

मुल्ला नसीरुद्दीन ने अपनी दाढ़ी सहलाते हुए कहा—"सुल्तान! मैंने नहीं, सारस ने!"

इसके बाद सुल्तान ने मुल्ला नसीरुद्दीन को कई तरह के खूबसूरत और जीवनोपयोगी उपहार देकर विदा किया।

इन उपहारों को देखकर मुल्ला नसीरुद्दीन की बेगम बहुत खुश हुई। उसे इस बात पर गर्व हो रहा था कि सुल्तान भी उसके पति की इज्जत करता है।

●●●